S   C   H

바로 써먹는
스피치
교과서

김태옥 지음

가나북스

2018년 05월 15일 초판 발행

지은이 김태옥
펴낸이 배수현
디자인 유재헌
홍　보 배예영
제　작 송재호
펴낸곳 가나북스 www.gnbooks.co.kr
출판등록 제390-2009-12호
전　화 031-408-8811(代)
팩　스 031-501-8811
ISBN 979-11-86562-77-2(03190)

- 가격은 뒤 표지에 있습니다.
- 잘못된 책은 구입하신 곳에서 교환해 드립니다.
- 원고 투고 이메일: sh119man@naver.com

두려움을 자신감으로

이 책을 활용하면 당신도 말을 잘할 수 있다!

지난 30여 년간 대학, 관공서, 기업체 연수원을 다니며 무수히 많은 지식인들, 유명인들을 만나보았다. 한 분 한 분 만나 뵐 때마다 느낀다.

'대한민국에 말공부를 필요로 하는 사람들이 정말 많구나!'

그리고 배운다.

모든 사람들이 뛰어나며 모든 사람들에게 말을 잘할 수 있는 재능이 있다는 사실을.

동시에 놀란다.

그 뛰어난 재능을 모르고 사는 사람들이 대부분이라는 현실에!

내 언어의 한계가 곧 내 삶의 크기이자 운명의 지도이다.

자기의 재능과 장점을 알고, 도전과 모험을 하는 사람들.

발표공부 기회를 가져 숨겨진 보물을 발견해 내는 사람들.

물론 소수이다.

그러나 그 소수가 다수가 되도록 만드는 것!

꿈일까?

시험 점수를 올리려면 모르는 내용을 확인하며 축소시키는 것이 바람직하다.

말을 잘하려면 자신의 문제점을 파악하고 하나하나 개선해나가면 된다.

이 책은 말을 잘하고자하는 분들에게 모르는 내용을 알려주고,

자신의 문제점을 찾아 개선할 수 있도록 도와주는 교과서다.

시작할 용기만 있다면 누구라도 말을 잘할 수 있고,

스피치 성적표가 달라지면 인생 성적표가 달라질 것이라 확신한다.

PART 1에는 그 동안 교육현장에서 자주 받았던 질문을 뽑아 이에 답변하는 형식으로 썼다.

PART 2에는 소통과 설득의 달인이 되어 개인의 브랜드 가치를 높이는 방법을 썼다.

당신의 삶은 〈바로 써먹는 스피치 교과서〉를 이용하기 이전과 이후로 나누어질 수 있을 것이다.

우리 함께 나를 발견하러 출발해보자.

김 태 옥

학습목표 정하기

목표를 세우는 것은 무에서 유를 창조하는 첫 번째 단계다. '발표력 점검표'에서 자신에게 해당되는 항목을 표시해보라. 성공 스피치는 목표(무엇을?)→계획(기간)→실행(훈련)→평가(피드백)의 단계를 필요로 한다. 한 번 나설 때 마다 한 가지씩 개선한다는 생각으로 훈련하라. 의지가 꾸준한 행동으로 이어질 수 있다면 이 책은 당신의 놓쳐버린 과거, 잃어버린 시간을 부활시켜 줄 신의 한 수가 될 것이다.

◇ 나의 발표력 점검표

01. 발표를 앞두고 불면증에 시달린 적이 있다.(   )

02. 발표하다가 머릿속이 하얗게 될 때가 있다.(   )

03. 상대가 나를 어떻게 생각할까를 늘 의식한다.(   )

04. 이성이나 낯선 사람에게 말을 잘 붙이지 못한다.(   )

05. 토론이나 회의석상에서 발언할 엄두가 나지 않는다.(   )

06. 목소리에 힘이 없고 작아서 기어들어간다.(   )

07. 긴장하면 목소리가 떨리거나 말을 더듬는다.(   )

08. 말의 속도가 너무 빠르거나 너무 느리다.(   )

09. 특정지방의 억양이나 사투리를 심하게 사용한다.(   )

10. 발음이 부정확해서 상대방이 "네? 뭐라고요?"할 때가 있다.(   )

11. 말의 시작과 마무리가 어렵다.(   )

12. 조리 있게 말하지 못하고 횡설수설한다.(   )

13. 사람을 만나면 할 말이 얼른 떠오르지 않는다.(   )

14. 내가 답할 수 없는 질문이 나올까봐 걱정된다.(   )

15. 대인관계에서 설득력이 부족하다.(   )

16. 재치와 유머감각이 부족하다.(   )

17. 자존감이 낮고, 매사에 소극적이다.(   )

18. 일상생활에서 감정조절이 잘 되지 않는다.(   )

19. 칭찬보다는 지적이나 비판을 자주하는 편이다.(   )

20. 다른 사람의 기분을 살피거나 헤아리는 것을 잘 못한다.(   )

21. 마이크 사용, 인사, 제스처, 무대 활용이 어색하다.(   )

22. 그 외…

목차

Part 01
질문으로 풀어주는 스피치

공부의 목적은 문제해결이다.

특정한 문제로 고민하고 있는 개인에게

실제로 도움이 되어야 한다.

이 PART는 스피치를 발표 자신감,

발음과 목소리 개발, 프레젠테이션 스킬

세 영역으로 나누어 다루었다.

그 동안 교육현장에서 자주 받았던 질문을 뽑아

이에 답변하는 형식으로 썼다.

C h a p t e r
01
발표 자신감 Q&A

문제 타파! 고민 해결! 자신감 확신!

'나는 말을 잘 못해'라고 한 번이라도 낙담한 적이 있는 당신에게 〈발표 자신감〉을 키우는 비법을 소개한다.

1. 발표 울렁증의 원인과 대책은?

"내가 가장 싫어하는 일은 대중 앞에서 말하는 것이다."

요기 베라의 말이다. 그는 "끝날 때까지는 끝난 게 아니다"라는 유명한 말을 남기기도 한 미국 프로야구단 뉴욕 양키스의 포수이자 지도자였던 선수이다.

대중 앞에서 말하려고 할 때 왜 긴장할까?

인간은 누구나 타인으로부터 인정받고자 하는 본능이 있다. 긴장감은 내가 가진 최고의 능력을 보여주어야 한다는 압박과 욕망에 대한 반사작용이다. 그러나 중요한 발표를 앞두고도 초연해하는 사람들이 있다.

첫째, 연습이나 경험이 풍부한 사람

둘째, 정신이 정상이 아닌 사람

셋째, 신경이 둔한 사람

신경이 둔하다는 것은 기대치가 없다는 것이다. 바라는 바가 없으니 결과가 어떻게 되든 무슨 상관이겠는가?

완벽하고 정교하게 하려면 긴장은 늘 따르게 마련이고, 발표 두려움은 대개 완벽이라는 기준을 너무 높게 잡는 데에서 발생한다. 스스로 알고 있는 본인의 실력은 60점인데, 현장에서는 본능적으로 100점을 기대하게 된다. 그 기대하는 폭 만큼이 긴장감으로 작용하여 두뇌의 정보처리 속도를 늦추는 것이다.

발표 자신감을 갖기 위한 해법 두 가지는 멘탈(심리)과 레슨(훈련)이다. 심리적으로 문제가 되는 것은 심리적으로 극복을 할 수 있어야 하고, 훈련 과정을 통해 실수와 실패를 경험할 필요가 있다.

인간의 기억에는 서술기억과 절차기억이 있다. 서술기억은 장소, 사람, 어제 한 일과 같이 의식적으로 기억하려고 노력해서 뇌에 저장되는 내용이다. 반면 절차기억이란 무의식적으로 학습되는 기술이나 습관을 가리킨다.

'폴란드의 수도는 바르샤바'와 같이 한 번 들으면 알 수 있는 것은 서술기억이다. 반면 자전거를 타는 방법이나 발표능력과 같이 오로지 몸으로 직접 연습을 해야만 가능한 것은 절차기억에 해당한다. 서술기억은 뇌의 측두엽에서, 절차기억은 뇌의 안쪽에 있는 기저핵과 전두엽에서 담당한다. 서술기억과 절차기억은 역할과 기능이 분리되어 있다는 의미이다.

서술기억은 기억상실증 환자가 잊어버리는 기억이다. 절차기억은 기억상실증 환자도 잊어버리지 않는다. 절차기억은 온몸으로 체득했기 때문이다. 몸으로 한 기억은 오랜 시간이 지난 후에도 금방 되살아나게 되어 있다. 물론 '장롱운전면허증'과 같이 어정쩡한 상태에서 그만두게 되면 나중에 처음부터 다시 시작해야 한다. 처음 배울 때 확실하게 익혀 두어야 한다.

2. 순서를 기다릴 때의 긴장감, 어떻게 대처할까?

순서를 기다릴 때 긴장감을 주체할 수 없다면 다음 세 가지 방법을 활용해 보라.

첫째, 타인 관찰

자신처럼 발표 순서를 기다리고 있는 다른 사람들을 관찰하는 것이다. 혀로 입술을 적시거나, 어깨를 움츠리거나, 눈동자가 안정되지 않는 등 다양한 모습들이 눈에 들어 올 것이다. 마음속으로 생각한다.

'아하! 나만 긴장하고 있는 것은 아니로군!'

그 순간 관찰자 입장이 되어 자신의 내부에서 솟아나는 감정을 묵묵히 쳐다 볼 수가 있게 된다. 자신에게 어떤 생각이 일어나는 것을 알아차렸다는 것은 그 속에서 빠져나왔다는 증거이다.

둘째, 심호흡

들숨과 날숨 때 코나 입을 통해 숨이 들어오고 나가는 것을 느끼는 것이 중요하다. 얼굴의 근육을 풀고 어깨의 힘도 빼고, 숨을 쉬며 코나 입을 통해 숨이 들어오고 나가는 것을 느껴보라. 호흡에 온전히 집중할 수 있다면 가벼운 명상상태가 된다. 세계적 임상 생리학자인 에드먼드 제콥슨 박사는 "과학적 실험 결과, 신체근육이 완전히 이완된 상태에서는 부정적인 감정을 느끼기 어렵다."고 했다.

셋째, 3의 마법 활용하기

3의 마법이란 명쾌하게 정리할 수 있는 3단계 또는 세 가지를 의미한다. 발표할 때 '첫째, 바른 자세로 서서 이름을 분명하게 말하고 인사를 한다. 둘째, 주제를 얘기한다. 셋째, 발표 순서를 알려준다.' 식으로 3단계를 정해 반복적으로 되뇌고 발표순서가 되면 마음먹었던 대로 시작을 하는 것이다. 도입이 자연스러우면 말의 리듬을 타기가 쉬워진다. 경험이 쌓이면 자신만의 시작 방법에 익숙해질 것이다. 이때는 세 가지 핵심 키워드를 놓치지 않도록 점검한다.

3. 발표 전 머릿속이 하얗게 될 때

설단현상(舌端現象)이라는 게 있다. 어떤 사실을 알고는 있지만 혀끝에서 빙빙 돌기만 할 뿐 말로 표현되지 않는 현상을 가리키는 심리학 용어이다.

일본의 뇌신경외과 전문의 '츠키야마 타카시'는 머릿속이 하얗게 되는 현상이 브레인 프리즈(Brain Freeze)에서 온다고 했다. 잠깐 두뇌가 멎는 순간을 말한다.

둥그렇게 둘러 앉아 연상게임을 해보면 대개 말문 막히는 사람이 정해져 있다. 분위기에 녹아들지 못하는 것이 원인이다. 이 때 '재미있는데?'라는 생각이 필요하다. 마음속의 어린아이를 끄집어내는 것이다. 자기 자신에게 들려주는 말이 바뀌면 감정이 따라간다.

둘째, 표정도 중요하다. 치아를 최대한 드러내며 '씩!' 웃는 것이다. 표정 연구가 폴 에크먼은 "사람은 특정한 감정표현의 표정을 흉내 내면 몸도 거기에 따른 생리적 유형을 따른다."고 했다. 긴장되고 말문이 막힐수록 입꼬리를 올려야하는 이유이다.

셋째, 심호흡이다. 사람이 당황하면 평소 4.5배 이상의 산소가 필요하다. 입안에 침이 마르거나 말문이 막히는 현상은 대개 뇌 속에 산소공급이 안되어 생기는 문제이다. 말문이 막힐 땐 생각, 표정, 심호흡 세 가지를 친구로 삼자.

4. 표정이나 태도가 자연스럽지 못한데, 해법이 있을까?

사람들은 생각보다 나에게 관심이 없다. 내가 내 생각에만 사로잡혀 있듯, 내 앞의 사람들도 모두 다 자기 생각에 골몰해 있다. 그러다가 자기에게 필요한 말이나 흥미를 느낄만한 얘깃거리가 나올 때에만 귀를 기울이곤 한다.

우리는 사랑하고 있을 때 가장 상처받기가 쉽다. 기대감 때문이다. 인간관계에서 주도권은 무심한 사람이 쥐고 있다. 이 사실을 깨닫는 것이 자연스런 표정이나 태도를 갖기 위한 중요한 관문이다.

우리는 다른 사람들이 나를 주시하고 있다고 생각하지만 정작 우리를 보고 있는 것은 남이 아닌 바로 자기 자신이다. 마음속에 CCTV를 켜놓고 자신을 감시하고 있으면서도 다른 사람들이 자신을 주목하고 있다고 착각한다.

이러한 착각은 '조명효과'라고 하는 심리현상에서 비롯된다. 연극무대에선 주인공이 늘 스포트라이트를 받고 있는 것처럼, 자신도 조명을 받고 있다고 착각하면서 다른 사람들의 시선에 필요이상으로 신경을 쓰는 것이다.

코넬대학교의 토머스 길로비치 교수는 '조명효과'의 실험 결과, 내가 눈에 띄는 옷을 입고 거리에 나가면 50% 이상의 사람들이 나의 특이한 옷을 기억해줄 것이라고 생각했는데, 실제론 8%의 사람만이 기억을 했다고 한다. 100명 가운데 8명이다.

이제 우리는 마음속의 CCTV를 꺼버려야 한다. 나만 생각하고 있는 사람은 아무도 없기 때문이다. 바로 내가 나 자신만을 생각하고 있는 것처럼!

세상의 중심에서 자신을 조용히 내려놓는다면 사소한 것에 목숨을 거는 어리석은 일은 지금보다 훨씬 줄어들 것이다.

남을 의식할수록 나는 의식을 잃는다. 다른 사람에게 좋은 인상을 주는 최선의 방법, 그것은 의식적으로 좋은 인상을 주려고 노력하지 않는 것이다.

5. 안면홍조와 목소리 떨림, 어떻게 극복할까?

발표할 때 얼굴이 빨개지거나 목소리 떨림이 의식되어 낭패를 보는 사람들이 있다. 해법을 제시한다.

첫째, 안면홍조나 목소리 떨림은 청중 입장에선 별로 관심이 없다. 그리고 청중은 발표자가 생각하는 상태의 10%도 감지하지 못한다는 것을 알아야 한다.

둘째, 치환의 원리를 활용해 보라. 치환이란, 어떤 욕구나 생각을 다른 것으로 바꾸는 심리적인 태도를 말한다. 목소리 떨림이 의식되면 의도적으로 목소리 톤을 높이는 것이다. 목소리를 크게 하는 데에 신경을 쓰다보면 안면홍조, 목소리가 떨린다는 생각이 순식간에 어디로 날아 가버린다. 크게 말하기 위해 숨을 깊이 들이마시면 뇌에 산소공급이 원활해져 입안의 침 마름 현상에서도 벗어날 수 있다.

셋째, 해석 바꾸기이다. 우리는 흥분을 두려움이나 불안으로 해석하는 오류를 습관적으로 범하며 그것을 무능력의 증거로 받아들이고 있다. 경험이 많은 배우들은 무대에 오르기 직전 흥분이 고조되면 좋은 징조로 여긴다. 또한 많은 배우들이 무대에 오르기 직전에 일부러 긴장을 위해 감정을 자극하기도 한다. 자아 이미지 심리학자 프레스코트 레키 박사는 말했다.

"감정의 존재 이유는 약점을 드러내기 위함이 아니다. 자극에 대한 반응을 강화하거나 힘을 보태기 위한 것이다."

경험이 많은 사람들은 '감정→흥분'을 설렘으로 해석한다. 경험이 적으면 불안감으로 받아들인다. 안면홍조와 목소리 떨림 문제의 해법은 감정통제가 아닌 어떻게 해석할 것인가를 선택하는 데 있다.

6. 불안하면 다리를 떠는 사람

어떤 사람들은 불안하거나 긴장을 하면 무의식중에 다리를 떤다. 이것은 불안이나 초조함을 감추지 못할 때 나타나는 동작으로 알려져 있다. 그렇다면 왜 불안하고 초조할 때 다리를 떨게 되는 것일까?

몸의 일부를 떠는 동작은 중추신경을 통해 뇌신경으로 전달된다. 일정한 리듬을 수반한 이런 자극은 뇌신경을 움직여 긴장을 덜어주는 효과가 있다. 그래서 사람들이 몸을 떠는 것이다.

그렇다면 왜 하필이면 다리일까?

이유는 간단하다. 가장 눈에 띄지 않는 것이 다리이기 때문이다. 인체에서 뇌와 다리는 거리가 가장 멀어 통제가 안 되어 생기는 현상이다. 간혹 입술을 깨물거나 눈썹을 찡그리는 사람도 있지만, 대중 앞에서 주목을 받아야하거나 성격적으로 남을 많이 의식하는 사람은 되도록 티 나지 않게 긴장을 풀고 싶어 한다. 그렇게 해서 선택된 신체부위가 다리인 셈이다.

기둥이 약하면 지붕이 흔들리고, 의지가 약하면 생활이 흔들리듯, 발표자의 두 다리가 약하면 말이 흔들린다. 특히 발표하는 시간 내내 한쪽 무릎에 번갈아가며 힘을 실으면 어깨마저 기울어져서 '흔들거린다, 유약하다, 당당하지 못하다'는 부정적 이미지를 줄 수 있다.

발표할 때에는 어깨를 펴라. 고양이처럼 구부정한 자세는 바람직하지 않다. 허리를 곧게 세우고 두 어깨가 펴지면 아랫배에 힘이 생기고 목소리가 당당해진다.

7. 갑자기 사람들의 시선이 의식될 때

재미있는 우화 한 편.

어느 날 여우가 지네를 만났다. 여우는 심심풀이로 지네를 골려 먹기로 작정했다.

"지네야, 너는 발이 그렇게 많은데 어떻게 엉키지 않고 잘 걸어가니? 어느 발부터 먼저 움직이는 거야? 순서가 어떻게 돼?"

지네는 태어나서 처음 그런 질문을 받았고 대답을 하려고 했지만 도무지 알 수가 없었다. 지네는 발을 보면서 순서를 찾아보려고 했다. 그 순간, 지네의 발이 엉키기 시작했다. 갑자기 어떻게 걸어야 할지를 잊어버린 것처럼 자연스럽게 걸으려고 하면 할수록 발이 점점 더 엉켜버리는 것이었다.

인간의 생각은 늘 근육에 저장된다. 근육은 하드디스크나 마찬가지이다.

하지만 근육은 수천수만 번 되풀이해서 가르쳐 줘야 비로소 기억한다.

운동기술을 처음 익힐 때는 좌뇌가 작용한다. 좌뇌는 동작을 이해하고 분석한 뒤 근육에 알게 모르게 그 기억을 저장한다. 물론 그러기 위해선 피나는 반복훈련이 필요하다.

프로 스포츠 선수들은 '아무 생각 없이 플레이할 수 있을 때'까지 운동기술을 몸에 익힌다. 그들은 '무의식 본능'으로 플레이를 펼친다. 우뇌를 쓴다. 우뇌는 근육에 기억된 기술을 직감적으로 자연스럽게 펼친다. 그 순간의 몸짓은 정말 아름답다. 군더더기가 하나도 없다. 받아들이고 반응하고 행동하는 모든 것이 무의식 본능에서 이뤄지기 때문이다.

노벨상 수상자 로저 스페리 박사는 '침묵의 두뇌'로 불리어온 좌뇌와 우뇌의 기능을 최초로 밝힌 사람이다. 그의 실험 결과 좌뇌는 논리를, 우뇌는 직관을 담당한다는 사실이 밝혀졌다.

발표할 때 자기 스스로 잦은 피드백을 한다는 것은 좌뇌 중심적인 생활의 결과이다. 좌뇌는 경험을 정보로 하여 활동하는데, 과거에 발표하면서 실수한 적이 있다면 그것을 좌뇌에서 받아들여 입력하게 된다. 이것이 반복적인 상황에서도 긴장하고 필요 없는 힘이 들어가게 되는 큰 원인이다.

최근 〈힘 빼기의 기술〉이라는 책을 읽었다. 요즘의 우리는 '빨리, 잘, 열심히'에 익숙해진 탓에 힘 빼는 기술은 낯설다. 마지막 한 방울 남은 에너지까지 꾹꾹 짜내 살아가고 있는데, 그렇다고 다 잘되는 것도 아니다. 오히려 그르치는 경우가 많다. 수영할 때 몸에 힘을 주면 더 가라앉고, 복싱할 때 긴장하면 어깨에 힘이 들어가 펀치가 약한 것처럼 말이다.

힘을 빼고 우뇌를 활성화시키는 가장 좋은 방법은 때에 따라 좌뇌를 활용하지 않는 것이며, 그것은 바로 자신에게 들려주는 다음의 말 한 마디다.

"못난 면도 보여주자!"

'못난 면도 보여주자'라는 마음을 먹으면 두 가지 좋은 일이 생긴다. 마음이 편한 상태가 되므로 정신적인 에너지가 세 배 이상 강해져 창조적으로 활용될 수 있다. 또한 내가 먼저 마음의 가림막을 걷어내고 노출시킴으로 인해 청중과의 감성적 교감이 가능해진다.

완벽한 사람은 이 세상에 없다. 잘 숨기는 사람만 있을 뿐이다. 그러니 본인의 단점, 너무 미워하지만 말고 나의 일부로 받아들여보라. 받아들이면 단점이 이상하게 힘을 못 쓴다.

8. 말하는 도중에 긴장될 때

발표불안 증세의 유형은 발표를 앞두고 긴장하는 경우와 발표 도중에 긴장하는 경우로 나눌 수 있다. 발표 도중에 긴장하여 문제가 되는 경우는 어떻게 해야 할까?

펜실베니아 주립대 교수가 체조선수들을 연구한 결과 뛰어난 선수들은 두 가지 특징이 있었다고 한다.

첫째, 완벽주의자가 아니다.

둘째, 실수를 마음에 오래 담아두지 않는다.

1초만 지나도 과거이다. 실수로부터 교훈을 찾았으면 재빨리 잊어버리는 게 나에게 유익하다.

두 번째 전략은 '60%만 긴장하기'이다. 이것은 스포츠 심리학에서 나온 얘기이다. 경기에 임하는 선수가 60% 이상 긴장을 하면 근육이 굳어 제 기량이 발휘되기 힘들고, 그 이하로 떨어지면 집중이 되지 않아 실수를 유발하게 된다는 데서 나온 수치이다. 마음의 안정을 위해서는 욕망수준과 기대수준의 조화가 필요하다.

60%만 긴장하기의 해법은 '80점에 만족하기'이다. 긴장상태에서 80% 정도의 실력이 발휘되었다면 그 발표는 성공한 것이라고 자위하는 것이다. 스스로에 대한 반성은 다음의 지침이 되기 때문에 열등한 마음을 가질 필요는 없다.

사랑과 인정의 욕구는 제2의 본능이다. 따라서 누구나 그와 같은 욕구충족에 목말라한다. 문제는 그 정도가 심해지는 것이다. 그럴 땐 남들이 나를 어떻게 생각하는지에만 촉각이 곤두선다.

하지만 이상하게 내 편에서 매달리는 일일수록 더 마음대로 안 된다. 자연스럽게 보이고 싶다는 욕망만큼 자연스러움을 방해하는 것도 없다.

갓난아기를 보라. 거짓이나 위선이 없다. 심리학적으로 "바로 자기 자신이 되어라"는 금언을 실천하고 있는 좋은 사례다. 자기표현에 조금도 거리낌이 없으며 느낌을 억제하지도 않는다. 아기들을 관찰하다보면 모든 억제는 내부 아닌 후천적 학습을 통해 생성된다는 사실을 알 수 있다.

모든 사람들에게 호감을 얻어야만 매력적인 사람이 되는 건 아니다. 나를 싫어하는 사람도 있기 마련이다. 나폴레옹도 "자기가 할 수 있는 모든 것을 하는 것은 인간이 되는 것이요, 자기가 하고 싶은 모든 것을 하는 것은 신이 되는 것"이라고 설파했다. 매 번 100점은 신의 영역이 아닐까?

성공의 씨앗은 누구나 갖고 있는데, 썩지만 않았다면 때에 이르러 싹이 나기 마련이다. 명강사, 명 연설가, 최고의 프레젠터는 태어나는 것이 아니라 반복되는 실수와 불만족과 자괴감을 겪는 과정을 통해 만들어지는 것이다.

80점에 만족하고 한 번 나설 때마다 한 가지씩만 깨닫는다는 마음으로 임해 보라. 기대와 설렘으로 다음 기회를 기다리게 될 것이다.

9. 의식되는 한 두 사람 때문에 발표가 부자연스러울 때

강의를 진행할 때 눈에 띄는 교육 담당자, 회사의 CEO는 강사 입장에서 의식되는 사람일 수 있다. 경쟁 PT나 공개강좌 역시 발표자 입장에서는 심리적 압박이 가중될 수 있는 상황이다.

TV 카메라는 또 어떤가?

심리적 압박을 받으면서 발표하는 경우에 부자연스러운 점은 시선처리일 것이다. 의식되는 사람에게 자연스런 눈길을 건네기가 부담스러워 신경이 쓰이지 않은가?

이때 권하고 싶은 방법이 있다. 전체를 하나의 덩어리로 생각하며 대해보라. 모든 청중을 통으로 보자는 것이다. 의식되는 사람, 신경 쓰이는 사람조차 통 안에 넣는다. 그러면서 하나의 덩어리를 응시한다는 생각으로 초점을 풀고 내 생각에 집중한다. 떨림증을 방지해주는 약은 한 사람에게 말한다는 생각으로 임하고, 한 번에 한 가지만 생각하기이다.

발표를 진행하면서 의식되는 사람이 있으면 그러한 생각이 드는 즉시 '저 분도 통 안에 넣는다!'는 생각으로 얼른 마음을 정리해버려라. 1초면 충분하다. 그러면 발표주제에 집중할 수 있게 되고, 의식되는 사람에게 신경을 빼앗겨 리듬을 놓치는 우를 범하지 않을 수 있을 것이다.

양 옆으로 사람들이 앉아 있을 때에는 소외되는 곳이 없도록 시선을 고루 분배한다. 발표자가 관심을 갖지 않으면 청중은 자기 생각에 빠져버릴 수 있기 때문이다. 여러 사람과 대화를 나눌 때에 얘기하는 사람이 눈길이 오지 않은 곳은 지방방송이 생기게 되는 원리와 같다.

10. 발표를 앞두고 불면증에 시달릴 때 대처법

삶의 법칙이 있다. '희망과 절망의 합은 100(희절백)' 법칙이다. 이것은 인천재능대학교 송진구 교수가 〈포기 대신 죽기 살기로〉라는 책을 통해 주장한 것으로 절망이 90이면 희망이 10, 절망이 100이면 희망은 0이 되는 것이다. 희망과 절망은 형태도 없고, 만질 수도 없고, 냄새도 없다. 그것은 우리 뇌 속에서 존재하는 관념에 불과하다. 그냥 희망이라고 심고 '이것은 희망이다'라고 우기면 되는 것이다. '나는 원래 잘 해!'라고 생각하라.

다음은 리허설의 2단계이다.

1단계 : 실전처럼 발표하며 그 내용을 녹화하여 모니터링 한다. 이 과정에서 전문가의 코치를 받을 수 있다면 최상이다.

2단계 : 거울 앞에서 연습한다. 자기 모습을 실시간으로 쳐다보며 유연하게 대처할 수 있다면 웬만한 환경에서도 영향을 받지 않고 자연스런 발표가 가능할 것이다.

이번에는 근원적 해결책이다.

"우리는 우니까 슬퍼지고, 도망가니까 무서워지고, 웃으니까 즐거워진다."

이것은 19세기말 미국의 심리학자 윌리엄 제임스와 독일의 심리학자 칼 랑게가 사람들을 면밀히 관찰한 후 발표한 제임스-랑게 이론이다. 행동이 감정의 변화를 가져온다는 것이다.

발표를 앞두고 불면증에 시달릴 정도라면 평상시의 스타일을 바꿀 필요가 있다. 자기비판 중지하기, 미리 염려하지 말기, 행동 먼저 하기를 생활화하는 것이다.

끝으로 불면증에 시달렸더라도 "할 수 있었다"고 하는 경험 쌓기이다.

발표를 앞두고 염려가 되는 현상은 실패를 모두 긴장의 탓으로 돌리기 때문이다. 그 생각을 반복하면 무의식에 '긴장하게 되면 할 수 없다'라는 방정식이 생겨버린다.

감정은 컨트롤할 수 있는 것이라고 생각하기 쉽지만, 실제로는 어렵다. 컨트롤하고 있는 것은 생각이지 감정은 아닌 것이다. 감정은 '자극에 대한 마음의 자연스러운 반응'이므로 그것을 컨트롤 하는 것은 많은 연습이 필요하다.

긴장을 했어도 할 수 있었다는 경험 쌓기를 반복하다 보면 '긴장=나쁜 것, 해서는 안 되는 것'이 아니라, '긴장=하고 싶은 것, 실력향상의 기회'로 바꾸어질 수 있다. 곧 발표를 앞둔 불면증은 긴장 자체가 아니라 긴장에 대한 자기부정인 것이다.

정리를 해 보자. '나는 원래 잘 해!'라고 생각하기, 리허설, 행동 먼저 하기, '긴장했어도 난 할 수 있었다'는 경험 등 불면증을 해결할 메뉴는 다양하다. 중요한 것은 선택과 행동이다.

11. 청중을 무시하고 발표하면 효과가 있을까?

인간에게는 상대의 기분과 감정을 알아차리는 능력이 있다. 옆 사람과 같이 앉아 있기가 거북하고 그 사람이 밉고 불쾌하다고 느끼면 그 느낌의 파장은 즉시 상대방에게 전달되어 상대도 나와 똑같은 감정을 느끼게 된다.

발표는 연애다. 발표자와 청중이 하나가 되어야 성과로 나타날 수 있기 때문이다. 따라서 진심을 다하는 게 바람직하다. 마음속으로 다음과 같이 외쳐보라.

'사랑합니다, 좋아합니다, 존경합니다!'

이것은 필자가 강의장에 들어설 때마다 습관처럼 외치는 마음 속 기도문이기도 하다.

우리의 언행은 우리의 마음을 보여주는 거울이다. 심리학에서는 이를 '상응의 법칙'이라고 한다. 〈적극적 사고방식〉의 저자 노먼 빈센트 필 박사는 "우리가 누군가를 위해 기도하는 순간 그를 보는 태도에 변화가 생기는 것을 경험하게 된다."고 했다. 존경하는 마음이 없으면 진정한 사랑이 될 수 없다. 사랑을 하게 되면 믿을 수 없는 것조차도 믿게 되고, 이해하게 된다.

화장품 업계의 여제로 불리며 고객관리의 달인으로 이름을 날린 미국 '메리케이 코스메틱'의 설립자 메리케이 애쉬 회장이 한번은 모 잡지사 기자의 질문을 받았다.

"어떤 사람도 한 번 보면 당신의 팬이 되어버린다는데, 그 비결이 무엇입니까?"

답변은 간단했다.

"나는 모든 사람들을 만날 때 그 분의 앞가슴에 이러한 글귀가 새겨져 있다고 생각하면서 대한답니다. '내가 중요한 사람임을 느끼게 해주세요!'"

교육 현장에서도 아마추어 강사는 자신이 보유하고 있는 재능을 승부의 관건으로 생각하지만, 프로는 학습자들에 대한 사랑을 승부의 관건으로 생각한다. 그리고 무엇보다 중요한 것은 프로도 아마추어도 학습자들의 눈을 속이지는 못한다는 것이다.

말을 잘하려면 두 개의 H가 필요하다. 냉철한 머리(Cool Head)와 따뜻한 심장(Warm Heart)이다. '사랑한다, 좋아한다, 존경한다!'라는 마음속 외침은 간절한 마음으로 승화되어 전달하고자하는 메시지에 집중하는 효과로 나타날 것이다. 동등하지 않은 관계를 동등하게 만드는 것은 사랑밖에 없고, 마음이 열린 사람이 껴안지 못할 상황은 없다. 사랑과 기술이 함께 작용할 경우, 걸작을 기대해도 좋다.

12. 발표기회가 와도 지레 포기해버리고 싶을 때

지레 포기해버리는 이유는 실수에 대한 두려움 때문일 것이다. 두려움을 갖는 이유가 무엇일까? 자신의 발표력에 대한 과대평가 때문이다.

사람들 앞에서 발표해 본 경험이 없는가? 그렇다면 당신의 발표점수는 0점이다. 이것은 자동차 운전을 한 번도 해보지 않은 사람의 운전 실력이 0점인 것과 같다.

하지만 상상속의 당신은 자신의 발표점수를 60점쯤으로 생각하고 있다. 그러면서 실제 그렇게 되지 않을지도 모른다는 생각에 전전긍긍하고 있다. 그러면서 기대대로 되지 않는 자신을 미워한다.

대화하는 자리에서는 분위기를 주도할 정도로 쾌활하지만 발표를 두려워하는 사람들이 많다. 기본 요령을 모르고 경험해보지 않았기 때문이다. 이 때 필요한 것이 용기다. 조바심을 떨쳐내고 실수할 각오로 나서보는 것이다. 실수가 성공이 될 수는 없지만 성장이 될 수는 있다.

남들보다 유독 민감한 사람들은 고통의 임계점이 낮다. 그래서 주변 상황이 좋지 않을 때 더 큰 고통을 받는다. 하지만 그런 민감함이 치밀하게 일을 계획하게 하고 완벽한 마무리를 돕기도 한다. 다음은 실수 대처 3단계 방법이다.

1단계 : 실수를 인정하기

2단계 : 실수로부터 배우기

3단계 : 같은 실수를 반복하지 않기

자신감이란 누가 인정해줘서 생기는 것이 아니다. 나무에 물을 주듯 스스로를 격려하라. 실수나 실패를 경험으로 생각하면 나만의 자산이 되지만, 상처로 생각하면 무거운 짐이 된다. 우리들에게 쓰디쓴 시련으로 보이는 것들이 때로는 변장한 축복인 경우가 있지 않은가.

"오! 주님, 당신은 우리가 노력이라는 값만 치르면 그 무엇이나 다 허락해 주시는군요!" 창조적인 인간의 대명사, 레오나르도 다빈치의 감탄의 말을 우리도 경험해 보자.

13. 컨디션이나 발표장 분위기에 영향을 많이 받을 때

자긍심이란 스스로에게 긍지를 가지는 마음이다. 언제, 어떠한 상황에서든 내 마음속에 평화와 행복이 유지될 수 있다면 얼마나 좋을까?

맥스웰 몰츠는 그의 저서 〈성공의 법칙〉에 심리학자 글로리아 스피탈니 박사의 얘기를 적어 놓았다.

"내 계산에 따르면 일반적으로 골프 선수들은 경기 시간 중 86%를 자신의 생각이나 감정과 씨름하며 보낸다. 그들은 무엇이 일어날 것인가에 대해 이리저리 생각하고, 흥분하고 분노를 느끼면서 계속해서 집중하고자 노력하며, 무엇이 일어났으며 앞으로 어떻게 될 것인가를 걱정한다."

이 말은 골프 경기 중 86%의 시간은 신체적인 행동이 아니라 사고와 감정 갈등으로 소모된다는 얘기이다. 성공과 실패를 결정하는 요소의 86%는 스윙 기술이나 과감한 퍼팅이 아니라 사고와 감정을 관리하는 것에 달려 있다는 사실을 가르쳐 준다.

이는 골프 경기뿐만 아니라 모든 운동 분야와 목표달성 과정, 프레젠테이션, 강의, 스피치 과정에서도 동일하게 나타난다.

우리가 사람들의 시선을 의식하는 것은 몇 가지 인지적 착오 때문이다. 우선, 모두가 나를 보고 있을 거라는 착각이다. 단체사진을 연상해보면 이해하기 쉽다. 소풍을 가서 단체사진을 찍으면 어김없이 나만 눈을 감고 있거나 못마땅한 표정이어서 속상할 때가 많다. 하지만 내가 내 모습만 신경을 쓰듯 남들도 자기 모습에만 신경을 쓴다. 사실 대다수는 내가 무슨 옷을 입었는지, 화장이 떴는지, 눈을 감았는지에 관심이 없다.

두 번째는 자신의 모습을 지나치게 폄하하는 착각이다. 꼭 완벽주의자가 아니더라도 사람들은 대부분 자신의 발표모습에 엄격한 편이다. 자신이 한 행동에 타당한 이유가 있어야 한다고 생각한다. 하지만 정작 타인들은 내가 한 행동이나 변화에 그다지 신경을 쓰지 않는다. 그냥 '그럴 수도 있지' 하는 게 일반적이다. 내가 나를 평가하듯이 그렇게 엄격한 잣대를 들이대지 않는다.

마지막으로 남들이 이 순간을 오랫동안 기억할 것이라는 착각이다. 누군가 나를 두고 입방아를 찧었다고 가정해보자. 회사 동료들이 모여 내 험담을 표시하거나 사람들이 내 욕을 했다는 사실을 알면 큰 충격을 받는다. 모욕감과 배신감에 사로잡혀 힘들어한다.

하지만 그건 착각이다. 그들에게 다른 사람 얘기는 단순한 가십거리, 한 번 씹고 넘어가는 가벼운 수제일 뿐이다. 험담을 좋아하는 사람들은 또 다른 대상을 찾아 금세 관심을 돌린다. 사람들은 애당초 타인에게 관심이 없다.

심리학자 윌리엄 제임스는 '자존감=성취경험/욕심'으로 보았다. 즉 성취

경험(자기칭찬)을 늘리거나 욕심(기대, 비교)을 줄이면 자존감이 올라간다는 것이다. 이처럼 모순되는 것처럼 보이지만 열등감의 심리에는 남보다 우위에 서려는 욕심이 숨어 있다.

자긍심이란 누가 알아줘서 생기는 게 아니라 자기의 내부로부터 생긴다. 타인이 뭐라고 하든 아무 상관을 하지 않는 것이다. 세상에서 가장 설득하기 힘든 것이 자기 자신이지만, 일단 자기 자신과 합의가 이루어지면 가장 강한 힘이 발휘될 수 있다.

14. 좋은 상상을 하면 좋은 결과가 나올 수 있을까?

"마음은 그 자체로 하나의 공간이라 지옥을 천국으로 만들 수도 있고 천국을 지옥으로 만들 수도 있다." 영국의 작가 존 밀턴의 말이다.

경영학자 짐 콜린스는 자타가 공인하는 암벽 마니아이다. 그는 1978년 당시까지 아무도 오르지 못했던 콜로라도 제니시스 암벽 등반에 도전했지만 번번이 실패했다. 그러던 어느 날, 그는 계속 실패하는 이유가 실력 때문이 아님을 깨달았다. '아직 아무도 이 암벽을 오르지 못했다'라는 사실이 자신의 발목을 잡은 것이었다.

그는 생각을 바꾸었다. 암벽에 오르는 지금을 15년 후라고 생각한 것이다. 15년 후엔 많은 등반가가 이 암벽을 어렵지 않게 오를 테니 '남들도 올랐는데 나도 할 수 있지'라고 마음먹을 수 있기 때문이다.

결국 그는 자신을 15년 후에 옮겨 놓는 상상을 함으로써 암벽 등반에 성공했다. 암벽은 변한 게 없었지만, 생각을 바꾸자 '두려움의 대상'에서 '등반 가능한 여러 암벽 중의 하나'가 된 것이었다.

우리는 꿈을 꿀 때 마치 현실처럼 느끼는 경우가 있다. 꿈인지 현실인지 그 차이를 인지하지 못한다. 의식이 깨어나고 외부환경과의 교류가 일어나면서 그 영상과 체험이 꿈이라고 깨닫는다. 따라서 우리가 정보를 받아들일 때 의심 없이 믿게 되면 뇌는 상상과 현실을 구분하기 어렵다.

중요한 것은, 상상에서 비롯된 것이라 할지라도 뇌는 그 차이를 인지하지 못하고 반응하기 때문에 현실에서도 많은 변화를 일으킬 수 있다는 점이다.

성공한 사람은 성공을 거두기 위해서 정신적인 훈련과 예행연습을 철저히 했던 사람들이다. 나폴레옹은 하사관 시절부터 이미 자신이 사령관이라고 생각하고 상상으로 군사훈련을 시키고 방어진들을 구축하는 예행연습을 했다. 소년 시절부터 호텔경영자 행세를 하던 콘트라 힐튼은 실제로 세계최대의 호텔 경영자가 되었다. 자신의 모습을 오랫동안 마음의 눈으로 바라보는 한 그것은 실제로 이루어지는 것이다.

15. 혼자서도 가능한 스피치 훈련 방법

1) 낭독

글을 소리 내어 읽는 것은 공연과 같다. 혼자 책읽기는 자신만의 극장에서 공연을 펼치는 일이다. 하루 15분 투자로 거둘 수 있는 낭독의 효과를 알아보자.

① 말의 속도조절 능력이 생긴다. 글을 읽을 때와 말할 때의 말투는 똑같이 나타난다. 따라서 낭독 훈련은 스피치 실전에서 호흡과 말의 속도조절 능력을 배양시켜 준다.

② 뇌 움직임을 활성화시켜준다. 인간의 기억력은 자극하는 감각이 많을

수록 좋아진다. 낭독을 할 경우 시각은 물론 소리를 낼 때 입술과 혀의 감각, 자기 목소리를 들을 때의 청각까지 자극받게 되므로 기억효과가 훨씬 높다.

③ 어휘력과 대화 재료가 풍부해진다. 읽은 내용의 줄거리나 느낀 점을 거울 앞에서 1분 동안 말해보라. 나의 모습은 '남들에게 보여 지는 나'와 '내가 생각하는 나'가 있다. 스스로를 알고, 자연스럽지 못한 태도나 행동을 찾아 하나하나 교정해나가는 것이 이 훈련의 목적이다.

2) 거울 앞에서 말하기

프랑스 철학자 베르그송은 자아를 '표층(表層)자아와 심층(深層)자아'로 구분했다. '표층 자아'는 자신의 욕망이나 외부의 시선에 따라 주문 제작 상품처럼 그때그때 만들어지는 자아이다. 심층 자아는 흔히 '열 길 물속은 알아도 한 길 사람 속은 모른다.'고 할 때의 '사람 속'을 말한다.

거울을 이용한 셀프 트레이닝 과정은 표층자아와 심층자아가 만나는 시간이다. 거울은 우리가 매일같이 본다. 그러나 거울 앞에서 자신의 얼굴을 빤히 쳐다보며 말을 해 본 사람은 그리 많지 않을 것이다. 따라서 처음엔 자신의 말하는 모습이 아주 낯설게 느껴질 수 있다.

발전이란 자기를 발견하는 데서 출발한다. 내가 나를 인정하고 긍정하고 받아들일 때 비로소 다른 사람 앞에서도 나를 자연스럽게 내보일 수가 있게 된다. 거울 앞에서 발표를 해보면 스스로의 점수를 알 수가 있다.

셀프 체크리스트

☐ 내 얼굴을 똑바로 쳐다볼 수가 없다 : 60점 이하

☐ 절반 이상의 발표시간 동안 내 얼굴을 보며 말할 수 있다 : 60점

□ 거울 속의 내 얼굴에 시선이 계속 머물러 있을 수 있다 : 70점

□ 호흡이 안정되어 말의 사이두기, 표정연출이 가능하다 : 80점

□ 태도가 자연스럽고 적절한 보디랭귀지가 가능하다 : 90점

□ 거울 앞이나 사람들 앞에서 일관된 발표가 가능하다 : 100점

3) 생활공간을 연습 무대로

일상에서 만나는 모든 사람들을 나의 트레이닝 파트너로 생각해 보라. 다음은 가수 비가 했던 말이다.

"나는 언제 어느 곳에서든 노래를 부르는 게 똑같답니다. 왜냐하면 내가 노래하는 그 장소가 바로 나의 무대이기 때문이지요."

잎보다 먼저 꽃을 터뜨리는 매화나 목련, 살구를 보라. 도전적으로 봄을 준비한 대표적인 식물들이다. 엄동설한을 어떻게 이겨냈느냐에 따라 꽃의 향기가 달라진다.

스피치 공부는 자기주도 학습이 필수인 만큼, 나설 기회가 있을 때 도전성을 발휘하는 태도가 중요하다. 작은 지혜는 배움을 통해, 큰 지혜는 경험을 통해 생긴다. 듣기 50점, 말하기 50점으로 소통능력 점수를 배분하여 체크해보라. 화려한 결과에는 언제나 지루한 노력이 필수이다.

배짱 훈련

억눌린 사람은 소리를 작게 말하는 경향이 있다. 심리학자들은 "목소리를 크게 낼수록 마음이 움직이고, 이는 곧 태도의 변화로 연결된다"며 "목소리가 커지면 결국 성격도 달라진다"고 주장한다. 역기 선수도 "이얍!"하고 기합을 넣는 순간 15% 더 무거운 무게를 들어 올릴 수 있는 힘이 생긴다고 한다. 평상시 보다 큰 목소리로 떠들고 나면 가슴도 후

련해진다. 다음 글을 평상시보다 3배 이상 큰 소리로 읽어보라.

여러분! 안녕하십니까?

저의 이름은 ∨ 000 입니다.

여러분 앞에서 / 이렇게 인사드릴 기회를 갖게 되어 ∨ 영광입니다.

저는 / 많은 사람들 앞에 나서면 / 얼굴이 붉어지고, ∨ 간이 콩알만 해지며, / 음성이 떨리는 경우도 있습니다.

남 앞에 나서는 것을 ∨ 두려워하고 자꾸 피하다 보니 / 제 자신이 ∨ 못나게 생각될 뿐만 아니라 / 모든 일에 ∨ 소극적이 되어 가는 것을 느꼈습니다.

여러분!

하고 싶은 얘기가 있는데도 / 막연한 두려움 때문에 / 나서지 못하는 고민을 겪어보셨습니까?

알코올 힘을 빌리고 / 때로는 우황청심환까지 동원해야하는 ∨ 고통을 아십니까?

하지만 저는 / 술이 말하는 것이 아니라 / 인간 000(이)가 말하는 ∨ 당당한 사람이 되고 싶었고, / 약 먹고 진정시키는 가슴이 아니라 / 용기와 자신감으로 나설 수 있는 ∨ 배짱 있는 사람이 되고 싶었습니다.

생각만 해오다가 / 드디어 오늘, 이렇게 나서보았습니다.

여러분!

뜨거운 ∨ 축하의 박수한 번 보내주시지 않겠습니까?

감사합니다.

큰 소리로 말하고 나니 / 막혔던 가슴이 터졌습니다.

사우나를 하고 나온 것 보다 / 몇 배나 상쾌한 기분이 되었습니다.

앞으로 / 사람들 앞에 나설 일이 있을 때는 ∨ 뒤로 물러서지 않겠습니다.

많은 사람들이 모이는 자리에서는 / 항상 ∨ 맨 앞자리에 앉도록 노력하겠습니다.

나 자신에 대한 비판을 중지하고 / 미리 염려하지 않도록 하겠습니다.

무엇이든 ∨ 소리를 내어 연습할 때는 / 보통 때보다 더 큰 목소리로 말하고 ∨ 자신 있는 사람처럼 행동하겠습니다.

지혜는 보고 들어서 얻고 / 기회는 표현해야 생긴다고 하지 않습니까?

내가 알고 있는 것을 / 다른 사람에게 이해시키고 ∨ 설득해낼 수 있는 능력이 부족하다면 / 모르고 있는 것과 무엇이 다르겠습니까?

말 잘하는 사람은 / 인생의 맨 앞줄에 나서게 되고, / 살아가면서 ∨ 더욱 많은 보상을 받게 될 것입니다.

우리 모두 ∨ 한 번뿐인 인생, / 제대로 표현하며 멋지게 살아봅시다.

끝까지 들어주신 여러분, ∨ 대단히 감사합니다.

공포에 도전하라(데일 카네기)

공포에 도전하라.

꾸준히 노력하면

공포의 두께는 점점 얇아지고

오히려 역이용할 수 있는 능력이 생겨난다.

초보자일 때는 누구나 실패를 경험한다.

하지만 그 실패는

숙련자로 가는 과정일 뿐이다.

작은 실패를 딛고 일어서라.

그러면 작은 성공이 다가온다.

작은 성공부터 시작하라.

성공에 익숙해지면

무슨 목표든지

할 수 있다는 자신감이 생긴다.

[발표 자신감 정리]

긴장감, 어떻게 조절할 것인가?

나무에 앉은 새는 가지가 부러질까 두려워하지 않는다. 새는 나무가 아니라 자신의 날개를 믿기 때문이다. 발표 자신감이란 무대공포로부터 자유로운 상태를 말한다. 자신의 실력을 믿고 마음이 편해지려면 어디서부터 어떻게 시작해야 할까?

긴장의 원인은 완벽주의이다. 완벽주의는 본능이고, 실수할지도 모른다는 발표불안은 정신작용이라서 내 의지대로 잘 안 된다. 정신작용(무의식)을 바꾸는 방법은 두 가지, 멘탈과 레슨이다. 멘탈은 말(생각)로 감정을 다스리는 것이고(step1~step4), 레슨은 반복훈련을 통해 다양한 상황에 자신을 노출시켜보는 것이다.(step5)

자신감 step1. 무관심 법칙

사람들은 생각보다 내게 별로 관심이 없다. 내가 내 생각에만 사로잡혀 있듯, 내 앞의 사람들도 모두 자기 생각에 골몰해 있다. 이 사실을 깨닫는 것이 긴장감 조절의 중요한 관문이다.

자신감 step2. 비움의 법칙

스스로에게 던지는 다음의 말 한 마디가 좌뇌 기능, 곧 완벽주의를 잠재울 수 있다.

"못난 면도 보여주자!"

병원에서도 혈압이 높으면 낮추도록, 낮으면 높이도록 처방하지 않는가. 못난 면도 보여주자는 것은 필요 없는 힘을 빼자는 것이다.

자신감 step3. 60:80법칙

의식적으로 좋은 인상을 주지 않기 위한 전략은 '60%만 긴장하기'다. 스포츠 심리학에서 나온 말이다. 60%만 긴장하기의 해법은 80점에 만족하기이다. 긴장상태에서 80% 정도의 실력이 발휘되었다면 그 발표는 성공한 것이라고 자위하는 것이다.

자신감 step4. 상상의 법칙

잘 될 거라고 생각하면 잘 되고, 실수할 거라고 생각하면 그만큼 실수한다. 우리가 일상적으로 의식하는 부분은 8%에 불과하다. 그 밑에는 92%의 무의식이라는 세계가 있다. 사람의 몸은 생각하는 대로 반응한다. 누군가를 미워하면 내 기분부터 엉망이 된다. 뇌는 나와 남을 구분하지 못하고, 실제와 상상을 구분하지 못한다. 따라서 청중을 생각하며, '사랑합니다. 좋아합니다. 존경합니다.'라는 생각을 가꾸어 보자. 생각을 다스리면 감정이 조절된다.

다음은 심리치료사이자 약사인 에밀 쿠에가 날마다 20번씩 주문처럼 외워보라고 가르쳐준 무의식 활용을 위한 성공 공식이다. '나는 날마다 모든 면에서 점점 더 좋아지고 있다!'

자신감 step5. 임계점 법칙

스피치는 바둑과 같다. 단계가 있다. 노력이 실제 성과로 꽃을 피우기 위해서는 임계점을 넘어야 한다. 높은 산을 한 번 넘고 나면 고만고만한 산은 오르기 쉽다. 임계점을 넘으면 커다란 변화가 일어난다. 가속도가 붙는 것이다. 그림으로 그리면 완만하게 상승하던 곡선이 급상승 커브로 바뀌는 것이다.

부자가 되는 과정에서 1억 원 종자돈 모으는 게 힘들지 그 이후에는 그 종자돈으로 훨씬 더 수월하게 부를 축적해갈 수 있는 것과 마찬가지다.

자기계발 전문가 브라이언 트레이시의 말이 흥미롭다.

"처음 80% 시간동안 우리는 목표의 20%밖에 거리를 좁히지 못한다. 그러나 꾸준히 계속한다면 마지막 80%의 거리를 시간의 20%만 써서 좁힐 수 있다."

02

발음과 목소리 Q&A

자신감 있는 목소리 만들기는 신체 기관의 움직임을 이해하는 데서 출발한다. 음성훈련은 음성 기관과 관련된 신체의 특정 부분들을 훈련시킴으로써 소리를 변화시키는 과정이라 할 수 있기 때문이다.

16. 맘에 안 드는 내 목소리, 바꿀 수 있을까?

한 설문조사 기관에서 일반인 500명을 대상으로 목소리 만족도를 조사해보았다. 그 결과 58%의 사람들이 자신의 목소리에 불만족이라고 대답했다. 이유가 무엇일까?

다른 사람은 나의 목소리만 듣는다. 하지만 당사자인 나는 목소리가 귓바퀴와 성대를 진동시킨 소리까지 듣는다. 당연히 목소리를 녹음해서 처음 듣게 되면 누구나 자신의 목소리를 어색해 한다.

우리는 흔히 소리가 목에서 나온다고 알고 있지만, 실제는 허파에서 나오는 공기가 목의 성대와 입과 코 등의 공간을 통과하면서 조정을 받아 생겨나는 것이다.

성대의 모양, 떨림, 진동수는 사람들마다 다르다. 이 차이 때문에 음성분석을 통해 신원을 확인하는 음성 인증 시스템이 개발되어 범죄 수사 또는 재판에 활용되고 있다. 또한 최근 패스워드 입력 없이 목소리만으로 네트워크에 로그인할 수 있는 생체통합 인증기술이 생활화되고 있다는 것은 무엇을 의미할까? 지문이 다르듯 똑같은 목소리는 없다는 것이다. 지구촌 76억 인구 가운데 유일한 내 목소리를 내가 사랑하고 가꾸어나가야 하지 않을까?

세상에서 가장 아름다운 악기는 인간의 목소리이다. 자신의 목소리가 맘에 안 드는 현상은 익숙하지 않아서 일시적으로 갖게 되는 현상일 뿐이다. 정작 중요한 것은 상대방에게 내 목소리가 어떻게 들리는가하는 문제일 것이다.

　

□ 목소리가 작고 입안에서 웅얼거린다.
□ 다시 한 번 말해달라는 주문을 자주 받는다.
□ 목소리에 비음이 섞여 나온다.
□ 말할 때 목소리가 기어 들어가는 불편함을 겪는다.

만일 위 질문에 하나라도 해당이 된다면 목소리를 가꾸는 훈련이 필요이다.

실험을 해보자. 우선 나무젓가락 2개를 준비한다. 그것을 둘로 쪼개지 않은 상태에서 그대로 앞으로 세워 양쪽의 아래위 어금니로 가볍게 물어본다. 나무젓가락을 옆으로 하는 게 아님을 주의하시기 바란다. 젓가락으로 음식을 집어 입에 넣을 때의 위치가 되도록 두 개의 나무젓가락 끝이 눈앞에 와야 한다는 것이다. 나무젓가락이 입술 양쪽으로 삐져나와 마치 '이'음을 발음하는 듯한 입술모양이 될 것이다. 그 상태에서 소리를 내어본다.

어떤 소리가 나오는가? 길게 혹은 짧게 끊어서 소리 내어 보라. 아마도 평상시의 자기 목소리와는 약간 다르다는 느낌이 들 것이다.

이번에는 나무젓가락을 빼내고 소리를 내 보라. 평소의 목소리가 날 것이다. 그 목소리를 잘 기억하라. 목소리뿐 아니라 소리를 낼 때의 목이나 입안의 형태도 기억해야 한다.

이 점을 염두에 두고 다시 한 번 나무젓가락을 어금니로 물면서 발음해 보라. 이번에는 소리가 확실히 달라졌음을 깨달을 수 있을 것이다. 어떻게 달라졌을까? 조금 전과 비교해서 울림은 어떤가? 훨씬 더 명료하게 들리지 않는가? 또 목은 어떤가? 아까보다 열려 있는가 닫혀 있는가? 입안의 느낌은 어떤가? 아까와는 다르지 않은가? 여러 번 반복하다보면 차이점을 확실히 알게 될 것이다.

이 테스트의 목적은 사람의 목소리는 잠깐의 노력으로 많은 변화를 가져올 수 있다는 것을 알려주고자 함이다. 목소리는 후천적으로 얼마든지 바람직한 방향으로 비꾸어나칼 수가 있다. 이 나무젓가락 트레이닝은 아마추어든 프로든 상관없이 할 수 있다. 누구든지 목소리가 바뀔 가능성, 좋은 목소리를 얻게 될 가능성을 가지고 있다. 그러면 좋은 목소리란 어떤 것일까?

첫째, 자신 있는 목소리

둘째, 정확한 발음의 목소리

셋째, 변화 있는 목소리

다음은 듣기 좋은 목소리를 가꾸기 위한 3단계 전략이다.

1단계 : 내 목소리를 알자(인지)

2단계 : 내 목소리를 인정하자(수용)

3단계 : 사랑하고 가꾸어 나가자(개선)

17. 말이 입 안에서 웅얼거린다면

목소리의 40%는 타고난 것이고 나머지는 노력으로 가능하다. 이제부터 세상에서 하나뿐인 나의 목소리를 어떻게 하면 자신감 있는 목소리로 만들 수 있는지 알아보도록 하겠다.

자신감 있는 목소리 개발을 위해서는 먼저 목소리가 어떻게 만들어지는 가를 이해하는 데서 출발한다. 발성기관은 크게 4단계로 구성되어 있다.

· 발생기 : 소리의 크기를 좌우(허파)

· 진동기 : 음성을 만들어 냄(후두, 성대)

· 공명기 : 음색과 음질을 결정(입 뒤쪽에 있는 공간)

· 발음기 : 소리를 말로 만드는 작용(입술, 혀, 볼, 이, 입천장)

갓난아기는 하루 종일 울어도 목이 쉬는 법이 없다. 어른은 한 시간만 고함을 지르고 떠들어도 목청이 갈라진다. 이유가 뭘까?

정확하게, 바르게, 너무 잘하려 애쓰다보니 필요 없이 목에 힘이 들어가는 것이다. 소리의 크기를 좌우하는 것은 허파이다.

자신 있는 목소리를 내기 위해서는 폐를 풍선으로 만든다는 생각으로 숨을 깊이 들이마셔서 아랫배에 약간 힘을 주며 말해야한다. 하복부의 근육을 이완시켜 숨이 배에까지 내려가게 하고, 그 힘으로 말을 한다면 목소리가 자연스럽게 표현될 수 있을 것이다.

호흡이 안정된 사람은 말을 할 때도 그 내용에 집중하고, 그 사람의 소리는 빛나게 된다. 목소리 가꾸기는 소리 내는 방법을 훈련하면서 자아를 찾는 과정이라고 할 수 있다.

1) 호흡의 기본원칙

첫째, 말을 하고 있을 때는 입과 코를 통해 호흡하라.

둘째, 어깨와 목에 힘을 빼고 신체를 자유롭게 하라.(복근이완)

셋째, 표현에 필요한 만큼의 숨을 들이마셔라.(작은 감정엔 작은 호흡, 큰 감정엔 큰 호흡)

음성이 입안에서 웅얼거리면 듣는 사람의 입장에서 답답하다. 음성이 목뒷부분에 머물도록 할 땐 쉬거나 갈라진 목소리가 나온다. 더 뒤쪽으로 갈수록 소리가 억눌려 자연스럽지 못하다.

목소리가 작아서 고민인 사람이라면 마이크가 없는 상태에서 30미터나 50미터 거리에 떨어져 있는 사람에게 말한다는 생각으로 외치는 방법이 있다. 거리에 맞게 음성을 던져주는 발성을 하는 것이다. 무릎을 약간 굽히거나 한쪽 발을 들고 말하면 아랫배에 힘이 들어가는 것이 느껴지고, 그 감각으로 훈련을 하면 도움이 된다.

메가폰의 원리를 생각해보라. 메가폰을 잡고 말할 때 소리가 크게 들리는 이유는 앞이 열려 있기 때문이다. 우리의 목소리도 입안이 아니라 얼굴 앞쪽으로 터져 나와야 한다. 이 방법은 숨을 깊이 들이마셔서 아랫배에 약간 힘을 주며 말할 때 가능하다. 목소리 훈련은 하루에 10분씩만 소리 내어 책 읽기에 투자해도 효과를 볼 수가 있다.

2) 크레이샤(안면근육운동) 발성법

음질과 음량, 음폭을 개선하고 단련하는데 매우 효과적인 발성법이다.

오―(10초 이상), 오― 페― 냥, 오― 캄― 샴

음―(10초 이상), 음― 나, 음― 마

막― 파, 로― 얄, 쌰리― 톨, 에룸― 포, 쥬피― 탈, 캄파― 쿨― 와, 올레

오― 샤, 슈네이― 파― 젤, 푸파샬― 콕― 토, 밴택― 파팍― 팡, 오동―

큐, 아큐― 향, 이카― 샴, 오페― 냥, 우―청텩, 이― 토리토비치, 싸 패 쑹

썬, 셀루― 우, 슈멘헤워― 제, 푸렌마네― 푸

각 낙 닥 락 막 박 삭 악 작 착 칵 탁 팍 학

강 낭 당 랑 망 방 상 앙 장 창 캉 탕 팡 항

18. 부정확한 발음 훈련법

발음 정확도의 기준은 상대방이 얼마나 명확하게 알아들을 수 있느냐 하는 것이다. 말할 때의 발음은 글을 쓸 때의 맞춤법과 같다. 내용이 좋은 글이라도 맞춤법이 엉망이면 글의 격이 떨어지듯이 말할 때의 발음은 세련되고 지적인 이미지와 함께 신뢰감을 더해준다.

발음은 혀의 근육기억이 움직이는 과정이다. 발음에 영향을 미치는 요소는 입술과 혀, 턱의 유연한 움직임, 그리고 장단음의 구분과 말의 속도 등 5가지이다.

1) 모음 자음 연습 3단계

아 에 이 오 우 우 오 이 에 아

아 야 어 여 오 요 우 유 으 이

가 나 다 라 마 바 사 아 자 차 카 타 파 하

하 파 타 카 차 자 아 사 바 마 라 다 나 가

1단계 : 한 글자씩 끊어서 읽는다.(호흡 시 어깨가 들썩이지 않도록
　　　　유의한다.)

2단계 : 한 호흡에 자음을 앞뒤로 읽도록 한다.('가'부터 '하'까지, 다
　　　　시 '하'부터 '가'까지)

3단계 : 소리를 크게, 자음을 한 호흡에 앞뒤로 세 번 연달아 읽는다.

2) 입술

① 첫 글자가 장음인 경우, 입을 크게 벌리며 말해보라.

· 아주 기분이 좋습니다/가능성의 한계는 없습니다/과연 당신입니다/감
사합니다

② ㅁ, ㅂ, ㅍ 받침에서는 입술을 닫는다.

· 담임선생님께서/여러분의 심부름꾼이 되고자/심각한 일입니다/어렵
게 사는 이웃/자연스럽게/자유롭고 정의로운/친구와 놀고도 싶고

③ 이중모음인 'ㅚ'와 'ㅐ'의 구분을 명확하게 한다.

· 원칙이 무시된 채/당신이 최고다/무궁한 영광을 위하여/괴로워서/과
학자/노사정 위원회

3) 혀와 턱

① 자음 'ㄴ'을 'ㅇ', 'ㅁ'으로 읽지 않도록 한다.

· 준비를 철저히 하자/한강은 흐르고 있다/반복해 공부하자/건강과 행복/잠깐만/한국사람/대한민국/전국적으로/자전거 타기

② 'ㅆ'이나 'ㅅ'을 'ㄱ'으로 발음하지 않도록 한다.

· 충실했기 때문이다/잘못했기 때문에 벌을 받았지/자신 있게 말하라/뱃길을 따라/바닷가의 모래알처럼

③ 'ㅈ', 'ㄷ', 'ㅌ' 받침의 발음에 유의한다.

· 되찾고/인원에 맞게 음식준비를 해야지/굳게 다짐합니다/끝말을 정확히

④ 'ㄹ'발음 연습을 위해 '랄랄랄랄'을 가사로 하여 단순한 멜로디로 이루어진 가요나 동요를 불러보라.

롤롤롤롤, 룰룰룰룰, 릴릴릴릴 등으로 바꿔가며 부른다.

다음은 한글을 공식 문자로 채택한 '찌아찌아족'이 살고 있는 인도네시아의 아침 인사말이다. ㄹ발음을 재미있게 연습하는 데 도움이 될 것이다.

아빠까빠르르르르~

4) 발음이 어려운 낱말의 연습 방법 3단계이다.

첫째, 스타카토(staccato)로 한 글자씩 끊어서 말한다. 되! 찾! 꼬!

둘째, 한 글자 한 글자를 고무줄처럼 늘여서 말한다. 되~에~ 차~아~ 앗 꼬~오~

셋째, 정상속도로 말한다. 되찾:꼬

각 단계를 서너 번씩 반복해 연습하도록 하라. 구륜근(입주위를 둘러싼 근육)에 명확한 발음의 과정이 기억되어 발음이 차츰 쉬워질 것이다.

5) 혀 짧은 소리 해법

혀 짧은 소리는 사실 혀의 길이와는 상관없다. 혀 밑 가운데에 설소대라는 가느다란 점액성 줄기가 있는데 이것이 너무 길면 혀의 운동을 방해하여 혀 짧은 소리를 내게 되는 것이다. '르'나 '를'을 '으'나 '을'로 발음하게 되고 혀끝이 입천장에 닿아 제대로 소리가 나지 않으므로 발음이 부정확하게 들린다. 이 경우에는 이비인후과에서 간단한 수술로 설소대의 길이를 조정하면 된다.

한편 치아가 빠졌거나, 고르지 못한 치열 때문에 명확한 발음에 방해를 받는 경우도 있다. 치아가 고르지 못한 것은 대개 컴퓨터 모니터를 보며 책상 앞에 앉아 있을 때 손으로 턱을 괴거나, 엎드려서 잠을 자는 습관 때문일 수 있다. 어른의 머리 무게는 보통 5kg이다. 베개를 베고 옆으로, 또는 엎드려서 잠을 자면 머리 무게가 직접적으로 치아를 누른다. 치아 한 개에 30~300g 무게의 힘이 가해지는 것이다. 치열교정 때 치아에 가해지는 힘은 20g~70g이므로 잘못된 자세로 자고 있는 동안 치아가 움직이는 것은 당연하다.

6) 혀 근육과 입술, 턱 관절 훈련

① 혀 근육 운동

다 댜 더 뎌 도 됴 두 듀 드 디

라 랴 러 려 로 료 루 류 르 리

사 샤 서 셔 소 쇼 수 슈 스 시

② 입술 운동

마 먀 머 며 모 묘 무 뮤 므 미

바 뱌 버 벼 보 뵤 부 뷰 브 비

③ 턱 관절 훈련

하 햐 허 혀 호 효 후 휴 흐 히

카 캬 커 켜 코 쿄 쿠 큐 크 키

싹 샥 썩 셕 쏙 쇽 쑥 슉 쓱 식

④ 설음(舌音) 훈련

글글글글	껄껄껄껄	놀놀놀놀	달달달달
뜰뜰뜰뜰	롤롤롤롤	물물물물	벌벌벌벌
뿔뿔뿔뿔	술술술술	쌀쌀쌀쌀	을을을을
잴잴잴잴	쩔쩔쩔쩔	찰찰찰찰	털털털털
칼칼칼칼	풀풀풀풀	햄햄햄햄	헐헐헐헐

7) 장단음의 구분

"눈에 눈이 들어가서 나오는 것이 눈물이냐, 눈물이냐?"

이 문장에서 '눈'과 '눈물'은 어떻게 발음해야 할까?

우리말에는 단어에 따라 길게 발음해야 하는 것(장음)과 짧게 발음해야 하는 것(단음)이 있다. 이러한 구별이 필요한 것은 형태가 같은 단어라도 의미가 다른 것이 있기 때문일 것이다. 장단음의 구별은 의미 변별을 쉽게 하기 위한 하나의 방편이라고 할 수 있다.

'눈[目]과 눈:[雪]', '말[馬]과 말:[言]', '발[足]과 발:[簾]', '밤[夜]과 밤:[栗]', '솔[松]과 솔:[刷]'처럼 장단음에 대한 이해와 올바른 표현이 필요하다.

8) '민주주의의 의의'를 어떻게 발음해야 할까?

'의'의 발음은 사투리 발음 '으'가 되지 않도록 하는 게 중요하다. '의'는 동일 글자이면서 낱말이나 문장의 위치에 따라 다음과 같이 세 가지로 발음한다.

첫째, 낱말의 첫 글자로 올 때는 '으이'로 매끄럽게 발음한다. '으'와 '이'의 소리를 2:8정도의 비중으로 한다.

· 의장→으이장, 의심→으이심, 의사당→으이사당, 의미→으이미

둘째, 낱말의 중간이나 끝(어미)에 올 때는 '이'가 된다.

· 정의→정이, 정의감→정이감, 고의→고이, 고의적→고이적, 의의→으이이

셋째, 소유격 조사나 토씨로 올 땐 '에'로 발음한다.

· 나의 꿈→나에 꿈, 나라의 미래→나라에 미래, 민주주의의 꽃→민주주이에 꽃

실습
· 의사의 의무
· 의회 민주주의의 의의
· 스피치 학습의 의의는 의사소통에 있습니다.
· 성의 있는 의견 제시로 원활한 회의진행이 되도록 합시다.
· 교육의 의의의 중요성

19. 특정지방의 억양, 사투리 교정법

운율이란 음의 높낮이와 강약, 리듬을 포괄하는 용어이다. 뉴스 앵커가 말하는 것을 반복해 들으며 따라 해보라. 그들은 표준말을 쓴다. 아나운서의 억양과 자신의 억양을 비교해보라. 핵심은 말의 운율과 발음, 강세, 속도를 닮도록 노력하는 것이다.

강세란 어떤 부분을 강하게 발음하는 것을 일컫는다. 단어에 올바른 강세를 두지 않으면 적절한 리듬이 만들어지지 않아 어색하다는 것을 알게 될 것이다. 특정 문장을 하나 떼어내어 그 한 문장을 자료로 삼아 자신의 강세와 다른 점을 분석하고 집중 훈련을 하는 것도 좋은 방법이다.

탈북자들의 경우를 살펴보도록 하자. 북한 주민들은 '끌'을 발음할 때 입을 둥그렇게 해서 발음해 남한사람들에게는 '꿀'로 들리는 경우가 많다. 비슷한 다른 예로는 '둘'과 '들', '국기, 극기' 등이 있다.

또 모음 '오'와 '어'가 구분이 안 된다. 예를 들어 '볼, 벌' '솔, 설' '고리, 거리' 등이다. 그들은 '온감자' 라고 발음을 하는데 남한 사람에게는 '언감자'로 들리는 경우가 많다.

구개음화의 경우 남한에서는 해도지(해돋이) 마지(맏이) 턱바지(턱받이)라고 발음하는 것이 일반적인데 북한에선 해도디 마디 턱바디 등 구개음화 없이 발음하는 경우가 많다. 억양에서도 '개구리' 발음을 남한에서는 두 번째 음절 '구'를 높게 하는데, 함경북도에서 출신은 세 번째 음절 '리'에 강세를 준다.

두 개의 표준어를 쓸 수도 있다. 하나는 가족과 이웃을 위한 것이고 또하나는 공인용이다. 자신의 문화적인 뿌리를 아주 없애기보다 상황에 맞게 말하기 패턴을 바꾸는 것이 합리적일 것이다.

억양, 사투리 교정 방법

1) 뉴스 앵커가 말하는 것을 녹음해 들어라. 그들은 표준말을 쓴다. 그들의 어법을 당신의 어법과 비교하라. 발음, 속도, 강세를 따라 하라.

2) 말의 운율을 연습하라. 올바른 단어에 강세를 두지 않으면 적절한 리듬이 만들어지지 않아 어색하다는 것을 알게 될 것이다. 어려운 소리는 반복해서 훈련하라.

3) 어휘력을 늘려라. 익숙하지 않은 단어들은 사전을 찾아보라. 스마트 폰 사전 앱과 친구가 되자.

20. 음성 틱 때문에 사회성과 자존감이 낮다면

틱(Tic) 현상이란, 자신의 의지와 무관하게 반복적으로 몸을 움직이거나(근육 틱) 소리를 내는 것(음성 틱)을 말한다. 근본적으로 외부의 스트레스로 인해 대뇌의 균형이 깨지면서 발생하게 된다.

대뇌에서 발생하는 정보나 행동은 항상 대뇌 피질 밑 기저 핵들과 중뇌 핵들의 정교한 튜업(tune up, 파장을 조정하는 것)을 거치는데, 이런 과정이 생략되거나 이상이 생기면 의지만으로는 조절이 되지 않아 반복적인 움직임이나 소리를 내는 것이다.

근육 틱 가운데 가장 흔한 것은 안면 틱이다. 눈을 자주 깜박인다든지, 킁킁대는 것, 입술을 씰룩거리는 현상 등이다. 단순 음성 틱은 음음, 킁킁, 헛기침, 고흘쩍이기, 짐 뱉는 소리 등을 자주 내고, 복합 음성 틱은 상황에 관계없는 단어, 구절을 반복하거나 의미 없는 말을 계속 내뱉기도 한다. 숨을 들이마시면서 '스~' 소리를 내는 것은 일류 강사들에게서도 나타나는 현상이다. 자연스러운 의사전달에 방해가 될 것은 너무도 자명하다.

본인이 알고 있는 경우엔 금방 해소가 가능하다. 하지만 모르고 있을 땐 도리가 없다. 강연 중에 '에'나 '저' 소리를 1분 동안 5번 이상씩 습관적으로 하는 유명강사도 보았다.

첫째, 근육 틱을 점검하려면 거울 앞에서 말하기, 녹화하여 관찰하기 등의 방법이 있다. 음성 틱 역시 본인이 알 수 있는 방법은 두 가지이다. 누군가에게 지적을 받거나 아니면 녹음하여 들어보는 것이다.

둘째, 해소법이다. 본인이 알게 되면 틱 현상이 나올 때 의식이 된다. '이런, 또 이렇게 하는군!' 마음속으로 느끼는 것이 첫 번째 단계, 또 반복이 되려고 하면 동작을 멈추거나 말을 끊는다. 본인은 틱 장애를 의식해서 머뭇거렸지만, 이것은 오히려 적절한 사이두기가 된다. 듣는 사람에겐 여유 있는 발표자로 인식되니, 조급한 마음을 가질 필요는 없다.

몸에 밴 틱 현상은 파리와 같다. 아무리 쫓아도 다시 날아와서 괴롭힐 수 있으니까. 녹음하여 들어보거나 전문가에게 피드백을 요청하는 등 주기적인 점검이 필요하다.

1) 목소리의 힘

2012년 미국 노스이스턴대 실험실. 신문을 소리 내서 읽는 독자들 영상을 보여주고 '누가 똑똑한 사람일 것 같은가' 맞혀 보라고 했다. 참가자 90% 이상이 한 사람을 지목했는데 그 이유는 이랬다. "좋은 목소리, 그리고 더듬거나 오독(誤讀)이 없는 사람을 골랐어요."

우선 명료하고 정밀한 발음에 신경 쓸 일이다. 좋은 발음의 첫걸음은 모음의 정확한 음가(音價) 내기에서 나온다. 한국어엔 10개의 단모음(소리를 낼 때에 입술 모양이나 혀의 위치가 바뀌지 않는 모음. 'ㅏ', 'ㅓ', 'ㅗ', 'ㅜ', 'ㅡ', 'ㅣ', 'ㅐ', 'ㅔ', 'ㅟ', 'ㅚ' 등)과 이중모음 11개(소리를 내는 도중에 입술

모양이나 혀의 위치가 처음과 끝이 달라지는 모음. 'ㅑ, ㅕ, ㅛ, ㅠ, ㅒ, ㅖ, ㅘ, ㅙ, ㅝ, ㅞ, ㅟ, ㅢ' 등)가 있다. 이걸 제대로 소리 내면 발음의 종결자, 목소리 좋은 사람으로 대우받을 것이다. 입안 공간의 폭이 넓어졌다 좁아졌다 하는 느낌이 많이 들수록 성공적이라 할 수 있다.

다음은 정제되고 가다듬은 소리의 연마다. 금속 제련 과정처럼 목소리의 불순물을 제거하고 올곧은 발음의 강도와 순도를 높이는 과정을 체험해보자. 어려운 말, 표현음의 점층 변화에서부터 시 낭송, 드라마대본, 2분 스피치, 웅변, 연설에 이르기까지 '내 목소리로 활자에 생명력을 불러일으켜보겠다' 하는 다부진 마음으로 연습하는 것이 중요하다.

'관상(觀相)의 완성은 목소리'라는 말이 있다. 시각이 압도적 우세인 세상이지만 청각의 존재감은 여전히 살아 있다.

2) 잘 '읽기'가 먼저

프랑스어로 책은 'Livre(리브르)'로 '읽다'를 뜻하는 'Lire(리르)'와 같은 어원이다. 책은 본래 소리 내서 읽어야 마땅한 것이다.

옛사람들은 동서양을 막론하고 필시 우리보다 훨씬 읽기 능력이 뛰어났을 것이다. 경전과 시문을 읽고 외우는 것이 곧 교양이고 공부였기 때문이다. 읽기의 핵심 기술 중 하나로 '반 호흡'이라는 게 있다. 글자 그대로 반만 호흡한다는 의미로 날숨과 들숨을 조절하는 것이다.

너무 잦은 띄어 읽기가 가져오는 단조로움과 딘질의 느낌을 막고, 반대로 휴지(休止)의 묘미를 무시한 내달리기식 이어읽기의 유혹을 제어할 수 있다. 이 부분을 띄어 읽을 것인가 붙여 읽을 것인가, 띄운다면 어느 정도 어떤 느낌으로 할 것인가, 여기를 도드라지게 할 것인가 아니면 담담하게 갈 것인가. 바로 이런 조합에 대한 직관과 감각의 체화라고 할 수 있다.

영화 〈댄싱 베토벤〉에서 마에스트로(명지휘자)인 '주빈 메타'가 오보에 파트한테는 "끌지 말고 탁탁 끊어서 연주하세요"라고 하고, 합창단에는 "거기는 너무 크게 하지 마세요"라고 한다. 같은 맥락에서 읽기도 '적당한 속도' '알맞은 크기' '정확한 발음'이 중요하다.

'말하기'에 대한 관심이 뜨겁다. 그러나 '읽기'가 먼저다. 말하기가 피겨나 아이스댄싱이라면 스케이팅이 바로 읽기다. 기본을 허투루 하면 뒤따르는 건 엉덩방아다.

21. 말 더듬 극복하기

"권력과 명예, 모든 것을 다 가진 국왕 '버티'에게도 두려운 것이 있었다. 바로 '말더듬 콤플렉스'. '더더더…' 말을 더듬는 증상 때문에 마이크 앞에만 서면 오금이 저리던 그는 왕위에 올랐지만 부담감으로 눈물을 흘린다."

영국 왕 조지 6세의 실화를 바탕으로 제작된 영화 '킹스 스피치' 내용의 일부이다. 조지 6세만 말더듬으로 고통을 받은 것이 아니었다. 윈스턴 처칠, 마릴린 먼로, 브루스 윌리스, 개그맨 김현철, 오거돈 등 수많은 유명인들도 말더듬으로 고생한 경험이 있다. 유창성장애라고도 불리는 말더듬. 정확히 어떤 증상을 가리키며 어떻게 교정을 해야 할까.

1) 유전성 높은 질환…2~7세에 발생

말더듬의 원인에는 선천적, 후천적 요인이 있다. 선천적 말더듬이의 경우 유전인 경우가 70% 이상이다. 후천적 요인은 감당하기 힘든 심리적 사건이나 사고로 인해 뇌신경이 손상된 경우를 일컫는다. 이밖에도 환경과 성격 등 복합적 요인으로 말을 더듬을 수 있다.

말더듬증상은 주로 말을 배우기 시작하는 2~5세 사이에 나타나는데 이 시기는 인지능력과 구강발달의 부조화로 거의 모든 아동이 말더듬을 경험하게 되는 때이기도 하다. 아동이나 성인 할 것 없이 본인이 말을 더듬는다는 것을 인식하면 심리적 강박증 등으로 인해 말더듬이 더욱 심해질 수 있어 가벼운 말더듬증세에는 담담하게 대처하는 것이 좋다.

2) 조기발견…가족치료 중요해

부모의 역할은 아동의 언어발달에 큰 영향을 미친다. 부모의 적극적 개입이 자녀의 언어발달을 도울 수도 있지만 부정적인 태도를 보이거나 자연스럽게 말하기를 강요할 경우 오히려 해가 될 수 있다.

아이의 말 중간에 부모가 끼어들어 말하거나 말을 중단시키지 말 것, '천천히 해라' 등 지시적인 말을 피할 것, 말을 더듬는다고 벌주거나 꾸짖지 말 것 등이 부모의 주의할 점이다.

말더듬을 치료하기 위해서는 무엇보다 본인의 자세가 중요하다. 말더듬은 교정할 수 있다는 확신과 전문가의 도움, 본인의 노력이 필요하다. 말더듬으로 고생했지만 이를 극복하고 자신감 있게 사는 유명인들이 많다.

3) 개선을 위한 두 가지 팁

말더듬 개선을 위한 첫 번째 팁은 '긍정적 마음 갖기'(심리)이다

아주 심한 말더듬 증상을 치료한 방법이 권위 있는 과학 저널 〈네이처(Nature)〉에 실린 적이 있다. 연구자는 인지과학자인 콜린 체리 박사.

그는 심한 말더듬이 25명에게 이어폰을 제공했다. 그런 다음 자신이 말하는 목소리가 들리지 않을 정도로 시끄러운 음악을 들려주었다. 이러한

조건에서 그들에게 큰 소리로 말하게 하고, 책을 읽도록 했다. 그러자 눈에 뜨일 정도로 말하기와 읽기 능력이 개선되었다. 콜린박사는 이렇게 설명했다.

"환자들이 스스로 '나는 말더듬이다'라고 생각하지 못하게 했다. 그러자 말더듬 증상이 즉시 치료되었다!"

이것은 갇혀진 인격을 억제하지 않으면 행동이 개선될 수 있다는 단서를 제공했다. '나는 할 수 없어'는 실제적인 한계가 아니라 자기 스스로가 설정한 것임을 발견한 것이다.

고객이나 상사와 얘기할 때, 전화 받을 때 자신이 말을 더듬어도 그냥 쿨하게 넘기도록 하라. 인간의 99%가 말더듬의 요인을 갖고 있다. 마음이 다급하면 누구나 버벅 거리지 않은가? 이 때 대개의 사람들은 '내가 지금 마음이 급하네?'하는 것을 알아차린다. 가슴에 손을 대고 호흡을 가다듬은 다음 천천히 얘기한다. 그렇게 하면 말을 더듬었던 것이 전혀 문제가 되지 않는다. 말더듬 개선을 원하는 사람도 그렇게 해야 한다.

말더듬 개선을 위한 두 번째 팁은 '한 박자 쉬었다가 숨을 몰아 쉰 다음 첫 음절 말하기'(기능)이다.

말을 더듬는 사람들의 특징은 할 말을 빨리 표현해서 해치우고 싶어 한다. 이유는 언제 말을 또 더듬을지 모른다고 생각하기 때문이다. 그러다보니 긴장이 되고 호흡이 깨지게 된다. 따라서 읽고자 하는 글에 숨 쉬는 곳을 표시하여 새로운 마디를 시작할 땐 규칙적으로 한 박자 쉬었다가 숨을 몰아 쉰 다음 첫마디를 시작해보라.

소리가 나기 위해서는 반드시 숨을 몸 밖으로 내보내면서 말을 해야 한다. 숨이 폐로 들어올 때에는 소리가 날 수 없으니까. 자연스런 호흡은 자연스럽게 말하기의 시작이고, 그 핵심은 바로 숨을 들이마신 다음 숨을 내

뱉으면서 말하기, 그리고 첫 음절이 안 튀어 나오면 첫음절을 반복하지 말고, 숨을 들이 마신 다음 다시 시도하기 이다.

이런 방법으로 2분 분량 정도의 글을 끝까지 소리 내어 읽다 보면 처음엔 상체를 움직이는 현상이 나타나게 될 것이다. 따라서 자연스런 낭독에 성공을 하게 되면 그 다음 단계는 자기 모습을 촬영하여 모니터링을 해봐야 한다. 첫음절을 읽어낼 때 마다 내부적인 마음의 갈등은 있을 것이다. 하지만 겉으로 표만 나지 않으면 상대방은 관심도 없다는 사실을 알아야 한다.

'한 박자 쉬었다가 숨을 몰아 쉰 다음 첫 음절 말하기'에 충실하느라 쉼표 구간에서 말하지 않는 시간이 길어지게 되면 낭독하는 당사자는 조바심이 날 것이다. 하지만 그러한 구간에서의 '사이두기'는 오히려 듣는 이에게 차분한 마음으로 귀를 기울이게 하는 긍정적 요소로 작용하게 된다.

4) 말의 체력을 길러야

호흡은 말과 깊은 관계가 있다. 호흡은 목소리를 만들어 내는 재료이니까. 호흡이 길어야만 좋은 목소리라는 요리를 만들어 낼 수 있다.

호흡은 말의 체력으로서, 체력이 좋아야 운동을 잘 할 수 있는 것처럼 호흡이 좋아야 말을 잘할 수 있다. 숨을 폐 안에 가득 들이 마시고 다시 숨을 뱉는 것을 '한 호흡'이라고 말한다. 한 번에 숨을 많이 마시고 길게 뱉는 사람을 보고 '호흡이 길다, 말의 체력이 좋다'라고 말한다. 반대로 숨을 들이마실 때 조금만 들이 마시고 뱉을 때 한꺼번에 많이 짧게 뱉는 사람들을 '호흡이 짧다, 말의 체력이 좋지 않다'라고 말한다.

말을 더듬는 사람들에게서는 얕은 호흡, 반대호흡, 불규칙적인 호흡 등과 같은 호흡 이상이 나타나곤 한다. 우리는 무의식적으로 숨을 조절해서 말을 하고, 노래하며, 악기를 불기도 한다. 비정상적인 호흡 패턴은 말더듬 증후의 일부분이라고 할 수 있다. 호흡방법에는 네 가지가 있다.

첫째 : 코로 숨을 들여 마시고 코로 숨을 내쉬기

둘째 : 코로 마시고 입으로 내쉬기

셋째 : 입으로 마시고 입으로 내쉬기

넷째 : 입으로 마시고 코로 내쉬기

이 중에 대화할 때 필요한 호흡은 둘째와 셋째 방법 두 가지이다. 그 중에서 일반사람들이 말할 때 무의식중에 가장 많이 하는 호흡방법은 셋째 방법이다. 그렇다면 말더듬치료에 있어서도 부자연스럽게 입을 다물고 코로 마셔서 말을 하게 할 것이 아니라 입으로 마셔서 입으로 말을 하도록 하는 것이 가장 쉽고 잘 적응할 수 있는 방법이라고 할 수 있다.

5) 인디언은 말더듬이가 없다

오래 전에 아메리칸 인디언을 연구하던 과학자가 흥미로운 결과를 발표했다. 순수 인디언 혈통을 가진 사람 가운데는 말더듬이가 전혀 없다는 것이다. 그는 이것이 우연의 일치인지 아니면 인디언들의 공통된 특징인지에 대해 추가적인 연구를 실시했다. 그는 흥미와 호기심으로 아메리카 인디언 종족 전반에 대한 연구를 다시 했다. 그리고 그는 말을 더듬은 인디언은 전혀 발견하지 못했다.

그는 그들의 언어를 연구한 결과 인디언에게 말더듬이가 전혀 없는 이유를 발견해 냈다. 그들에게는 '말을 더듬다'라는 말이나 그와 비슷한 언어가 없었다. 분명한 것은 '말을 더듬다' 라는 말이 없으면 인디언이 말을 더듬는 일은 불가능하다는 사실이다.

필리핀의 티자데이 부족은 '싫어하다', '미워하다'라는 말이 아예 없다고
한다. 이 부족은 싸우거나 다투는 일이 없다.

당신은 이 이야기를 들으면서 아주 재미있다고 생각할 것이다. 하지만
이 이야기는 우리가 생각하는 것 이상으로 많은 교훈을 준다. 우리는 단어
가 마음속에 그림으로 표현되며 그러한 그림은 우리의 감정과 기분을 좌우
한다는 것을 알고 있다.

예컨대, 당신이 '실패', '할 수 없다', '싫어한다', '벙어리'라는 말을 읽거
나 본다면 당신은 그 말에 의해 그림을 그리며 그러한 그림을 완성하기 위
한 행동을 취한다. 말더듬이가 무엇인지 모른다면 우리는 말더듬이를 상상
할 수 없고, 그림을 그릴 수도 없으며, 나아가서는 말을 더듬을 수도 없다.
아니 말을 더듬어도 문제 삼지 않기 때문에 자연스레 해소되어 버린다.

인터내셔널 페이퍼 회사는 긍정적인 단어를 많이 구사하면 할수록 그 사
람의 수입이 더 많다는 통계를 발표했다.

'사랑', '우정', '기쁜', '행복', '칭찬', '감사', '배려', '평화' 등의 긍정적인
언어를 사용함으로써 고객과 깊이 있는 관계가 형성될 수 있다는 것이다.

나폴레옹의 '내 사전에 불가능은 없다'라는 말은 너무나 유명하다. 머릿
속에 없는 단어는 입에서 나오지 않는다.

어떤 단어나 말이든 간에 쉽게 머릿속에서 둥지를 틀며 새끼를 치는 법
이다. 긍정적인 말만을 되풀이하고 부정적인 단어는 머릿속에서 지우자.
그 사람이 쓰는 말이 그 사람의 인생이다.

22. 어려운 말 연습

잰 말놀이 또는 빠른 말놀이는 빨리 발음하기가 어려운 문장을 빠르게

말하는 놀이이다. 어려운 문장을 소리 내어 연습하면 목소리가 부드러워지고 발음이 정확해진다. 최근 한 연구에선 전달하는 내용보다 목소리 톤이 두 배나 더 중요하다는 것이 밝혀졌다.

이 훈련의 목적은 말이 막히거나, 더듬는 현상을 없애 전달력을 기르기 위함이다. 놀이처럼 재미있게 읽다보면 발음장애가 교정될 수 있는 좋은 훈련 방법이다. 요령은 두 가지, 장음을 잘 살리고 특정 글자에 적절하게 강세를 주는 것이다.

1) 저 찹쌀 쌀 찹쌀 저 찹쌀 쌀 찹쌀 저 찹쌀 쌀 찹쌀

김삿갓 삿갓 김삿갓 삿갓 김삿갓 삿갓

정형돈 동창 정형돈 동창 정형돈 동창

검찰청 철창살 검찰청 철창살 검찰청 철창살

대한관광공사 강진관 관광과장

2) 간장 공장 공장장은 강 공장장이고, 된장 공장 공장장은 장 공장장이다.

한양 양장점 옆에 한영 양장점, 한영 양장점 옆에 한양 양장점

이분은 백 법학 박사이시고, 저분은 박 법학 박사이시다.

내가 그린 구름 그림은 새털구름 그린 구름이고, 네가 그린 구름 그림은 뭉게구름 그린 구름이다.

앞집 팥죽은 붉은팥 풋 팥죽이고, 뒷집 콩죽은 햇콩 단콩 콩죽이고, 우리 집 깨죽은 검은깨 깨죽인데, 사람들은 팥죽, 콩죽, 깨죽, 죽 먹기를 싫어하더라.

3) 저기 저 말뚝은 말 맬만한 말뚝인가, 말 못 맬만한 말뚝인가?

꿀꿀이네 멍멍이는 꿀꿀해도 멍멍하고, 멍멍이네 꿀꿀이는 멍멍해도 꿀꿀한다.

강낭콩 옆 빈 콩깍지는 완두콩 깐 빈 콩깍지이고, 완두콩 옆 빈 콩깍지는 강낭콩 깐 빈 콩깍지이다.

작년에 온 솥 장수는 헌 솥 장수이고, 금년에 온 솥 장수는 새 솥 장수이다.

소고삐 풀린 황소의 고삐는 쇠가죽 소고삐이고, 말고삐 풀린 백마의 고삐는 말가죽 말고삐이다.

4) 우리 집 유리창 창살은 겹 창살 창살이고, 이웃집 유리창 창살은 쇠창살 창살이고, 건너 집 유리창 창살은 나무 창 창살이다.

춘천 공작창 창장은 편 창장이고, 평촌 공작창 창장은 황 창장이다.

저기 저 뜀틀이 내가 뛸 뜀틀인가, 내가 안 뛸 뜀틀인가?

내가 그린 기린 그림은 목이 긴 기린 그림인가, 목이 안 긴 기린 그림인가?

고려고 교복은 고급교복이고, 고려고 교복은 고급원단을 사용했다.

5) 안 촉촉한 초코칩 나라에 살던 안 촉촉한 초코칩이 촉촉한 초코칩 나라의 촉촉한 초코칩을 보고 촉촉한 초코칩이 되고 싶어서 촉촉한 초코칩 나라에 갔는데, 촉촉한 초코칩 나라의 문지기가 "넌 촉촉한 초코칩이 아니고 안 촉촉한 초코칩이니까 안 촉촉한 초코칩 나라에서 살아"라고 해서, 안 촉촉한 초코칩은 촉촉한 초코칩이 되는 것을 포기하고 안 촉촉한 초코칩 나라로 돌아갔다.

6) 챠프포트킨과 치스챠코프는 라흐마니노프의 피아노 콘체르토의 선율이 흐르는 영화 파워트레이트를 보면서 켄터키 프라이드치킨, 포테이토칩, 파파야 등을 포식하였다.

개에는 불독, 복서, 비글, 콜리, 푸들, 세퍼드, 델머션, 치와와 등이 있다. 공룡에는 '프테로닥틸루스'라는 익룡이 있고, '블론트사우르스'라는 뇌룡이 있고, '이세라톱스'라는 세뿔공룡이 있고, '스사우르스'라는 철갑공룡 등이 있다.

7) 스체민스키는 아내인 타르치나 코브로와 함께 폴란드 전위미술의 기반을 다졌다.

랠리몽키가 에인절스의 경기에서 모습을 드러내며 역전을 이루었고, 이후로 애너하임의 비공식 마스코트가 되었다.

일본에 들를 때마다 구소구야키와 겐친야키, 오구라망을 꼭 먹게 된다.

강황은 생강과 쿠르쿠마속에 속한다. 일본에서는 강황을 우콘 혹은 우킨이라고 부른다.

전신성 홍반성 루푸스는 만성 자가면역질환으로 뺨의 발진과 원판성발진, 광과민성, 구강 궤양의 증상이 나타난다.

23. 드라마 대본화술

복잡한 정보의 교류가 많을수록 의사전달의 정확성 그리고 분명한 감정 표현이 중요하다. 대본화술 실습을 통해 그러한 기법들을 익히고 깨우칠 수 있다.

주의할 점은 상황에 따른 소리의 크기와 강약 배분, 속도 조절과 말의 사이두기, 정확한 발음 구사 등이다. 실제 상황이라 생각하고 등장인물의 감정에 젖어 음성연기에 몰입해보자.

제목 : 대추나무 사랑 걸렸네

1) 씬1. 구판장 뒤 테이블

◇설명 : 결혼한 짠돌이 처남과 주례 섰던 아버지를 서로 편드는 현욱과 태민의 대화 장면

(현욱에게 맥주를 따라주는 태민)

△현욱= 아, 할 말이 있으면 화원으로 올 일이지 거, 대낮부터 웬 맥주여?

▲태민= 일단 한잔 마셔.

△현욱= 자네같이 아들이 둘이나 있으면 모를까 난 일을 해야 된단 말이여. 요즘에 신경 쓸 일이 어디 한 두 가진가?

▲태민= 내가 그것 때문에 자네를 불렀다고. 기왕 신경을 쓰는 거 처남한테도 좀 쓰라고.

△현욱= 그건 또 무슨 소리여? 우리 처남이 워째서?

▲태민= 아니 이 사람이 정말 그걸 몰라서 물어? 자네 처남 결혼한지가 얼만데 어? 아직 꿩 구워 먹은 소식이냐고? 정말 대충 넘어가려는 거라면 아버지도 아버지지만 내가 더 섭섭해. 어?

△현욱= 음, 그런 거라면 자네 일에나 신경 써! 신혼여행 갔다 와서 어르신께 인사 드린지가 언젠데 그려? 처남내외가 주례선물로 양말하고 여름내복하고 사다드린 거 자넨 모르나?

▲태민= 저저저, 이 사람. 요즘에 주례선물로 양말 받았다면 지나가던

개도 웃어. 이 사람 하고는. 누가 큰돈 들이랬나? 우리 아버지가 좋아하시는 사골이나 안심정도는 돼야지.

△현욱= 아이구, 그럼 어르신이 그런 것 때문에 주례를 서주셨단 말이여? 에에이, 어르신은 그럴 분이 아니지. 처남 내외가 찾아갔을 때도 그럴 필요 없다며 집에도 못 들어오게 했다는데 뭘 그려?

▲태민= 그래, 그래, 싸구려 양말하고 여름 내의라고 사 갖고 들어왔으니, 그렇지. 나라도 집에 안 들여보내.

△현욱= 이런, 이 사람이 점점. 어르신은 가만히 계시는데 자네가 왜 그러나? 우리 짠돌이 처남이 그만했으면 됐지 뭘 더 바라나. 정 그러면 나라도 사줄까?

▲태민= 자네가 장가갔어? 자네 장가가는데 우리 아버지가 자네 주례 섰어?

2) 씬2. 덕보 방(밤)

◇설명 : 이웃집 새댁(단옥)의 아이에게 증손주가 맞고 있는 걸 간섭했던 할아버지(덕보)의 말에 분이 난 새댁(단옥)이 할아버지(덕보) 방을 찾아와 사과 받으려하는 장면.

(단옥 요지부동으로 앉아 있으면)

△덕보= 단옥이 새댁- 내 나이가 여든을 바라보우. 근데 지금 누구한테 사과하라고 그러는 거야?

▲단옥= 연세가 많으실수록 잘못을 뉘우치시고 사과를 하셔야지요.

△덕보= 아, 이런 참! 이니 답답하게 왜 이래? 그럼 증손주가 호박으로 머리 맞는데 그냥 보고 있을 할애비가 어딨어? 그리고, 자식 교육 좀 잘 시

키라고 그런 게 그렇게 큰 잘못이야? 그 말도 못해?

▲단옥= 어르신, 들은 걸 못들은 걸로 할 수는 없습니다. 사람이 참는데도 한계가 있는 거구요. 어르신께서 저한테 근본도 없는 종자라고 하신 말씀 정식으로 사과하시라요.

△덕보= (뜨끔하지만) 그, 그게 무신 말이야? 난 그런 말한 적 없어. 단옥이 새댁이 뭔가 잘못 들은 거 아니야? 어?

▲단옥= 어르신께서 그 말씀하신 거 하늘이 알고 땅이 알고 있습니다. 하여간에 저는 어르신께서 저에게 사과하지 않으시면 어르신과 같이 이 집에서 함께 먹고, 함께 자고 할테니까 마음대로 하시라요.

△덕보= 뭐? 뭐여? 어험! 난 그런 말 한 적도 없고 모르는 일이야. 아, 그리고 틀린 말도 아니네에~ 아, 근본 있는 집안에서 여자가 남자 때리는 것 봤어?

▲단옥= 저 평산 이씨 지사공파 23대 손 이단옥입니다. 근본이 없다니요?

△덕보= 내가 그 집 족보를 본 것도 아닌데 그걸 어떻게 믿어!
(나오며) 하여간에 난 그런 말 한적 없어. 아, 무신 놈에 사과를 하라고 생떼여. 생떼가? 나 밥 먹고 자야 되니까 어여 나가.

▲단옥= (쫓아 나오며) 어르신! 어르신께서는 밥이 넘어가고 잠이 오실지 모르겠지만 전 어르신께 사과 받기 전에는 억울하고 분해서 물 한 모금, 잠 한숨 잘 수가 없습니다. 근본도 없는 종자라고 하신 말씀, 사과하시라요!

24. 나도 아나운서

사람은 글을 읽을 때와 말할 때의 말투가 대개 동일하다. 따라서 자연스런 말투(말의 속도, 리듬과 억양, 사이두기)를 익히는 데 소리 내어 글 읽기만큼 좋은 방법이 없다. 그렇다면 어떻게 읽을 것인가에 대한 방법인데, 아나운서의 뉴스대본 읽기를 권한다.

낭독 훈련의 목적은 언어 전달력을 높이기 위한 운용체계를 마련하는 데 있다. 따라서 다음 세 가지 사항에 유의하자.

첫째, 감정을 넣지 말고, 끊어 읽기에 충실하라.

둘째, 포즈를 잘 지켜라. 포즈(pause)란 말을 하다가 잠시 공백을 두는 것이다. 중요한 부분이나 이름, 숫자 등은 천천히, 그 외의 부분은 속도를 붙여 말한다. 이렇게 하면 부각시켜야 할 내용을 두드러지게 강조할 수 있다.

셋째, 장단음을 잘 살린다.

장음은 단음에 비해 두 배 반 정도 길게 소리를 내는 게 기준이다.

눈:보라(○) − 눈보라(×), 말:안장(×) − 말안장(○), 밤:나무(○) − 밤나무(×)

1부터 10까지의 수 발음에 있어서 '2, 4, 5'는 길게 발음한다. 장단음을 잘 살릴 때 말의 리듬이 살아난다.

뉴스 리딩으로 아나운서 따라잡기

1) 일기 예보

올 여름 장마는 ∨ 예:년보다 조금 늦은 ∨ 다음달 2:4일이나 2:5일쯤 ∨ 시:작될 것으로 예:상됩니다.

기상청이 오늘 발표한 ∨ 다음달 기상 전:망을 보면 ∨ 올 장마는 ∨ 남부지방의 경우 ∨ 예:년보다 2:, 3일 정도 늦은 ∨ 다음 달 2:4일이나 ∨

2:5일쯤 시:작하겠고, ∨ 서울 등 중부지방은 ∨ 2:7일부터 ∨ 장마권에
들 것으로 보입니다.

또 ∨ 장마가 시:작되면서 ∨ 한 차례 집중호우가 쏟아지겠고, ∨ 올 장
마는 ∨ 7월 중순에 끝나 ∨ 예:년보다 닷새 가량 짧겠습니다.

기상청은 ∨ 장마가 시:작되기 전인 ∨ 다음 달 중순까지는 ∨ 더운 날이
많:은 가운데 ∨ 강:우량이 예:년보다 적:어서 ∨ 일부 지역에 ∨ 여름 가
뭄현:상이 나타나겠다고 내:다봤습니다.

**※ 끊어 읽어야 하는 부분을 눈여겨 살펴보라. 는, 은, 쯤, 한, 면 등
이다. 이런 곳이 바로 말의 마디이다. 글을 읽거나 말을 할 때 마디
를 잘 살려야 호흡이 매끄럽고 감정이 살며 의미전달이 원활해진다.**

2) 국내 뉴스

문화체육관광부 문화재 관리국은 ∨ 오늘 ∨ 경:남 합천 해:인사 길상탑
과 ∨ 전북 완주 송광사의 ∨ 대:웅전과 종루를 ∨ 보:물로 지정했:습니다.

보:물 천이:백사:십이:호로 지정된 ∨ 해:인사 길상탑은 ∨ 서기 895:년
∨ 신라 진성여왕 9년 ∨ 순교한 승병들을 기리기 위해 건:립한 탑이며, ∨
천이:백사:십삼호로 지정된 ∨ 송광사 대:웅전은 ∨ 19세:기의 ∨ 아름다
운 천장 양식을 보여주는 건:물입니다.

보:물 천이:백사:십사:호 ∨ 송광사 종루는 ∨ 조선 세:조 때 창:건됐다
가 ∨ 19세:기 중반 ∨ 재:건된 누각으로 ∨ 조선시대의 ∨ 유일한 십자형
종루입니다.

3) 해외 뉴스

베를린에서 ∨ AP ∨ AFP, 연합통신입니다.

나토 외:무장:관들은 ∨ 탈냉전시대 이:후의 안보환경에 ∨ 유연하게

대:처하기 위해 ∨ 유:럽 자체 기동부대 창:설 등을 포함한 ∨ 신방위전:략을 승인했:습니다.

나토 외:무장:관들은 ∨ 어제 발표한 최:종성명에서 ∨ 이번에 채:택한 신방위전:략은 ∨ 변:화하고 있는 ∨ 유:럽의 안보환경 속:에서 ∨ 집단방위라는 ∨ 전통적인 임무를 수행할 수 있도록 ∨ 군사적 효율성을 보:장하기 위한 것이라고 밝혔습니다.

신방위개념의 핵심은 ∨ 변:화하는 환경 속:에서 ∨ 분쟁 해:결과 평화유지 활동을 하게 될 ∨ 소:규모의 ∨ 유:럽 자체 기동부대 창:설을 허용하는 ∨ 신개념의 도:입이라고 ∨ 장:관들은 설명했:습니다.

4) 국제-1

두바이유 국제 현물가격이 사흘 째 하락했습니다.

한국석유공사는 두바이유 현물가격이 배럴당 85센트 내린 116달러 86센트를 기록했다고 밝혔습니다.

11월 인도분 서부 텍사스산 원유도 배럴당 1달러 74센트 내린 95달러 67센트를 기록했고, 북해산 브렌트유도 1달러 92센트 하락한 109달러 79센트에 거래됐습니다.

국제유가는 미국과 유럽의 경기부진으로 석유수요가 감소할 것이란 전망이 고조되면서 최근 내림새가 이어지고 있습니다.

5) 국제-2

외교부는 반정부 시위 격화로 비상사태가 선포된 태국의 일부지역 여행경보를 '여행자제'를 뜻하는 2단계로 상향 조정했습니다.

오늘부터 여행유의를 의미하는 1단계에서 2단계로 조정된 지역은 방콕

논타부리주 전역과 빠툼타니주 랏룸께오구, 사뭇쁘라칸주 방필구 지역, 수린 시사켓주의 캄보디아 국경지역입니다.

태국 나라티왓, 파타니, 얄라주와 송크홀라주의 남부 말레이시아 국경지역 여행경보는 3단계인 여행제한으로 지정돼 있습니다.

6) 국제-3

지난 7월 미국 기업들의 재고가 한 달 전보다 0.4% 증가했다고 미 상무부가 13일 밝혔습니다. 이는 시장 전망치인 0.2% 증가를 웃돈 것으로 지난 1월 이후 가장 높은 증가율입니다.

소매업체들의 재고는 0.8% 늘어났고 판매는 0.4% 상승했습니다. 미국 기업의 재고증가는 최근 미국 내 수요 증가에 따른 결과로 풀이됩니다.

7) 앵커 대본

① 2008년 금융위기 이후, 급격한 혼란을 경험한 글로벌 금융시장이 내논 해결방안은 바로 양적완화정책인데요.

그동안 시장은 풍부해진 유동성에 환호했지만 이제 더 이상 한방의 모르핀과 같은 주사는 기대할 수 없는 시점에 다다랐습니다.

미국 양적완화 정책의 그 시작부터 출구전략 논의까지, 김도윤 기자가 짚어봤습니다.

② 동맥경화를 치료할 때 막힌 혈관을 뚫어줘도 시간이 지나면 다시 막힙니다. 국내 연구진이 이런 혈관 재협착을 막아주는 신 물질을 세계 최초로 개발했습니다. 이충헌 의학 전문 기자가 전해드립니다.

③ 건조한 날씨 탓에 전국적으로 산불이 잇따르고 있습니다. 전북 남원은 산봉우리 하나를 순식간에 태웠고, 비무장지대의 불도 꺼질 줄을 모릅

니다. 유룡 기자입니다.

④ 수확과 결실의 계절 가을! 먹을거리가 이처럼 풍성한 계절이 또 있을까요? 오늘 제가 온 이곳 전남 무안은 먹을거리의 천국으로 유명합니다. 이른바 무안 오미~ 라고 들어보셨나요? 산과 강, 바다의 맛을 한꺼번에 체험할 수 있다고 하니까 정말 기대되는데요. 지금부터 그 첫 번째 맛을 소개합니다.

⑤ 저마다 자기가 최고라고 우기는 제품들, 그 속에 숨은 진짜 진주를 찾아라! 소비자의 깐깐한 눈으로 살펴보고, 손으로 만져보고 평가해보는 〈지금은 소비자 시대〉 000입니다.

오늘도 깜짝 놀랄 아이디어로 똘똘 뭉친 제품들이 여러분을 기다리고 있는데요. 과연 소비자들의 마음을 얼마나 만족시킬 수 있을지~ 지금부터 기상천외한 아이디어 대결이 펼쳐집니다. 아이디어 스타트!

8) 교통 정보

57분 교통 정보입니다. 강변북로 타고 일산 가는 길, 마포 조금 지나 다시 정체가 시작됐습니다. 한강대교 아래서 마포 쪽으로 속도가 뚝 떨어지는데요, 올림픽대로는 공항 가는 길은 아직 괜찮습니다. 대신 반대, 잠실 가는 길은 동작대교 조금 못 미쳐서 또 4차로 막아놓고 보수 작업을 하고 있기 때문에 여의도를 벗어나려는 차들이 수산시장 일대에서 정체를 보이고 있는 상태입니다. 잠실, 구리 쪽으로 가는 길은 강변북로가 약간 더 여유가 있는데요, 이쪽도 이촌동 일대는 점점 차가 늘고 있는 추세입니다.

서부간선도로도 교통량이 급속도로 늘어나고 있습니다. 성산대교 쪽으로 오는 길은 신정교 아래서 목동교까지 지체고, 반대 시흥 쪽으로도 오금교부터 철산교 쪽으로 마찬가집니다. 경인로 타고 인천 쪽으로 나가는 길도 신도림역에서 구로동 쪽으로 속도 내기가 많이 어려워졌는데요, 제물포 길 역시 목동교 건너서 경인 지하차도 쪽으로는 마찬가지 상태입니다. 도심 지역도로 중에서는 종로가 종각에서 2가 사이 차가 제일 많고요, 강남 쪽에서는 강남역에서 역삼역 쪽으로 테헤란로 정체가 두드러집니다. 교통 정보센터에서 000이었습니다.

25. 표현 음의 점층 변화 훈련(높낮이 강조 연습)

목소리 훈련을 할 때의 음도는 음악의 계명과 같다. 가장 작은 소리로 상대방이 들을 수 있는 음성을 10음이라 약속하고, 가장 높은 음성을 100음으로 약속한다. 이런 방법으로 소리의 크기를 4단계, 5단계, 10단계, 20단계로 나눌 수가 있다.

25의 음성은 대화의 소리, 50의 음성은 중간목소리(강의할 때), 75의 음성은 높은 목소리(설교나 대중연설을 할 때), 100의 음성은 가장 높은 목소리(대~한민국! 불이야! 사람살려!) 이다.

사람들에겐 누구나 자기만의 고유 음성영역이 있다. 그러나 많은 사람들을 대상으로 말하는 사람이라면 음성의 폭을 키우는 훈련이 필요하다. 음폭이 커질 때 다양한 억양구사가 가능해지기 때문이다.

1) 3단 고음 연습

복식호흡의 진가를 확인할 수 있는 3단 고음연습이다.

1단계 : 25음, 50음, 75음으로 '아-' 발성을 각각 길게 한다.

2단계 : 25음-50음-75음으로 '아-' 발성을 한 호흡에 한다.

3단계 : 25음-50음-75음-50음-25음으로 '아-' 발성을 한 호흡에 한다.

2) 절대음감

주어진 단어를 25음과 75음의 편차로 한 음절씩 올려서 말한다.(앞으로 뒤로)

뽕잎쌈생채/엘살바도르/호나우딩요/참치양상추쌈

3) 이구동성 게임

상대방의 말을 진지하게 듣는 힘, 발음과 발성연습, 집중력과 분석력 강화의 효과가 있다.

세 글자 : 배수진 대장부 이재민 중추절 상아탑 컨디션 울렁증

네 글자 : 일취월장 민주주의 사회진행 아나운서 배짱훈련

4)음도분리와 점층 변화 훈련

중요한 문장은 크게 말하고, 문장 중에 중요한 단어를 강조한다.

① 2단계

원하지 않는 결과가 나왔더라도 리더는(30음)

바람직한 결과로 만들어갈 수 있어야 합니다.(50음)

가능성의 한계를 알아보는 유일한 방법은(50음)

불가능 속으로 들어가 보는 것입니다.(30음)

돈을 벌기 위해서 머리가 있다면(30음)

훌륭히 쓰기 위해 마음이 있다.(50음)

② 3단계

나를 위하여 땀을 흘리고(25음)

이웃을 위하여 눈물을 흘리고(50음)

조국을 위하여 피를 흘려라!(75음)

일 년의 설계는 곡식을 심는 일이요(25음)

10년의 설계는 나무를 심는 일이요(50음)

인생의 설계는 사람을 키우는 일이다!(75음)

이 세상 최고의 파산자는 열정을 상실한 사람(25음)

모든 것을 잃고도 열정이 살아 있다면(50음)

언젠가는 반드시 성공할 수 있습니다. 여러분!(75음)

③ 4단계

리더가 될 수 있는 사람은(25음)

역경에서도 불만을 품지 않습니다.(50음)

실패해도 좌절하지 않습니다.(75음)

성공을 해도 자만하지 않습니다.(100음)

지난해는 다시 오지 않는다.(25음)

하루의 아침 또한 다시없는 것.(50음)

때를 맞아 노력하자.(75음)

세월은 사람을 절대로 기다리지 않는다.(50음)

남을 아는 사람은 지혜 있는 자입니다.(25음)

자기를 아는 자는 명철한 사람입니다.(50음)

남을 이기는 사람은 힘 있는 자입니다.(75음)

자기를 이기는 사람은 누구보다도 강한 사람입니다.(100음)

④ 5단계

하나 하면 고향이 생각납니다.(20)

둘 하면 시골길이 생각납니다.(40)

셋 하면 바다가 생각납니다.(60)

넷 하면 은하수가 생각납니다.(80)

다섯 하면 통일이 생각납니다.(100)

하나하면 일층을 쌓고 이층을 쌓고(20)

셋하면 삼층을 쌓고 사층을 쌓고(40)

다섯하면 오층을 쌓고 육층을 쌓고(60)

일곱하면 칠층을 쌓고 팔층을 쌓고(80)

아홉하면 구층을 쌓고 십층을 쌓고(100)

고요한 바다 잔잔한 바다(20)

출렁이는 바다 물결치는 바다(40)

넘실대는 바다 번개치는 바다(60)

폭풍치는 바다 파도치는 바다(80)

찢어지는 바다 깨져버린 바다(100)

사랑은 오래 참습니다. 친절합니다.(20)

사랑은 시기하지 않습니다. 자랑하지 않습니다.(40)

사랑은 교만하지 않습니다. 무례하지 않습니다.(60)

사랑은 사욕을 품지 않습니다. 성내지 않습니다.(80)

사랑은 앙심을 품지 않습니다. 불의를 보고 기뻐하지 않습니다.(100)

남이 누워 있을 때 나는 일어나고(25음)

남이 일어나면 나는 걸어가고(40음)

남이 걸어가면 나는 달려가는 정신으로 살아야만(60음)

남보다 먼저 성공할 수 있는 사람이라고(80음)

나는 확실히 단언합니다.(100음)

26. 시 낭송법

시 낭송은 소리예술이다. 시인이 작곡가라면 시 낭송가는 성악가에 비유할 수 있다. 따라서 시 낭송은 명확한 발음, 강약, 고저, 장단, 완급 등 억양과 리듬이 중요하다.

"누가 내게 '어떤 시를 쓰고 싶은가?' 묻는다면, 저는 '사람들이 그냥 지나칠 수 없는 시를 쓰고 싶다'고 답하고 싶습니다." 황학주 시인의 말이다. 우리도 사람들이 그냥 지나칠 수 없는 그러한 시 낭송을 해보면 어떨까?

자신이 만든 시의 악보에 따라 반복연습을 할 때 맥박 같은 힘과 햇볕 같은 위안과 남이 흉내 낼 수 없는 자신만의 색깔이 있는 낭송을 할 수 있을 것이다.

1) 사막(오르텅스 블루)

그 사막에서 그는
너무도 외로워
때로는 뒷걸음질로 걸었다

자기 앞에 찍힌
발자국을 보려고
※파리 지하철 공사에서 공모한 시 콩쿠르에서 8천 편의 응모작 중 1등
에 당선된 시

2) 사랑하라, 한 번도 상처받지 않은 것처럼(알프레드 디 수자)

춤추라, 아무도 바라보고 있지 않은 것처럼
사랑하라, 한 번도 상처받지 않은 것처럼
노래하라, 아무도 듣고 있지 않은 것처럼
일하라, 돈이 필요하지 않은 것처럼
살라, 오늘이 마지막 날인 것처럼

3) 나 하나 꽃피어(조동화)

나 하나 꽃 피어
풀밭이 달라지겠냐고 말하지 말아라

네가 꽃피고 나도 꽃피면
결국 풀밭이 온통 꽃밭이 되는 것 아니겠느냐

나 하나 물들어

산이 달라지겠냐고 말하지 말아라

내가 물들고 너도 물들면

결국 온 산이 활활 타오르는 것 아니겠느냐

4) 무엇이 성공인가(랠프 월도 에머슨)

자주 그리고 많이 웃는 것

현명한 이에게 존경을 받고

아이들에게 사랑을 받는 것

정직한 비평가의 찬사를 듣고

친구의 배반을 참아내는 것

아름다움을 식별할 줄 알며

다른 사람에게서 최선의 것을 발견하는 것

건강한 아이를 낳든

한 뙈기의 정원을 가꾸든

사회의 환경을 개선하든

자기가 태어나기 전보다

세상을 조금이라도 살기 좋은 곳으로

만들어놓고 떠나는 것

자신이 한 때 이 곳에 살았으므로 해서

단 한 사람의 인생이라도 행복해지는 것

이것이 진정한 성공이다.

5) 깃발을 세우며(손영학)

도도히 흐르는 탁류를 막고

수정처럼 맑은 양심의 샘을 솟게 하고자

여기 외로운 깃발을 세우려 합니다

역사의 물줄기를 바로잡고

민족 양심의 부활을 위해

어려움과 고난의 십자가를 스스로 지고

두견이 피를 토하듯 정의를 외치다 쓰러져 간

자유수호 선각자들의 넋에 사죄하며

여기 한 알의 씨알을 땅속에 묻고자 합니다

아니 한 알의 소리치는 씨알이 되려 합니다

민족을 외면한 부귀

겨레를 져버린 영화

동포를 팔아 얻어지는 구차한 삶이 아니라

민족과 더불어 당하는 고통

겨레를 위해 바치는 희생

자유를 지키다 죽어지는

떳떳한 죽음이기를 원합니다

폼페이 최후의 날에

나신의 남과 여가 미쳐서 울고

성문을 지켜야할 군병의 말도

모두가 제 살길 찾아 도망쳤는데

의롭고 장한 청지기 있어

대지를 내리덮는 하늘의 운명에 저항하며

홀로 성문을 지켰듯이

자유를 지키다 죽어지는

떳떳한 죽음이기를 원합니다

나라를 팔아먹은 자는 이완용이가 아니라

바로 나 자신이라고 외치며

스스로 죄인임을 자처했던

도산 안창호 선생의 말씀처럼

이 땅에 올바른 자유가 없어지고

정의가 죽고

진실과 양심이 돌처럼 굳어진다면

바로 그 죄인은

나 자신이라는 죄책감에 머리 숙입니다

찬바람 눈보라치는 겨울과 싸워 이긴 나무만이

찬란한 봄을 맞이할 수 있는 것이라면

이제 감히 싸우려 합니다

외로운 깃발을 들고

시 암송의 좋은 점

"시를 읽거나 암송하다 보면 '참 좋다' 할 때가 있습니다. 이때 뇌에서는 치유가 일어납니다. 그래서 시는 마음의 약이기도 합니다." 이무석 교수(정신분석가, 전남의대)의 말이다. 시는 언어의 꽃이다. 시 읽기는 깊고 폭넓은 정서 함양은 물론 탄력 있는 감성훈련이 된다. 나아가 시를 외우면 시를 더 깊이 이해하고 즐길 수 있다.

10년 동안 1000편의 시를 외운 사람이 있다. '시 암송 국민운동본부' 문길

섭 대표. 그는 "모든 국민이 적어도 한 달에 한 편씩, 평생 명시 50편은 외우고 살자"는 기치를 내걸고 시 암송 캠페인을 벌이고 있다. 문길섭 대표가 말하는 시 암송의 좋은 점이다.

1)자투리 시간을 소중한 시간으로 만들어준다.

2)상상력과 창의력을 길러 준다.

3)자연, 고향, 인정, 지혜를 늘 가슴에 안겨준다.

27. 사회진행 실습

시나리오를 읽을 땐 행사 분위기에 어울리는 어조, 적절한 사이두기, 명확한 발음에 유의한다.

책을 사랑하는 모임 정기총회

안녕하십니까?

여러 가지로 바쁘실 텐데 / 시간 맞춰 참석해주신 회원 여러분, ∨ 대단히 감사합니다.

지금부터 / 책을 사랑하는 모임 ∨ 정기총회를 시작하겠습니다.

먼저 ∨ 국민의례가 있겠습니다. / 모두 자리에서 일어나 ∨ 정면의 태극기를 향해주시기 바랍니다.

국기에 대하여 경례!

"나는 자랑스러운 태극기 앞에 / 자유롭고 정의로운 / 대한민국의 무궁한 영광을 위하여 ∨ 충성을 다할 것을 / 굳게 ∨ 다짐합니다."

바로!

이하 의례는 ∨ 생략하겠습니다.

모두 ∨ 자리에 앉아주시기 바랍니다.

성원보고를 하겠습니다.

총 회원 50명 가운데 ∨ 40명이 참석하여 성원되었음을 ∨ 의장님께 보고합니다.

이어서 / 본 모임을 대표하는 홍길동 회장님의 ∨ 인사말이 있겠습니다.

전 회의록 ∨ 승인을 받는 순서입니다.

이어서 ∨ 의안을 보고하겠습니다.

의장님 주재아래 ∨ 의안을 심의하겠습니다.

공지사항입니다.

이상으로 / 책을 사랑하는 모임 정기총회를 ∨ 모두 마치겠습니다.

대단히 감사합니다.

※중요한 행사에서 국기에 대한 경례나 묵념 후 '바로'를 빼먹고 다음 순서로 넘어가 버리는 실수가 종종 나온다. 긴장이 될수록 시나리오에 충실하자.

28. 웅변연습이 목소리 개발에 도움이 될까?

웅변은 연극과 함께 가장 큰소리와 가장 작은 소리를 조화롭게 활용할 수 있는 스피치 표현기법 가운데 하나이다. 1636년 미국 하버드대학에서는 주로 정부관료와 법률가 양성을 위하여 화법이 교육과정에 포함되었다. 이 때의 화법교육은 웅변과 공식연설에 중점을 두었으며, 대부분의 교육 내용은 연설문 및 선언문을 암기하는 것이었다. 그 후 오늘날에 이르기까지 세계 여러 대학에서 스피치학과를 개설하여 많은 연구가 진행되고 있다.

연설이나 웅변을 할 때에는 어디가 뼈이고 어디가 살인지 이해할 수 없어서는 안 된다. 원고를 통한 웅변학습의 목표는 정확한 발음과 음성수련, 명확하게 의사를 전달하는 의사소통 능력을 키우기 위함인 만큼, 느낌이 팍 가도록 힘을 줄 때는 확 주어야 한다. 발표에도 인체처럼 심장, 간, 아킬레스건이 있기 때문이다.

다음 문장의 고저장단을 적절히 구사하여 내용에 따라 호수처럼, 파도처럼, 폭풍우처럼 듣는 사람의 마음을 움직일 수 있는 웅변의 진수를 만끽해 보도록 하자.

주제 : 춤을 추고 싶다

여러분!

황금물결이 출렁이는 / 들판에서 거두는 추수의 기쁨은 / 그 해의 / 가뭄도, 홍수도, 이웃 간의 언쟁도 모두를 극복하고 / 오직 해냈다는 자부심하나로 / 농자천하지대본을 휘두르며 / 흥겨운 농악소리에 맞춰 얼싸안고 / 두둥실 신명나게 춤을 추게 합니다.

그 춤은 바로 / 생산의 춤이오, 화합의 춤이오, / 또 다른 내일을 대비하기 위한 / 지혜와 용기와 단합의 춤이기도 합니다.

예로부터 우리 민족은 이와 같이 / 풍요로운 결실 앞에 / 춤추기를 좋아하는 민족입니다.

그러나 역사의 운명은 / 항상 우리에게 춤을 출 수 있는 / 풍요와 감격의 기쁨만을 안겨주지는 못했으니, / 36년간의 왜정치하가 그러했고, / 광복과 함께 시작된 남북분단의 딜레마 속에서 / 북한의 불법남침으로 발발한 한국전쟁은 휴전협정에 조인하기까지 / 만3년 한 달 이틀 여섯 시간동안 / 이 강토에 휘몰아치는 동족의 피 바람을 일으켜 / 수십만의 국군 전몰장병과 백만의 민간 희생자 / 그리고 그 유족들에게 / 혈육을 잃은 비탄과 허망의 눈물을 흘리게 만들었습니다.

6.25발발 00주년이 되는 오늘, / 오직 조국을 위하여 / 자유수호의 깃발 하나만을 안고 / 꽃다운 젊은 나이에 어느 이름 모를 산골짜기에서 / 선혈 낭자한 죽음의 춤판을 벌리고 / 호국의 수호신 된 영령들에게 / 님들이 못 다 춘 한 맺힌 통일의 춤을 / 신명나게 쳐주어야 될 자가 그 누구이며, / 과 연 우리는 그들을 대신하여 / 그들의 혼백이 기뻐 춤출 수 있도록 / 감격의 춤판을 벌일 수 있는 만반의 준비가 되어 있는지 / 이 시대를 살아가는 우 리 모두에게 / 묻고 싶습니다.

더하기 웅변 놀이

한 사람이 "친애하는 국민 여러분!"하면 그 옆 사람이 "친애하는 국민 여러 분! 안녕하십니까?" 그 옆 사람이 "친애하는 국민 여러분! 안녕하십니까? 저도 안녕합니다" 그 옆 사람이 "친애하는 국민 여러분! 안녕하십니까? 저 도 안녕합니다. 오늘 우리가 이곳에 모인 이유를 알고 있습니까?"하고 말 을 이어가는 놀이이다.

- 말을 계속 이어나가지 못하거나, 순서가 틀리거나, 말을 빠뜨리는 사람 이 진다.

- 웅변의 내용은 모임의 성격이나 취지에 맞는 주제로 진행하면 1석2조다.

29. 다양한 억양과 연설의 실제

연설에서의 억양(抑揚)은 문장에 얹히는 높이 곡선으로, 말의 뜻과 말하 는 사람의 감정을 잘 전달하기 위한 도구이다. 방법으로는 고저, 강약, 완 급, 끊거나 잇기, 장단음 등을 적절히 구사하는 것이다.

일관된 연습을 위해 연설의 7가지 억양 기호를 제시한다. 기본을 익혀 응용하면 내용에 따른 다양한 억양표현이 가능해질 것이다. 다음 문장을 제시한 기호의 높낮이에 맞춰 연습해보라.

1) 억양 훈련

"선거란 씨앗을 심는 것이라고 합니다."

① → '선거란'을 굴리면서 강조해본다.

② ↗ 도레미파솔라시도로 표현한다. 이른바 선동형 억양이다.

③ → 끝까지 일정한 크기로 말한다.

④ ∧ 음의 높낮이로 산을 만드는 억양이다.

⑤ ‾L 선거란(강), 씨앗을 심는 것이라고 합니다.(약)

⑥ _⌐ 선거란(약), 씨앗을 심는 것이라고 합니다.(강)

⑦ • 한 글자씩 강조한다. 낱말의 첫 글자에 악센트를 주는 게 포인트다.

2) 지방의원 선거 후보연설

밑줄 그은 낱말은 약간의 감정을 넣어 표현한다.

연설문 1

선거란 ∨ 씨앗을 심는 것이라고 합니다.

어느 씨앗이 / 커다란 열매를 맺을 좋은 씨앗인지 / 바로 알고 골라서 / 우리 모두 / 풍년을 다짐하는 ∨ 현명한 농부가 됩시다.

제가 도의원에 당선되면 / 전국 광역의원 중에서 / 가장 부지런하고 ∨ 깨꿋한 의정활동을 펼치겠습니다.

지역의 애로점과 / 시급히 해결해야 할 현안들을 잘 파악하여 / 누구보다 앞장서서 일할 것을 ∨ 다짐합니다.

여러분!

할 일 많은 이 지역에 ∨ 누가 과연 / 어렵고 힘든 일들을 / 충분히 해낼 수 있는 능력과 ∨ 패기를 갖추었는가?

정직하고 책임질 줄 아는 / 깨끗한 일꾼인가를 ∨ 냉정히 생각해보시고, / 이 (   )이를 / 한 번 믿고 찍겠다는 결론을 내리셨다면 / 주저하지 마시고 / 화끈하게 밀어주십시오.

연설문 2

존경하는 유권자 여러분! / 뿌리 깊은 나무는 / 거센 바람에도 뽑히지 않습니다.

저는 이 고장에서 태어나 / 엄격한 부모님 밑에서 / 인간답게 살아야한다 / 인간답게 살아야 한다는 가정교육을 / 충실하게 받고 자랐습니다.

그리고 지난 ( )년 동안 ∨ 우리 고장을 지키면서 / 여러분과 / 기쁘고 슬픈 일들을 함께 하며 / 지역발전을 위해 힘써왔으며, / 또한 ∨ 지역 경영 능력을 키워왔습니다.

이제는 / 우리 시가 보다 잘 살고, / 우리 시를 ∨ 살기 좋은 고장으로 가꾸어보고자 / 이번 ∨ 지방의원 선거에 입후보하였습니다.

여러분! 고인 물은 ∨ 썩기 쉽습니다.

지역을 사랑하는 마음이 / 누구에게도 지지 않겠다는 ∨ 결심과 각오로 / 이 지역의 믿음직한 머슴이 되고, / 일꾼이 되고자 하오니, / 기호 1번 ( )이를 ∨ 힘껏 밀어주시고, / 많은 표를 몰아주십시오!

3) 사회단체장 취임사

먼저, / 공사다망하심에도 참석하시어 자리를 빛내 주신 / 내외귀빈 한 분한 분께 감사드립니다.

존경하는 회원여러분!

신임회장의 소명을 부여받고 이 자리에 서고 보니 / 탁월한 식견으로 / 우리 모임 발전의 기틀을 세워 주시고 / 오늘 이임 하시는 전임 회장님께 / 깊은 존경과 감사의 마음을 갖게 됩니다.

저는 그동안 / 우리 조직을 잘 이끌어 오신 회장님의 업적을 이어받아 / 우리 모임을 / 더욱 성장 발전시키기 위해 모든 노력을 경주할 것이며, / 구체적인 회무지표를 말씀드리면 다음과 같습니다.

첫째, 소통과 화합으로 / 우리조직의 역량을 높이도록 하겠습니다.

회원 여러분이 주인이 되는 단체를 만들기 위해 / 회원님들의 목소리에 귀를 기울이겠습니다.

둘째, 회원사의 위상을 높이는데 힘쓰겠습니다.

봉사활동에도 적극 참여하여 / 지역민들로 부터 / 신뢰받는 단체로 거듭나도록하겠습니다.

우리 속담에 / "모기도 모이면 천둥소리 난다."는 말이 있습니다.

합한 두 사람은 / 흩어진 열 사람보다 낫습니다.

우리 모두 하나가 됩시다.

그렇게 될 때 / 우리가 체감하고 있는 불황의 터널도 / 슬기롭게 극복해나갈 수 있는 지혜가 모아지리라 믿습니다.

끝으로 / 바쁘신 가운데에도 / 귀한 걸음 하시어 자리를 빛내주신 / 내외귀빈 여러분의 참석에 다시 한 번 감사드리며 / 이 자리에 함께하신 / 모든 분들의 건승과 행운을 기원합니다.

여러분, 감사합니다.

30. 장기를 건강하게 하는 소리

공기가 탁할수록 입보다 코로 숨을 쉬어야 호흡기를 보호할 수 있다. 코가 정화기능을 하기 때문이다.

먼지가 코털을 지나간다 해도 코 안쪽의 점막을 통과하는 것은 불가능하다. 코 점막에 있는 미세한 섬모와 끈끈한 액체는 아무리 작은 먼지도 흡착시켜 체외로 배출하거나 위장에서 소멸시키기 때문이다.

또한 콧노래를 흥얼거리면 축농증 예방에 좋다. 부비동과 비장이 막히면 염증이 생기면서 축농증에 걸릴 확률이 높은데 콧노래를 흥얼대면 부비동(양쪽의 눈 밑과 코 옆의 얼굴 뼈 안에 있는 공간)과 콧속 사이를 공기가 들락거리며 환기가 잘돼 축농증을 예방한다.

아, 이, 우 등의 소리를 내보면 신체의 특정한 장기가 울리는 것을 느낄수 있는데 그 소리가 그 장기의 기운을 살려주는 소리이다. 장기를 건강하게 만들어보자.

· 심장 : 아〜

· 위, 간 : 이〜

· 방광, 신장 : 우〜, 쉬〜

· 폐 : 허〜

· 몸 전체 : 음〜

[목소리개발 칭리]

끌리는 목소리의 3요소

하나. 자신 있고 확신에 찬 목소리

우리의 목소리는 메가폰과 같다. 얼굴 앞에서 공명이 잘 이루어지면 목소리가 탁 터져 나와서 시원하고 힘 있게 들린다.

둘. 정확한 발음의 목소리

말할 때의 발음은 글을 쓸 때의 맞춤법과 같다. 좋은 내용의 글이라도 맞춤법이 엉망이면 글의 격이 떨어지듯, 말할 때의 발음은 세련되고 지적인 이미지와 함께 신뢰감을 더해준다.

셋. 변화 있는 목소리

억양(抑揚)변화를 위해서는 말의 내용에 따라 소리의 고저(높게 또는 낮게), 강약(세게 또는 약하게), 완급(빠르거나 느리게), 끊거나 잇기, 장단음 등을 적절히 구사하는 것이다. 일관된 연습을 위해 7가지 억양 기호를 염두에 두고 연습하는 방법이 있다.

Chapter

03

프레젠테이션 스킬 Q&A

프레젠테이션은 내(I)가 아니라 상대(You)의 입장에서 그들의 문제를 돕는 책사 역할을 해야 한다. 설득이 아니라 공감을 통한 도움, 제안이라고 생각할 때 진정한 프레젠테이션의 문이 열릴 수 있을 것이다.

31. 프레젠테이션의 준비와 실행

첫째, 목적이 무엇인지부터 알아야

대개 프레젠테이션은 우리의 메시지로 상대를 설득하는 과정이라고 생각한다. 그러나 보다 근원적인 목적은 상대를 돕는 것이다. 영국의 유명한 크리에이티브 디렉터 폴 베스트는 "프레젠테이션이란 상대가 우리의 메시지를 사는데 도움을 주는 과정"이라고 역설했다. 도와주는 것이지 파는 것이 아니다. 그들을 설득하려고하는 순간, 나의 설득 의지는 강화되고 태도는 굳어질 수 있기 때문이다.

훌륭한 낚시꾼은 물고기 입장에서 생각한다. 전체 구성과 진행이 그들에게 충분히 도움이 되는지 상대의 관점에서 점검해야한다.

둘째, 준비의 과정

발표를 준비할 때 대개 파워포인트부터 붙잡는 경우가 많다. 갖가지 템플릿을 동원하고, 오랜 시간 공을 들여 만들었는데 막상 발표하려고 들면 흐름이 자연스럽지 못하다. 어디에 문제가 있는 것일까?

파워포인트는 하나의 도구로 생각하는 관점이 필요하다. 1단계는 전달할 내용의 주제를 정하고 스토리라인 만들기이다. 약도를 그리듯이 순서를 짜는 것이다. 자유연상을 통해 하고 싶은 얘기를 생각나는 대로 백지에 적어보고, 관계되는 내용끼리 묶어서 3가지 정도의 소주제를 잡아 순서를 정하면 스토리라인이 완성된다.

2단계는 슬라이드를 몇 장으로 할 것인가, 주제별로 어떤 내용을 담을 것인가를 설계한 다음 3단계, 한 장 한 장의 내용에 맞는 템플릿을 고르고 제작 작업에 들어가야 할 것이다. 이 때 한 장에 하나의 메시지를 담도록 한다.

셋째, 리허설

프레젠테이션은 라이브공연이다. 철저한 준비가 군더더기를 없앨 수 있다. 도입부분에서 그들의 시선과 욕구를 최대한 이끌어내야 한다. 내가 그들이 원하는 해결책을 갖고 있음을 밝히고, 원하는 해답을 줄 것이라고 약속하는 것이다. 흥미를 가질 수 있는 사례나 질문, 퍼포먼스, 스토리 등으로 주의를 끌어야 한다.

발표를 할 때 무엇보다 중요한 것은 슬라이드는 보여주는 것이지, 시종 글자를 읽다시피 해서는 안 된다는 것이다. 청중입장에서는 주권을 간섭받는 불쾌감이 들 수 있기 때문이다.

또한 프레젠테이션은 내용과 화법보다도, 모습이나 태도 등의 비언어적인 요소에서 더 큰 영향을 받는다. 따라서 적절한 제스처, 무대 활용법 등에도 신경을 써야할 것이다.

전혀 예상치 못한 상황이나 반론에 당황하지 않고 끝까지 메시지의 핵심을 놓치지 않게 해주는 것이 리허설이다. 프레젠테이션으로 대중을 휘어잡는 사람들을 유심히 보면, 철저히 계산된 시간 내에서 실수 없이 움직인다는 것을 알 수 있다.

넷째, 질문과 반론 대처

프레젠테이션은 상대의 문제를 해결하기 위해 도와주는 것이고 한 단계씩 넘어갈 때마다 상대가 고개를 끄덕이도록 해야 한다. 그래서 프레젠테이션은 하나씩 상자를 쌓아나가는 작업이라고도 할 수 있다.

질문이 나올 때는 의도를 확실히 파악하는 것이 중요하다. 제대로 파악하지 못한 채 답변하면 엉뚱한 것을 제시하게 되고 이는 프레젠터의 신뢰성을 떨어뜨리기 때문이다. 질문 자체만 가지고 해석해서는 안 되며 질문의 숨은 뜻을 읽어야 한다는 것이다.

질문의 의도를 파악하는 방법 중 하나는 역으로 질문하는 것이다. 상대의 질문 속에 이미 답이 숨어 있다. 역으로 질문하면 때로 질문자 스스로 답을 말하게 된다. 따라서 상대가 질문할 때는 방어적인 태도를 보이지 말아야한다. 가볍게 던질 수도 있고 정말 몰라서 질문할 수도 있기 때문이다.

결국 프레젠테이션은 내(I)가 아니라 상대(You)의 입장에서 그들의 문제를 돕는 책사 역할을 해야 한다. 설득이 아니라 공감을 통한 도움, 제안이라고 생각할 때 진정한 프레젠테이션의 문이 열릴 수 있을 것이다.

32. 리허설, 어떻게 할까?

리허설의 핵심은 최대한 빨리 시작하는 것이다. 그리고 자신이 프레젠테이션 하는 모습을 녹화하여 살펴봐야 한다. 물론 처음엔 별로 보고 싶지 않을 것이다. 하지만 성장하고 싶다면 영상 모니터링은 반드시 거쳐야 하는 과정이다.

영상 모니터링은 바둑의 복기와 같다. 복기란 돌아볼 복(復), 바둑 기(碁)이다. 바둑에서 한번 두고 난 판국을 비평하기 위하여 두었던 대로 처음부터 다시 놓아보는 것이다.

자신이 실수한 장면을 반복해서 바라보는 건 어떤 심정일까? 프로바둑 기사 조훈현의 말이다. "아마도 할 수 있다면 피하고 싶을 것이다. 자신의 치부를 정면으로 바라보고 싶은 사람은 아무도 없다." 이어지는 조훈현의 말. "아파도 뚫어지게 바라봐야 한다. 아니 아플수록 더 예민하게 들여다봐야 한다. 실수를 한다는 건 내안에 그런 어설픔과 미숙함이 존재하기 때문이다." 그러면서 조훈현은 가지 않은 길을 탐색하게 해주는 게 복기라고 했다.

"만약 이랬으면 어땠을까, 다른 수를 놓았다면 승패가 뒤집히지 않았을까? 그런 토론이 오가는 것이 프로들의 복기다. 내가 전혀 몰랐던 것, 미처 생각하지 못했던 것을 상대방을 통해 알게 된다. 이것은 정말 대단한 경험이다."

그런데 '복기 과정에서 그 많은 수를 어떻게 다 기억할까?'하는 의문이 든다. 프로기사들은 말한다.

"한 수 한 수 고민하고 의미를 부여해 뒀을 때는 쉽게 기억이 난다. 하지만 의미 없이 둔 수는 기억이 잘 나지 않는다."

다음은 이창호 9단의 말이다.

"승리한 대국의 복기는 '이기는 습관'을 만들어주고, 패배한 대국의 복기는 '이기는 준비'를 만들어준다."

영상 모니터링 역시 다르지 않다. 지루하게 발표하는 사람들은 절대로 영상 리허설을 하지 않았던 사람들이다. 이런 사람들은 소심하거나 지나치게 게으르다고 봐야 할 것이다.

세상에서 가장 크게 용기를 시험하는 방법은 상심하지 않으면서 실수를 지켜볼 수 있는가 하는 것이다. 일단 '재미있지 않을까?'하는 호기심으로 스마트 폰을 이용하여 자신의 발표 모습을 녹화해 살펴보라. 괜찮은 프레젠테이션을 하기 위한 최고의 방법은 단 한 번만이라도 비디오 리허설을 한 뒤 그것을 보며 스스로를 평가하는 것이다.

'자신의 실체 인식→인정→싫은 부분 줄여나가기'가 리허설의 목적이다. 자신의 발표모습이 처음엔 당연히 어색하다. 어색함을 극복하면 자신감이 보인다.

나는 나 자신을 빼 놓고는 모두 안다. 영상 모니터링을 통해 자신의 발표 모습에 대해 알고, 수용하고, 사랑하고 가꾸어 나가야 한다. 탁월함은 언제나 보다 잘하려고 노력하는 것의 점진적인 결과이다.

33. 청중 분석과 유형별 대응법

프레젠테이션의 성공을 예약하는 3P 분석에 대해 소개하고자 한다. 3P
란 Purpose(목적), People(청중), 장소(Place)를 얘기한다. 상대가 있는
게임에서는 전략이 중요하고, 전략의 핵심은 지피지기이다. 발표를 준비하
면서 상황파악을 하면 어떤 준비가 필요한지 알 수 있고 막연한 두려움도
극복할 수 있다.

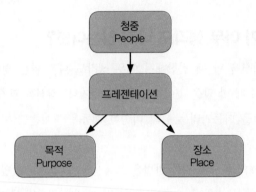

1) 목적분석

목적분석의 목적은 왜 프레젠테이션을 하는지, 무엇을 기대하고 있는지,
무엇을 얻고 싶은지를 분명하게 알고 준비하자는 것이다. 발표자의 목적과
청중의 목적이 다를 수도 있음에 유의해야 하고, 목적이 정보 전달인지 설
득인지에 따라 프레젠테이션 방식도 달라져야 한다.

2) 청중분석

청중분석의 핵심은 다음 세 가지이다.

청중은 누구인가, 왜 모여 있는가, 당신에게서 무엇을 알고자하는가 등
이다. 청중의 수와 지식수준, 들으려는 태도, 핵심인물 등에 대한 파악이
필요할 것이다.

3) 장소분석

3P 가운데 가장 소홀히 하기 쉬운 요소가 발표장의 분석이다. 장소분석의 3가지 항목은 무대, 실내 환경, 청중석의 배치 등이다.

앉은 위치에서 발표자가 잘 보이는가, 칠판 유무와 출입문의 위치, 휴식 장소, 화장실 등도 체크항목이다.

34. 갑자기 아무 생각도 나지 않는다면?

프레젠테이션을 할 때 긴장해서 아무 생각도 나지 않는 경우가 발생할 수도 있다. 이 때 할 말을 잊어버렸다고 말하거나, 정신을 잃거나, 땀을 뻘뻘 흘리며 말을 더듬거리는 등의 미숙한 행동을 보이는 것은 바람직하지 않다.

이러한 사태의 예방을 위한 방법은 프레젠테이션을 할 때 앞에 메모노트를 두는 것이다. 그러한 준비가 되지 않았을 때의 해결방법 세 가지가 있다.

첫째, 발표 주제를 다시 한 번 언급한다.

둘째, 지금까지 했던 말을 정리해본다.

셋째, 그래도 생각이 나지 않으면 다음 주제로 넘어가거나, 정리하는 단계라면 욕심 내지 말고 "이상으로 마치겠습니다. 감사합니다."하고 마무리한다.

명심할 깃은 당신의 복표는 무난한 프레젠테이션을 하는 것이라는 점이다. 시간당 비싼 강연료를 받는 전문 연사나 촌각을 다투는 대통령 후보들처럼 멋지고 강렬한 수준의 퍼모먼스를 해야 하는 건 아니다.

모든 것을 암기해 무결점 프레젠테이션을 해야 한다고 스스로를 압박하지 말라. 무결점은 이루기 어려운 목표이다. 가끔 메모지나 노트를 보아가 며 프레젠테이션을 하겠다는 평범한 목표를 세우는 게 좋다. 그러면 제법 괜찮은 프레젠테이션을 성공적으로 수행할 수 있을 것이다.

35. 무대 활용과 마이크 사용법

무대매너란 무대에서의 여유로운 태도, 또는 무대를 활용하는 능력을 말 한다. 똑같은 무대인데도 어떤 강사가 서 있으면 사람이 왜소해 보이고, 반면에 무대가 꽉 찬 느낌을 주는 강사도 있다. 이것은 공연을 하는 가수나 배우들의 경우도 마찬가지이다. 무대매너가 평가되는 요소는 다음 세 가지 이다.

첫째, 바른 인사

인사를 할 때 고개는 어느 정도 숙여야 할까? "어떠한 때라도 머리는 덜 숙이기보다 더 숙인 편이 낫다."는 스페인 속담이 있다. 예의범절이란 수 학의 0과 같은 것이다. 그 자체로는 가치가 없지만 다른 것에 붙여지면 가 치를 크게 더해주기 때문이다. 중요한 것은 고개를 숙였다가 들 때 앞을 바 라보는 것이 인사의 마무리라는 점을 잊지 말자.

둘째, 마이크 사용법

마이크가 연단 위에 고정되어 있는 경우 마이크는 연단의 중앙에 위치하 도록, 마이크의 높이는 발표자의 아랫입술 보다 약간 밑에 위치하도록 조 절한다. 마이크가 얼굴이나 입을 가리면 청중들은 발표자의 입 모양을 볼 수가 없어 답답하기 때문이다. 그리고 입술과의 거리는 주먹 하나 정도의 거리를 기준으로 하되, 마이크 성능에 따라 조절한다.

마이크는 하나의 도구이다. 고정된 마이크에 가까이 다가가려고 구부정한 자세가 되지 않도록 한다. 요령은 허리를 곧게 펴는 것이다. 마이크 위치가 편치 않을 땐 마이크를 뽑아 손에 든다.

가수들은 비음(콧소리)까지 활용해야하기 때문에 마이크를 인중에 바짝 붙인다. 하지만 발표할 때는 얼굴이 그대로 드러나도록, 마이크 잡은 손이 얼굴을 가리지 않도록 하는 모양이 자연스럽다.

셋째, 무대 활용법

연단을 이용할 경우 두 손은 연단의 두 모서리 위를 감싸 쥐듯 자연스럽게 얹기, 어깨의 힘을 뺀 상태로 깍지 끼워 연단 위에 올려놓고 말하는 것도 무난하다. 자연스럽게 내려뜨리거나 제스처 등을 혼용하며 변화를 주는 것도 좋다.

발표할 때 두 손을 시종 앞으로 모아 잡으면 위축되어 보이고, 뒷짐 자세는 권위적으로 보일 우려가 있다.

연단이 없을 땐 청중석에서 보았을 때 어느 위치에 서서 발표하는 게 좋을까를 미리 살피도록 한다.

끈과 인사는 매듭을 잘 지어야한다고 했다. 스피치의 마무리를 할 때에도 시작할 때와 똑 같이 처음 인사했던 자리에 서서 인사하고 제자리로 되돌아오도록 한다. 인사, 마이크 사용, 무대 활용법 등 세 가지가 아마추어와 프로를 한 눈에 구분 짓게 해 준다.

36. 주의를 집중시키는 오프닝 스킬

오프닝은 발표자나 청중 모두에게 민감한 시간이다. 오프닝 스킬 9가지를 제시한다.

1) 자신의 이야기

"저는 학창 시절에 말을 못했었습니다."

"제 자식들 이야기를 잠깐 들려 드리겠습니다."

2) 퀴즈나 수수께끼, 유머

정답을 얘기한 뒤 주제와 연결시킨다.

예) 심폐 소생술 교육의 경우

먼저, 수수께끼를 하나 내보겠습니다. 눈 깜짝할 사이에 돈을 버는 직업이 있습니다. 어떤 직업일까요? 정답은 '사진작가'입니다. 눈 깜짝할 사이에 심정지 상태인 사람의 생명을 살릴 수 있는 좋은 기술이 있습니다. '심폐 소생술입니다.

3) 질문

단순한 호기심이 강압적 주입보다 더 효과적이다.

"이 손은 특별한 손입니다. 어떤 점이 특별한지 혹시 짐작이 가십니까?"

"이 손은 사람을 살릴 수 있는 손입니다. 어제 심폐소생술을 배우고 수료증을 받았거든요."

4) 인용

명언이나 격언을 인용하여 주제의 중요성을 부각시킨다.

5) 시사나 이슈, 기사문

"오늘 아침 신문에서 이런 기사를 보았습니다."

6) 감사나 칭찬

"시작하면서 이렇게 집중도가 높은 분위기는 처음이네요."

7) 결론이나 통계

"말 잘하는 사람들의 특징 세 가지가 있습니다."

8) 예언

"여러분은 지금 잠깐만 제 얘기에 귀를 기울이면 화나 짜증을 내지 않고 행복한 인생을 살 수 있는 방법을 터득할 수 있을 것입니다."

9) 의도적인 긴 호흡이나 침묵

의도적인 긴 호흡도 좋은 방법이다. 프레젠테이션 도중에 아무 말도 하지 않고 그냥 가만히 청중을 바라보고 서 있어 보라. 아마 모든 청중은 당신을 뚫어지게 쳐다보며 집중을 할 것이다.

37. 자기소개를 독특하게 하는 방법

21세기는 자기표현의 시대이다. 자신만의 PR방법을 익혀두면 PT뿐만 아니라 인생의 중요한 순간에 빛을 발할 수 있을 것이다. 독특한 자기소개 방법 몇 가지를 소개한다.

1) 삼행시나 이행시로

요령은 국어사전에서 자기 이름 각각의 글자로 시작하는 낱말을 찾아보는 것이다. 마음에 드는 낱말을 골라 희망적이고, 재미있고, 의미가 담긴 문장을 만들어보라. 의외이 멋진 삼행시나 이행시가 나올 수 있다.

–태양과 같은 희망을 항상 가슴에 품고 살아가는 옥탄가 높은 사나이, 김태옥 입니다.

–박식하지만 용이 못되어 섭섭한 박용섭 입니다.

2) 연상되는 말로

-항상 기백이 넘치는 김기백 입니다.

-김무식이 아니고 김문식 입니다.

3) 슬로건으로

-안녕하십니까? 이 시대 마지막 휴머니스트, 가슴이 뜨거운 여자(남자) ○○○입니다.

-항상 감사하며 살아가는 여자(남자) OOO입니다.

4) 간단한 유머 또는 난센스 퀴즈로

위 방법 외에 별명, 자기 신체나 음성의 특징을 내세우는 방법, 고향자랑이나 간단한 마술로 시작하는 방법, 코믹한 노래 한 소절을 곁들이거나, 세계 각 나라의 인사말을 소개하며 첫인사를 할 수도 있다.

처음엔 쑥스럽고 어색할 수 있다. 하지만 사람들은 재미있거나 유익한 이야기가 아니면 집중하지 않는다. 시도하는 과정에서 청중들이 반응을 보이게 되면 당신의 발표실력은 탄력을 받게 될 것이다.

38. 설득력을 높이기 위한 스토리 구성법

프레젠테이션은 기획이 반이다. 어떻게 기획을 하느냐에 따라 내용, 발표, 디자인의 수준이 달라지기 때문이다. PT기획의 적절한 도구로 POSST 모델을 추천한다.

1) Punch-line : 주목받는 시작

첫마디가 들려야 그 다음 말이 들린다.

질문, 퀴즈, 이야기 등으로 청중의 이목을 집중을 시킬 수 있어야 한다.

2) Overview : 큰 그림을 먼저 보여주기

본론으로 들어가기 전에 '미리 보여주기'는 기대감을 한층 높일 수 있다. 프레젠테이션의 목표를 간결하게 다듬어 목차와 함께 제시한다. 이 시간에 들을 얘기가 청중 개개인에게 어떤 이익이 있는지, 생활에 무슨 도움이 되는지 미리 알려준다.

3) Story-line : 본론에 해당

전달하고자 하는 핵심내용은 3가지 정도로 요약하는 것이 바람직하다. 그리고 하나하나의 주제는 적절한 사례를 곁들이도록 한다.

4) Summary : 요약 및 결론

전체적인 프레젠테이션에서 키워드는 세 번 정도 반복하는 것이 좋다. 핵심내용이 반복되지 않으면 기억되는 것이 없기 때문이다. 요약에서 주의할 점은 새로운 내용을 추가하지 않는 것이다.

5) Touch-line : 감동적인 끝맺음

적절한 명언, 시, 간결한 구호 등 여운이 남을 수 있는 장치를 마련한다. 첫마디와 연관 지어 마무리하면 좋다.

39. 할 말이 막힘없이 술술 잘 떠오르게 하려면?

'긴 것은 기차, 기차는 빠르다, 빠른 것은 비행기……'

연상이란 이처럼 하나의 관념이 다른 어떤 관념을 불러일으키는 생각의 흐름이다. 스피치는 어휘의 조합이요, 작은 생각들의 덩어리이다. 말을 막힘없이 하고 싶다면 다음 네 가지 규칙을 적용하여 보라.

1) 비판하지 말자

2) 자유분방하게

3) 질보다 양이다

4) 결합하고 개선하자

브레인스토밍 기법이다. 일정한 시간 동안 두뇌에서 폭풍이 일어난 것처럼 몰아칠 때 연상작용은 날개를 단다는 원리이다. 1941년 미국의 한 광고 대리점에서 처음 시작된 이 방식은 끊임없는 아이디어의 '연쇄반응'을 불러 일으키기에 충분한 도구이다. 다음은 노벨상을 수상한 라이너스 폴링의 말이다. "저는 일단 아이디어를 셀 수 없을 만큼 많이 만들어냅니다. 그러고 나서 쓸모없는 것을 골라서 내버리지요." 여기서 중요한 것은 '셀 수 없을 만큼 많은' 아이디어를 내놓는 데 있다.

첫째, 비판하지 말자.

사람들은 이걸 가장 어려워한다. 새로운 아이디어를 떠올리면 일단 비판하고 보는 경향이 강하기 때문이다. 브레인스토밍에서는 파울들이 모여 홈런이 되기도 한다. 그런데 뭔가가 떠오르려고 할 때 '이것 말고', '저것 말고' 식으로 특별한 것만을 생각해내려다 보면 머리가 굳어버린다. 당연히 자유로운 연상이 방해를 받게 된다. 당장 보기에는 실용성이 없고 멍청하기 짝이 없는 생각이라 해도 함부로 판단해서는 안 된다. 0.1%라도 씨앗이 있으면 OK하며 즐겁게 끄집어 내어보자는 것이다.

둘째, 자유분방하게

자유분방은 분위기 형성을 말한다. 규칙에 얽매이면 즐거움을 잃게 되고 즐거움이 사라지면 두뇌 움직임도 멎는다. 되도록 많은 생각을 쏟아내라.

브레인스토밍을 할 때는 가능한 한 빨리 많은 아이디어를 쏟아내야 한다.

셋째, 질보다 양이다

브레인스토밍의 기본 전제는 '양이 진화해서 질이 된다'이다. 다다익선이다.

넷째, 결합하고 개선하자

때로는 이미 나와 있는 아이디어를 살짝 변형하거나 거기에 새로 한두 가지 추가하는 것만으로 많은 사람이 탄복할만한 아이디어를 탄생시킬 수 있다. "창의적인 사람은 새로운 생각을 창조하는 게 아니다. 자신의 머릿속에 있는 생각을 새롭게 조합할 뿐이다." 브레인스토밍 기법을 제창한 알렉스 오즈번의 얘기이다. 어려운 일은 쉬운 일에서부터 시작되고, 큰일은 작고 사소한 일에서부터 시작된다. 처음 나왔던 낱말에 다른 낱말을 이어가고, 서로 결합하고, 편승하고 개선해나갈 때 연상 상승효과가 나타난다.

40. 말이 빠른 원인과 대책

미국 뉴욕대학의 제임스 맥라홀랜 교수는 말의 속도가 달라지면 듣는 사람이 말의 내용을 이해하는 정도도 달라진다는 것을 실험을 통해 입증했다. 실험 결과, 보통 속도보다 3배 이상 빠르게 말하면 듣는 사람은 말하는 내용의 33%밖에 이해하지 못했다. 열 마디 하면 두 마디 정도만 알아듣는다는 얘기이다.

말이 빨라지는 원인은 대개 말의 속도와 생각속도의 차이 때문이다. 일반적으로 1분 동안 입(소리)으로 표현할 수 있는 낱말의 개수는 150개 이내인데 생각은 그 4배인 600개 이상의 낱말을 처리해 낸다. 당연히 생각과 표현 사이에 병목현상이 생긴다. 말이 빨라지는 근본원인이다. 대처법 두 가지가 있다.

첫째, 문장은 결국 하나하나의 글자로 이루어져 있다. 따라서 한 글자 한 글자 발음을 분명히 하도록 노력한다. 말할 때의 발음은 글을 쓸 때의 맞춤법과 같기 때문이다.

둘째, 전달력을 높이는 것은 말의 마디이다. 구와 절, 문장 사이사이 또는 내용이 바뀌는 대목에서 잠시 침묵하는 것이 좋다. 그래야 듣는 사람들은 의미를 되새길 시간을 갖는다. 생각하며 얘기해야 이해하며 듣는다.

버락 오바마 미국 대통령의 '51초 침묵' 연설이 세계적인 화제가 된 적이 있다. 오바마 대통령은 재임 중 애리조나주 총기난사 사건 지역을 찾아가 추모연설을 했다. 연설 말미에 최연소 희생자인 크리스티나 그린(9)을 거론한 오바마는 "나는 우리 민주주의가 크리스티나가 상상한 것과 같이 좋았으면 한다."고 언급한 뒤 51초간 침묵했다.

왼쪽, 오른, 가운데 부분으로 시선을 천천히 옮겨가며 울컥하는 마음을 억누르더니 어금니를 깨물고는 연설을 이어갔다. "우리를 분열시키는 힘은 우리를 단결시키는 힘보다 강하지 않다."고 역설한 대목이 연설의 하이라이트였다. 취임 이후 최고의 명연설로 평가를 받았으며, 보수와 진보 가릴 것 없이 찬사가 쏟아졌다.

아마추어와 프로의 차이는 속도조절과 적절한 사이두기를 활용하는 능력으로 판별된다. '말이 빠르다, 더듬는다, 긴장한다'는 모두 동의어로 간주될 수 있다.

41. 조리 있게 말하는 법

조리 있는 말이란 뭘까?

내용이 귀에 쏙쏙 들어오는 말, 논리적으로 앞뒤가 맞고, 군더더기가 없는 말이다. 소설가 생텍쥐페리는 "완성이란 무엇인가. 덧붙일 게 없는 상태가 아니라 더 떼어낼 것이 없는 경지를 말한다."고 했다.

말의 군더더기를 없애는데 다음 방법이 도움이 될 것이다.

첫째, 말하고자하는 내용을 한 문장이나 하나의 단어로 압축시켜보라.

'이것에 대해 말하겠다.'라는 키워드 설정은 얘기 방향을 분명하게 잡아주는 북극성 역할을 한다.

둘째, 첫마디를 들리게 하라.

스릴러 영화의 거장 알프레드 히치콕은 "영화가 보여줄 수 있는 모든 재미와 감동은 대개 첫 장면에서 결정된다."고 말했다. 처음 시작할 때의 열 마디가 그 뒤에 오는 만 마디의 단어를 규정한다. 미국 제1의 대중연설가로 뽑혔던 엘머 휠러도 강조했다.

"스테이크가 아닌 지글지글을 팔아라!(Don't sell the steak, sell the sizzle.)"

이른바 시즐화법이다.

셋째, 마감효과를 활용하라.

미국 최초의 토크쇼 제작자 존.M.섀너핸도 "마감시간이야 말로 모든 발명의 어머니다."라고 했다. 마감효과란 마감 직전이 되면 집중력이 높아지는 원리를 일컫는다. 말이 길어지면 핵심이 무엇인지 파악하기 어렵다. 잘 먹기보다 더 중요한 건 덜 먹기이듯, 잘 말하기보다 더 중요한 건 덜 말하기이다. '이 주제는 1분 이내에 끝내겠다, 5분 안에 마치겠다.'는 마음속 다짐은 집중도를 높여 횡설수설하는 현상을 막는 결정적 역할을 하게 된다.

42. 마음을 끌어당기는 기술, 시즐 화법

시즐(sizzle)이란, 고기를 구울 때 나는 '지글지글' 소리를 뜻한다. 시즐 화법이란, 스테이크를 팔려면 고기 굽는 소리로 구미를 자극하듯 첫마디를 들리게 말하라는 것이다.

광고하는 사람들이 입에 달고 다니는 말 가운데 하나가 바로 '시즐'이다. 식품광고에 있어서 시즐은 생명이다. 콜라광고를 보면 갑자기 타는 목마름을 느껴야한다. 그래서 먹고 싶은 기분이 들도록 만든 광고를 '시즐 광고'라고 부르기도 한다.

시즐이란 인간심리의 과녁을 찌르는 말이자 상대방이 저항하지 못하고 끌려들게 하는 마술적인 주문(呪文)이다. 그렇다면 시즐을 만드는 방법은 무엇일까?

1) 우선 듣는 이의 절실한 관심사가 무엇인지 두세 가지 떠올려본다.

2) 가장 어필할만한 소재를 선별한다.

3) 그것을 간결하고 강력하게 다듬어 스피치 맨 앞에 배치한다.

스피치를 시작하자마자 10초 내에 청중에게 들려주는 게 핵심이다. 이것은 대화의 경우에도 적용이 가능하다.

"아버지, 그것 아세요?"

아들 녀석이 내게 말을 걸 때 주로 사용하는 방법이다.

"궁금해서 그러는데…"

이것은 내가 아이의 말문을 열게 하는 질문 시즐이다. 말문이 닫힌 사람의 이야기보따리를 풀게 하고 싶다면 활용해보라. 시즐은 모든 인사말, 강의, 대화, 자기소개 등에서 활용이 된다.

상대방이 지금 아쉬워하는 것, 원하는 것, 궁금해 하는 것이 무엇일까?

지금 처한 곤경은 무엇일까? 해결은 무엇으로 가능할 수 있을까?

내가 전하고자하는 내용에 귀를 기울이도록 하려면 어떤 말로 시작하는 게 효과적일까?

시즐을 찾아라. 시즐을 들려줘라. 첫 마디가 들려야 그 다음 말이 들린다.

43. 자연스러운 시선처리 방법

▶ 발표자의 청중 주시율과 인물평가

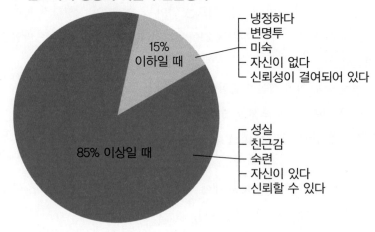

15%
이하일 때
┌ 냉정하다
├ 변명투
├ 미숙
├ 자신이 없다
└ 신뢰성이 결여되어 있다

85% 이상일 때
┌ 성실
├ 친근감
├ 숙련
├ 자신이 있다
└ 신뢰할 수 있다

청중은 당신에게 주목받고 싶어 한다. 청중 한 사람 한 사람에게 눈길을 주며 얘기하면 청중은 흥미를 갖고 열심히 듣게 되고 이는 곧 상호신뢰의 첫걸음이 된다.

그런데 경험이 부족한 당신은 시선처리가 자연스럽지 못해 난감하다. 어떻게 해야 할까?

전체를 하나의 덩어리로 생각하며 가운데 한 곳을 정해 그 곳만 빤히 바라보며 말해보라. 발표를 시작하여 30초 정도 시간이 지나 마음이 안정을 찾으면 청중 전체를 세 부분 정도로 나누어 시선 안배를 하고, 그러다가 나를 바라보고 있는 사람에게 시선을 보낼 수 있을 때 그 사람의 코 아래 인중 부분을 쳐다본다는 생각으로 눈길을 주는 것이다.

미국 로체스타 대학의 제이 에프란 교수는 "사람들 앞에서 발표할 때는 자신에 대해 호의를 가진 사람을 향해서 말하는 것이 좋다"고 주장한다. 그래야 긴장하지 않기 때문이다. 그러기 위해서는 내가 먼저 청중을 호의적으로 대하는 게 중요하다.

눈 맞춤에 성공하면 프레젠테이션에 성공한다. 발표자의 눈길이 자신에게 오지 않으면 청중은 곧 잡념에 빠지고 만다. 여기에서의 눈 맞춤은 꼭 눈길을 빤히 맞추어 쳐다보는 것이 아니라, 청중의 입장에서 자신에게 눈길만 오면 된다는 뜻으로 이해하라.

대화를 나눌 때에도 상대방 코 밑 인중 부분에 시선을 두는 게 자연스럽다. 그러다가 서로 교감이 되면 시선이 마주치게 된다. 이것이 자연스런 시선처리방법이 아닐까?

두 눈을 빤히 쳐다보며 대화하는 것은 서양의 행동양식이다. 동양의 행동양식은 다르다. 눈 맞춤이 자연스런 상대는 뜨거운 연인사이 정도가 아닌가?

44. 질문 대응 요령

센스 있는 질문 대응은 발표하는 사람이 갖추어야 할 필수능력이다. 질문 대응에 적극적이지 못하면 청중은 말하는 사람의 공신력을 의심하게 된다. 질문을 대하는 기본자세에 대해 알아보자.

1) 역질문 기법

질문자에게 되묻기도 하나의 스킬이다. 자기 의견을 얘기하고 싶어서 질문을 하는 경우도 있기 때문이다. 한 두 사람에게 의견개진의 기회를 준 다음 마무리만 내가 하면 된다.

2) 솔직함

전문가라 해도 모를 수 있다. 모르는 것을 모른다고 답변할 때 인간적인 면모가 나온다. 모르는 것을 아는 척 한다면 청중을 속이는 일이 된다. 질문에 대해 답변이 어렵다면 모른다고 인정을 하고 연락처를 받아 추후에 답변해주면 된다. 청중이 가장 싫어하는 것은 거짓말이라는 것을 알아야 한다.

3) 진지한 경청과 감사표현

청중은 쉽게 집단화될 수 있다. 고의가 아니더라도 질문을 대충 듣는 모습을 보인다면 청중 전체를 무시하는 모습으로 보일 수 있다. 질문을 한다는 것은 많은 용기를 필요로 한다. 질문을 받고 답변을 할 때 꼭 감사함을 표현하는 것이 좋다. 감사하는 마음으로 귀를 쫑긋 세우면 핵심을 제대로 파악하여 질문의 요지에서 벗어나는 과오를 예방할 수 있다.

45. 2분 스피치 원고

한번은 음악 교사들이 피아노 연주의 최고봉에 올라 있는 거장 안톤 루빈슈타인을 만난 자리에서 다음과 같은 질문을 하였다.

"선생님, 피아노를 잘 칠 수 있는 비결이 있습니까? 저희들에게 가르쳐 주십시오."

"세 가지 비결이 있지요. 첫째, 연습입니다. 둘째, 연습입니다. 셋째, 연습입니다."

연습에는 야금야금 정신이 중요하다. 2분 스피치 원고를 낭독 스피치, 암송 스피치로 발전시켜 나가보자. 2분 동안 잘 말할 수 있다면 다양한 상황의 발표에 자신감이 생길 수 있다.

1) 목소리의 중요성

안녕하십니까?

저는 〈목소리의 중요성〉에 대해 말씀드리겠습니다.

처음 만나는 사람과 이야기할 때 당신은 무엇을 근거로 그의 성격이나 인간성 등을 판단하십니까? 이와 관련하여 미국의 메라비언이라는 심리학자가 다음과 같은 공식을 발표했습니다.

상대방이 어떤 사람인지 판단하는 데 있어 가장 크게 영향을 미치는 것은 55%를 차지하는 얼굴이며, 그 다음이 38%를 차지하는 목소리라고 합니다. 정작 가장 중요한 이야기 내용은 고작 7% 밖에 판단 재료로 삼지 않는다는 것입니다.

얼굴이 중요하다는 것은 그럴 수 있다 쳐도 이야기의 내용보다 목소리가 더 중시되는 것은 의외라고 생각하는 사람도 있을 것입니다.

그러나 유명 아나운서나 MC의 경우, 차분하고 매력적인 목소리를 가진 덕분에 실제보다 더 지적인 사람으로 받아들여지곤 하는 것이 사실입니다. 자신 있고 확신에 찬 목소리, 정확한 발음의 목소리, 변화 있는 목소리 개발에 공을 들여야 하는 이유입니다.

이상, 저는 〈목소리의 중요성〉에 대해 말씀드렸습니다.

감사합니다.

2) 성격의 양면성

안녕하십니까?

저는 〈성격의 양면성〉이라는 주제로 말씀 드리겠습니다.

사람의 성격은 서로 다를 뿐, 틀리거나 나쁜 것은 없습니다. 특히 내성적이고 소심한 사람은 스스로를 너무 작게 생각하는 경향이 있습니다. 하지만 이런 사람들은 생각이 진지하고 실수가 적은 장점이 있습니다.

동전처럼 인간의 성격도 양면이 존재합니다. 질투심이 많은 사람은 매사에 의욕이 넘치는 장점이 있습니다. 말이 많은 사람은 지루하지 않고, 자신감이 없는 사람들은 반면에 겸손합니다.

그뿐입니까? 직선적인 사람은 반면에 속정이 깊고, 고집이 센 사람은 의지가 강한 사람이라 할 수 있습니다. 우유부단한 사람은 대신 협동심이 있고, 괴짜인 사람은 독창성이 강한 장점을 가진 사람입니다.

심리학자 마티 올슨 래니는 "외향적인 성격은 '넓이'의 인생을 만들고, 내성적인 성격은 '깊이'의 인생을 만든다."고 했습니다. 자신감을 가지려면 자신을 긍정적으로 보는 관점이 중요합니다. 사람들이 나를 평가하는 기준은 내가 나 자신을 어떻게 평가하느냐에 달려 있기 때문입니다. 우리 모두 자신의 긍정적인 면을 크게 보고 자신감을 갖고 살아갑시다.

저는 〈성격의 양면성〉이라는 주제로 말씀 드렸습니다.

3) 낙천가가 되는 세 가지 방법

안녕하십니까?

저는 〈낙천가가 되는 세 가지 방법〉이라는 주제로 말씀드리겠습니다.

긍정심리학의 대가 마틴 셀리그만 교수는 '학습된 낙천가'라는 저서에서 다음과 같은 연구 결과를 발표했습니다. "심장마비를 당했던 96명을 면밀히 조사한 결과 비관적인 사람으로 분류된 16명 중 15명이 사망했으며, 낙천적인 16명은 5명만이 죽은 것으로 나타났다."

셀리그만 교수는 특히 웃음이 많은 낙천가는 학생들의 경우 학업성적이 더 높았고, 스포츠분야에서 더 두각을 나타냈으며, 생활설계사의 경우에도 낙천가가 훨씬 더 높은 성적을 올린다고 지적했습니다.

기분이 좋지 않거나 비관적인 생각에 빠지려 할 때 소리 내어 읽기만 해도 금방 기운이 나고 낙천적인 기분이 될 수 있는 좋은 글을 소개합니다.

하나, 나에게 일어나는 일은 어떤 일이든지 나에게 도움이 된다.

둘, 나에게 일어나는 일은 어떤 일이든지 스스로 해결 할 수 있다. 내가 해결 할 수 없는 일이라면 나에게 일어나지도 않는다.

셋, 나에게 일어난 문제의 해결책은 생각지 않은 곳에서 온다. 그러니 포기할 수밖에 없는 상황에서도 절대로 포기하면 안 된다.

여러분!

비관론자들은 모든 기회에 숨어 있는 문제를 보고, 낙관론자들은 모든 문제에 감추어져 있는 기회를 본다는 말도 있지 않습니까? 지나온 길을 돌아볼 때 필요한 건 후회가 아닌 평가이고, 앞으로의 길을 내다볼 때 필요한 건 걱정이 아닌 판단입니다.

우리가 진정으로 믿는 일은 이루어집니다. 적극적인 확신은 긍정적인 리듬을 낳고, 그 믿음과 리듬이 그 일을 실현시켜주기 때문입니다.

저는 〈낙천가가 되는 세 가지 방법〉이라는 주제로 말씀드렸습니다.

4) 질책의 3원칙

안녕하십니까?

저는 〈질책의 3원칙〉라는 주제로 말씀드리겠습니다.

1913년 노벨 문학상을 받은 인도의 시인 타고르는 어느 날, 아침부터 잔뜩 화가 났습니다. 집안일을 해주는 하인이 그날따라 말없이 지각했기 때문입니다. 세 시간이 지나도 오지 않자 타고르는 그를 해고해야겠다고 마음먹었습니다. 하인은 한낮이 되어서야 나타났습니다.

그는 늦어서 죄송하다는 말도 없이 묵묵히 집 안을 청소했습니다. 그 모습을 지켜보던 타고르는 버럭 소리를 질렀습니다. "당장 그만두고 나가!"

하지만 그는 묵묵히 비질을 계속했습니다. 타고르는 빗자루를 빼앗아 내던지며 집에서 나가라고 윽박질렀습니다. 그는 바닥에 떨어진 빗자루를 집어 들며 말했습니다. "늦게 와서 죄송합니다. 실은 어제 저녁 딸애가 세상을 떠났습니다."

타고르는 순간의 분을 참지 못한 것을 후회하며 생각했습니다. 사람은 상대방에 대한 이해가 없을 때 몹시 잔인해질 수도 있다는 사실을.

그날 이후 타고르는 사정을 알아보기 전에 섣불리 남을 탓하거나 판단하지 않았다고 합니다.

질책의 3원칙이 있습니다. 짧게 하라, 비공개적으로 하라, 관찰 후 하라.

우리는 상대방의 잘못했던 행위에 대한 이유를 물어보는 것만으로도 그 사람의 마음을 열게 할 수 있습니다. 이상, 저는 〈질책의 3원칙〉이라는 주제로 말씀드렸습니다. 감사합니다.

5) 킹핀을 찾아라

안녕하십니까?

저는 〈킹핀을 찾아라〉라는 주제로 말씀드리겠습니다.

캐나다의 벌목공들은 베어 낸 나무를 강가에 쌓아 두고 물 흐름에 따라 하류로 흘려보낸다고 합니다. 이때 강폭이 좁은 지점에 이르면 물의 속도가 빨라지면서 통나무들이 서로 병목 현상을 일으켜 아래로 내려가지 않습니다. 이를 '로그잼(Logjam)'이라고 부릅니다. 초보 벌목공들은 이런 상황을 만나면 어디부터 어떻게 손댈지 몰라 헤맨다고 합니다.

하지만 노련한 벌목공은 당황하지 않습니다. 상황을 분석한 다음 수많은 통나무 중에 딱 하나를 골라 큰 망치로 계속 두드립니다. 신기하게도 한 개의 통나무를 쳤을 뿐인데 나머지 통나무들까지 스르르 풀려 버립니다. 그 하나의 통나무를 '킹 핀(King Pin)'이라고 부릅니다.

볼링에서는 5번이 킹핀입니다. 스트라이크를 만들려면 맨 앞에 있는 1번 핀이 아니라 1번 뒤의 정중앙에 위치한 5번 핀을 노려야 모두 쓰러뜨릴 수 있습니다.

살다 보면 앞날이 캄캄해 보일 때가 있습니다. 이러한 상태를 인생의 로그잼이라 한다면 이것을 해결하는 킹 핀 역시 존재합니다. 킹핀을 찾아 두드립시다. 삶에도 벌목공들의 노련한 지혜가 필요합니다.

저는 〈킹핀을 찾아라〉라는 주제로 말씀드렸습니다.

6) 세 문장 일기를 쓰자

안녕하십니까?

저는 〈세 문장 일기를 쓰자〉라는 주제로 말씀드리겠습니다.

르네상스 시대의 천재 레오나르도 다빈치는 30년간 수천 장의 메모를 남겼습니다. 그의 천재성은 철저한 메모와 탐구정신에서 나왔습니다. 메모의 좋은 점은 두 가지입니다.

첫째, 머릿속이 편해집니다. 메모해둔 내용은 기억하고 있을 필요가 없습니다.

둘째, 메모는 미래지향적입니다. 적어놓은 과거는 미래로 연결되어 의미가 되살아나기 때문입니다.

여러분!

이 같은 메모의 힘을 알았다면 오늘부터 세 문장 일기를 써보면 어떨까요? 우리가 일기쓰기에 부담을 느끼는 이유는 어렸을 때 의무적으로 썼던 부정적 요소 때문일 것입니다.

가벼운 마음이 필요합니다. 하루의 삶을 돌아보고 딱 세 문장만 쓴다는 마음으로 그 날의 개인 뉴스를 기록해나가는 것입니다.

"역사란, 우리가 매일 하는 작은 행동들이 쌓인 것이다." 톨스토이의 말입니다.

이순신 장군은 난중에도 일기를 쓰지 않았습니까?

일기는 성찰입니다. 하루에 3분이면 충분합니다. 세 문장 일기를 쓰며 삶에 대한 메모를 생활화하기, 오늘 당장 시작해보시지 않겠습니까?

저는 〈세 문장 일기를 쓰자〉라는 주제로 말씀드렸습니다.

7) 색다른 인생

안녕하십니까?

저는 〈색다른 인생〉이라는 주제로 말씀드리겠습니다.

심리 분석학자 마크 스타인은 일상의 지루함을 타파할 실험을 했습니다. 사람들을 두 그룹으로 나눈 뒤, 여러 가지 맛의 사탕을 맛보게 했습니다. 이때 한 그룹에는 먹은 사탕의 개수만 세라고 했습니다. 다른 그룹에는 포도 맛, 오렌지 맛, 딸기 맛 등 각자 먹은 사탕이 어떤 맛이었는지 말하게 했습니다. 그 결과 맛을 구별하며 먹은 그룹이 개수만 센 그룹보다 더 기분 좋은 달콤함을 느꼈습니다.

그 이유가 무엇일까요. 맛의 차이에 집중한 사람들은 사탕 먹는 일을 '반복'이라고 느끼지 않았습니다. 하지만 개수만 센 사람들은 맛이 달라도 그저 '하나의 사탕'에 불과하다고 여겨 금세 지루함을 느꼈습니다.

이처럼 어떤 일을 세분화함으로써 우리는 일의 지루함을 덜 수 있습니다. 가령 여행 일정표를 짜는 것도 세부적으로 계획하면 보다 즐겁게 하루를 보낼 수 있습니다.

반대로 어떤 일에 흥미를 떨어뜨리려면 이렇게 하십시오. 예를 들어 살을 빼고 싶다면 식사 때 뭘 먹을지 군침을 삼키며 메뉴를 고르지 맙시다. "뭘 먹어도 다 똑 같아."라며 시큰둥한 태도를 취하는 것이 식욕을 가라앉히는 데 훨씬 효과적입니다.

세밀하게 나눌수록 흥미는 배가 되고, 하나로 뭉뚱그릴수록 지루해집니다. 그러니 색다른 인생을 살고 싶다면 하루를 세분화해 소소한 일상의 결을 만끽해 볼 것을 권합니다.

저는 〈색다른 인생〉이라는 주제로 말씀드렸습니다.

[화법 정리]

어떻게 전달하고 설득할 것인가?

발표자에 대한 평가는 듣는 사람들의 몫이다. 그렇다면 평가 기준은 뭘까? 심리학자 앨버트 메라비언이 제시한 바에 따르면 어떻게 보이는가(태도) 55%, 어떻게 들리는가(음성) 38%, 말의 내용(콘텐츠) 7%이다.

화법 1. 온 몸으로 말하라(태도)

바른 태도와 음성만의 2D는 바디 랭귀지 동원으로 3D로 바뀐다. 신체언어는 음성언어보다 더 강하게 친밀감, 거부감, 노여움을 전하는 도구이기 때문이다. 그런 의미에서 음성언어는 내용의 깊이와 논리의 싸움이고, 신체언어는 넓이와 전달력의 싸움이라할 수 있다. 제스처 3요소는 "크고 분명하게, 동작이 말보다 0.5초 정도 빠르게, 말의 내용과 일치하도록!"이다.

화법 2. 말 잘하는 사람의 3가지 능력(콘텐츠)

1) 분위기 파악

말을 해야 할 때와 들어야 할 때, 길게 말해도 될 때와 짧게 끊어야 할 때를 알자.

2) 요약

"요지는! 왜냐하면! 예컨대! 그래서!" 이것은 조리 있게 말하기의 정석이다.(PREP) 결론을 먼저 말하고, 이유를 대고, 구체적 사례를 소개한 다음, 마무리를 하는 것이다.

3)스토리텔링

사람들은 논리적 전개나 설명보다 이야기를 좋아한다. 이야기를 통해서 교훈을 얻기도 하지만, 메시지를 담기 위해 이야기를 개발하기도 한다.

02

소통과 설득의 달인 되기

스피치는 종합예술이다.

말은 독창적인 동시에 복합적이며,

기술인 동시에 예술이기 때문이다.

종합감각체험 없이는 스피치로 감동을 줄 수가 없다.

이 PART에서는 새로운 생각, 좋은 생각을 찾아

소통하고 설득하기, '나' 브랜드 가치를

높이는 방법을 학습할 것이다.

Chapter
01
내 뇌 사용법

 뇌는 내 것인데 나의 의지대로 움직이지 않을 때가 있다. 뇌는 정말로 바꿀 수 없는 것일까? 아니다. 뇌의 성질을 알고 사용법을 조금만 바꾸면 얼마든지 내가 원하는 뇌로 바꿀 수 있다. 뇌를 바꾸면 떨어진 의욕과 집중력을 높일 수 있으며, 조리 있게 말하는 능력을 발휘할 수도 있다. 말을 잘하고 싶으면 뇌부터 바꿔야 한다.

1. 뇌를 죽이는 습관 vs 뇌를 살리는 습관

일상을 바꾸기 전에는 삶을 변화시킬 수가 없다. 성공의 비밀은 자기 일상에 있다.(존 C. 맥스웰/미국 작가)

지난 100년간 뇌 과학의 가장 대표적인 연구 성과 중 하나로 손꼽히는 것이 바로 '뇌 가소성(뇌세포와 뇌 부위가 유동적으로 변하는 것)'에 관한 것이다. 뇌는 훈련하면 변화한다.

뇌가 싫어하는 것은 자극이 없는 것이다. 눈에 반짝거림이 없어지는 순간 뇌기능은 쇠퇴한다. 언제나 같은 눈으로 세상을 바라보진 않는지, 나의 가슴을 설레게 만드는 것이 어느 순간 사라지지는 않았는지 돌아보아야 한다. 뇌를 죽이는 습관과 살리는 습관에 대해 알아본다.

1) 나쁜 감정 vs 좋은 감정

우울, 불안 같은 부정적 감정은 뇌 건강에 나쁘다. 감정은 지적인 능력이나 이성을 담당하는 대뇌 피질에 비해 훨씬 하부의 뇌에서 조절되고 있지만 서로 복잡하게 연결되는 회로에 의해 대뇌의 기능을 조절하고 있다. 나쁜 감정은 뇌의 신경전도를 방해해서 뇌에 기억력 저장고의 정보 처리능력에 제동을 걸 수 있기 때문이다. 좋은 감정 상태를 유지하는 일은 건강한 뇌의 지름길이다.

2) 운동 포기 vs 운동 습관

규칙적인 운동 습관은 뇌에 활력을 선사한다. 미국 캘리포니아 대학의 칼 코트만 박사는 운동을 계속 할 때 신경세포의 성장이 운동기능을 통제하는 뇌 부위뿐만 기억력, 추리력, 사고력, 학습능력을 통제하는 부위에서도 나타나는 것을 발견했다.

3) 멍하게 있기 vs 새로운 것 배우기

뇌에 아무런 자극을 주지 않는 TV 보기는 뇌 건강에 이롭지 않다. 아무런 생각 없이 보는 TV 프로그램은 내용이 뇌에 들어왔다가 금방 사라지기 때문이다. 또한, 평상 시 아무것도 하지 않고 멍하게 앉아 있는 것도 뇌에 자극을 주지 않기 때문에 뇌 건강에는 이롭지 않다.

반면 여행, 독서, 게임, 대화 등은 뇌 건강에 도움이 된다. 끊임없이 새로운 것을 배우고 새로운 일을 하면 뇌가 자극되어 뇌세포 시냅스의 성장이 촉진되기 때문이다. 낱말풀이나 고스톱 같은 게임이 뇌 건강에 이롭다는 연구 결과는 수 없이 많이 나와 있다.

▶ 손가락 유희

1) 엄지손가락, 새끼손가락 바꾸기

-주먹을 쥔 상태에서 왼손은 엄지손가락만을, 오른손은 새끼손가락만을 펴놓고 진행자의 신호에 맞추어 왼손과 오른손의 상황을 바꾸는 게임, 노래를 부르면서 하면 더욱 흥이 난다.

2) 손가락 접기

-왼손은 모든 손가락을 편 상태, 오른 손은 엄지손가락을 접은 상태에서 오른손과 왼손을 서로 엇갈리게 열을 세면서 접었다 편다. 열을 세고 나면

원래 모양대로 되어 있기가 목표이다.

▶세 가지 질문

- 자신의 좋은 습관, 고쳐야할 습관이 있다면?
- 오늘의 굿(good) 뉴스, 배드(bad) 뉴스
- 오늘의 운세나 점, 토정비결, 별자리, 관상 등을 본적이 있는가?

2. 고정관념 깨기

단순한 진흙이라도 도공의 손에 들어가면 아름답고 유용한 것이 될 수 있다. 생각을 바꾸면 인생이 달라지는 것이다.(존 하첼)

아프리카에서 한 부족들이 가족 가운데 한 명은 하루 종일 물을 기르러 다니는 것을 보고 안타깝게 생각한 영국 탐험대가 샘 파는 방법을 알려주겠다고 제의를 했다. 추장은 족장들과 밤샘 회의를 했다. 이윽고 날이 밝자 탐험대장에게 들려주는 추장의 답변.

"우리는 샘을 파지 않기로 결정했습니다. 왜냐하면 오늘 아침 또 물을 기르러 가야하기 때문입니다."

불가능한 일에 부딪힐 때마다 "이봐, 해보기나 했어?"라고 묻곤 했다는 정주영 현대그룹 명예회장의 말이 생각난다.

"고정관념이 사람을 멍청이로 만든다."

1) 고정관념의 탄생

무지개색은 몇 가지일까? 우리나라 사람들은 일곱 가지로 배우지만 나라마다 다르다. 미국 등 영어권에서는 남색이 빠져서 여섯 가지이고, 네델란드에서는 '빨주노초파' 이렇게 다섯 가지로 알고 있다. 이슬람권에서는 '빨노초파' 네 가지 색으로 표현한다. 아프리카에서는 부족에 따라 두세 가지 또는 서른 가지 색으로 나타내기도 한다. 그러나 실제 빛을 프리즘에 통과시키면 최대 207색으로 나타난다고 한다.

개는 어떻게 짖을까? 대개의 사람들은 '멍멍' 그럴 것이다. 그런데 미국에서는 주로 '바우와우'라고 하고, 일본에서는 '왕왕'으로 표현한다. 까치와 까마귀 역시 마찬가지. 일본 사람들은 까치가 흉조이고 까마귀를 보면 길조라고 여긴다.

우리 주변에는 모순된 현상처럼 보이는 여러 가지 현상이 있다. 예를 들면, 작은 쇠구슬은 물에 가라앉지만 커다란 철갑선은 물에 뜬다. 물은 높은 곳에서 낮은 곳으로 흐르는데, 나무의 경우는 반대로 땅속에 있는 물이 높은 나무줄기 위까지 올라간다.

고정관념을 갖는 것은 선천적 원인이 아닌 학습에 의한 결과이다. 사회로부터 학습된 사회 관념에 대한 맹목적인 동조 때문이라고도 할 수 있다. 무서운 것은, 사람들이 고정관념을 갖게 되는 것만으로도 그것이 객관적인 성취나 능력을 저해시킬 수 있다는 것이다. 나아가 분쟁이나 극단적인 인종차별 같은 여러 사회문제를 발생시키기도 한다.

2) 고정관념 깨기

① 나이 들면 시간이 빨리 가는 이유

나이가 많은 사람일수록 한 해가 순식간에 지나갔다고 느낄 것이다. 미국 캔자스 대학교와 미주리 대학교 공동 연구팀은 이처럼 시간이 빨리 흐르는 이유를 설명했다.

시간에 가속도가 붙는 이유는 별개의 경험이 뭉쳐 하나의 덩어리로 인식되는 일이 나이가 들수록 많아지기 때문이다.

가령 어릴 때는 공원을 걷는 동안 매우 다채로운 경험을 한다. 눈이 덮인 나무를 난생 처음 보고, 단단하게 얼어붙은 호수 역시 처음 보는 광경이다. 산책길을 걷는 동안 보고 듣는 모든 풍경과 사건이 생소하기 때문에 각각 별개의 기억으로 저장된다.

반면 어른에게는 공원을 걷는 일이 참신하고 새로운 일이 아니다. 특별히 인상 깊은 장면들이 아니기 때문에 뭉뚱그려 '공원 산책'이라는 하나의 기억 덩어리가 된다. 기억을 단순화해 시간이 금방 흘러간 것처럼 느끼게 된다는 것이다.

나이가 들수록 일상의 많은 부분들이 덩어리가 된다. 하루는 '출퇴근', '업무', '잠' 등으로 단순화된다. 또 1년 혹은 10년 단위로 덩어리가 생기기도 한다. 즉, 시간이 좀 더 천천히 가길 바란다면 매순간 좀 더 가치를 부여하고 다양한 경험을 하려는 시도가 필요하다는 설명이다.

② 여행이 주는 선물

약 60여 년 전 미국의 한 미혼모에게서 태어난 J라는 사람이 있다. 청소년기에 자신이 입양아라는 사실을 알게 된 그는 마약과 히피 문화에 빠져 방황했다. 대학을 한 학기 만에 중퇴한 그는 회사에 취직하지만 곧 그만두고 인도로 여행을 떠났다. 그는 인도에서 관광만 한 것이 아니라 동양의 선(禪)사상과 명상을 접하면서 영적으로 성숙하고자 했고, 이는 그의 삶에 지속적인 영향을 미쳤다. 이 여행에서 얻은 다양한 문화적 경험은 그의 창의성에 불을 붙였다. 그는 선사상으로부터 배운 단순함과 파격의 철학을 그가 창업한 회사에 적용하여 심플한 디자인의 제품을 만들어 냈고, 전 세계 소비자들을 열광시켰다. 그 회사는 바로 '애플'이고, J는 스티브 잡스이다.

고정관념의 반대말은 융통성이다. 혁신이란 융통성을 발휘하여 뭔가 새롭고 개선된 일 처리방식을 찾는 것이다. 고정관념을 깨기 위한 최고의 프로젝트는 경험이고, 훈련이고, 선택이다.

3) 두근두근 뇌 운동

꾸준한 운동으로 몸의 근육을 단련하듯 꾸준한 뇌 운동을 하면 고정관념을 벗어날 수 있다. 지금부터 뇌를 자극할 수 있는 프로젝트에 참여해보자.

① 2인 1조로 한 사람은 단어를 말하고, 상대방은 거꾸로 말하기 게임을 해보라.

거꾸로, 산토끼, 개나리, 텔레비전, 아이스크림, 산토끼 노래 끝까지 거꾸로 부르기

② 50부터 1까지, 수를 거꾸로 세어보라.

틀리면 처음부터 다시 해야 한다.(제한시간 40초)

③ 반대로 게임

2명이 가위 바위 보를 한 다음, 결과를 반대로 먼저 외치는 사람이 이기는 게임을 해보라.

2명이 가위 바위 보를 한 다음, 이긴 사람이 져주는 쪽으로 바꾸기 게임을 해보라.

④ 반대로 행동

책 거꾸로 들고 읽기, 구구단 거꾸로 외우기, 눈 감고 이동, 반대 손으로 식사하기, 뒤로 걷기, 묵찌빠-왼손이 오른손에게 지기

⑤ 유창성 게임

종이컵의 용도를 10가지 이상 말해보라.

(연필, 빈 페트병, 헌 신문지, 항아리 뚜껑, 거울의 용도는?)

컵 없이 물을 먹을 수 있는 방법 10가지

무인도에서 구조요청을 할 수 있는 방법 5가지

1,000원으로 방 안을 가득 채울 수 있는 물건을 사려면 무엇을 사야할까?

바다가 육지라면? 답변을 20개 이상 말해보라.

3. 독서의 기쁨

독서를 하지 않으면 '자기' 생각회로 안에 머물게 된다. 그러나 독서를 하면 '상대'의 생각회로를 넘나들 수 있다.(와시다 고야타/삿포로 대학 교수)

눈을 감고 상상해보라. 아무거나.

뭐가 떠오르는가? 안 떠오른다. 어휘를 떠올려야 생각이 이어진다. 하늘을 떠올려야 무지개도 구름도 비행기도 생각이 나는 것이다.

나의 언어수준은 나의 상상력 수준이다. 상상은 내가 알고 있는 언어의 수준을 벗어나지 못하기 때문이다. 결론이 무엇일까? 책을 많이 읽어야 한다. 책을 왜 읽어야 하고 어떻게 읽을 것인지 좀 더 자세히 알아보도록 하자.

1) 독서 이유 세 가지

① 최단시간 전문가 : 지식이 쌓이고 논리적 사고가 높아져 지금보다 현명하게 될 수 있다.

② 새로운 정보 습득 : 다양한 간접경험으로 시행착오를 줄이고, 문제 상황에서 자신의 의견을 가질 수 있다.

③ 자극, 경험, 아이디어로 막혔던 게 열려 : 어휘력(어휘를 마음대로 부리

어 쓸 수 있는 능력), 추론력(어떠한 판단을 근거로 삼아 다른 판단을 이끌어
내는 능력), 독해력(글을 읽어서 뜻을 이해하는 능력), 비판력(사물의 옳고
그름을 가리어 판단할 수 있는 능력) 증대로 자기표현 능력이 향상된다.

2) 본깨적 책읽기

본깨적 책 읽기란 저자의 핵심을 제대로 보고(본 것), 그것을 나의 언어
로 확대 재생산하여 깨닫고(깨달은 것), 내 삶에 적용하는(적용할 것) 책
읽기를 의미한다. 책을 읽었는데도 삶에 아무 변화가 없었던 것은 책을 제
대로 읽지 못했거나 읽었어도 읽은 것으로만 끝냈기 때문이다.

[본] – [What I See] – [저자의 관점에서 본 것]

[깨] – [What I Learn] – [나의 입장에서 깨달은 것]

[적] – [What I Apply] – [우리(개인, 회사) 입장에서 적용할 것]

※박상배의 〈인생의 차이를 만드는 독서법 본깨적〉 중에서

2) 3단계 독서법

1단계/개관 독서법 : 전체를 꼼꼼히 다 읽지 않고, 한 번 쭉 훑어보고 필
요한 부분만 골라 읽는 방법.

2단계/분석 독서법 : 책의 주제와 구조를 파악하고 내용을 완전히 이해
하여 내 것으로 만듦. 철저하고 꼼꼼하게 내용과 의미를 꼭꼭 씹고 소화하
면서 읽는 독서법.

3단계/종합 독서법 : 비교 독서법이라고 하며, 한 권 뿐만 아니라 하나
의 주제에 대하여 몇 권의 책을 찾아서 읽어가는 방식. 최고의 독자, 이상
적 독자의 경지이다.

▶세 가지 질문

　-나의 독서 방법과 관심 주제는?

　-가장 감명 깊게 읽었던 책은 무엇인가?

　-좋아하는 작가는 누구인가? 좋아하는 시는 무엇인가?

4. 메모습관

기록은 기억을 남긴다.(그라시안/스페인의 작가)

　중요한 것일수록 머리에 맡기지 말고 손끝에 맡겨야 한다. 창조는 하늘에서 뚝 떨어지는 것이 아니라, 바로 기록에서 시작되기 때문이다.

　메모는 정보와 생각을 기록해 두는 공간이자 창의성의 원동력이다. 스마트 폰에 많은 걸 의지한 채 살아가고 있는 현대인들에게 가장 필요한 건 '메모의 습관'이 아닐까.

　평소 메모 습관을 갖고 있는 이들은 '메모를 하는 방식엔 정답이 없다'고 말한다. 자신만의 메모 방법을 찾아가는 것이 가장 좋다고 한다. 그럼에도 지키면 도움이 될 만 한 몇 가지 가이드라인은 있다.

1) 지난 메모도 다시보자

　메모해둔 노트를 다 쓰면 버리는 사람들이 있다. 그러나 지나간 메모라도 되도록 보관하는 것이 좋고 혹시 버릴 계획이라면 다시금 읽고 훑어보는 것이 좋다. 지난 기록에서 도움이 될 만한 이야기나 생각거리를 찾을 수 있기 때문이다. 스마트 폰 메모는 스캔해 파일로 저장해 두면 좋다. 나만의 생각창고가 차곡차곡 쌓여가는 느낌을 받을 수 있다.

2) 메모와 함께하는 독서

'그때 읽었던 책 구절이 참 좋았는데' 우리는 살면서 읽는 모든 책의 내용을 기억할 수 없다. 심지어 인상 깊게 읽었던 책의 구절조차 시간이 지나면 기억이 나지 않을 때가 많다. 이때 메모를 해둔다면 주옥같은 책의 구절을 놓치지 않을 수 있다. 감동적이거나, 재밌거나, 신선한 표현 혹은 구절이 있다면 메모해 두도록 한다. 메모 내용은 틈틈이 블로그나 SNS에 옮겨보는 것도 좋다.

3) 정보관리

캘린더 일정관리 앱과 더불어 PC와 호환되는 노트 앱만 잘 써도 정보관리가 용이하다. 네이버노트, 컬러노트, 에버노트, 구글킵, 원노트, 플라바, 어썸노트, 한방에노트 등을 추천한다. 플레이스토어에서 검색하여 자신에게 맞는 메모장을 선택하여 활용하자.

▶세 가지 질문

　-자신의 메모습관을 말해보라.

　-신문에 투고하고 싶은 의견이 있는가?

　-'첫 사랑'이란 주제로 2분 동안 발표해보라.

5. 세 문장 일기를 쓰자

역사란, 우리가 매일 하는 작은 행동들이 쌓인 것이다.(톨스토이/러시아 소설가)

분위기 파악, 핵심 요약, 스토리텔링은 말을 잘하기 위한 기본 능력이다. 이 세 가지를 매일 훈련할 수 있는 좋은 방법이 있으니 바로 '세 문장 일기 쓰기'이다.

4개 교통신호등의 색깔을 말해보라. 이제껏 수없이 보아왔지만 막상 떠올리려고 하면 순서가 헷갈릴 것이다. 이처럼 무엇이든 의미 있게 보지 않으면 기억에 남지 않는다. 우리의 일상도 매일 정리해 두지 않으면 기억에서 멀어진다.

어느 분야에서든 진정한 프로가 되려면 글쓰기 능력이 필수이다. 글을 써봐야 스스로 '질문'을 찾을 수 있고, 정해진 답이 아닌 '새로운 답'을 찾아낼 수가 있다. 글쓰기는 기술이 아니다. 생각의 근력(筋力)을 키우는 일이다.

물리학자 스티븐 호킹 박사는 "역사가 우리를 창조하는 것이 아니라 우리가 관찰을 통해서 역사를 창조한다."고 했다. 매일 글감을 찾다보면, 지루한 일상도 새롭고 재미있는 사건이 된다.

세 문장 일기쓰기는 즉흥발표 능력 키우기에도 기여를 한다. 얘깃거리를 끄집어내고, 정리하는 시간이 나날이 단축되어갈 수 있기 때문이다.

그렇다면 나의 하루를 어떻게 세 문장으로 정리할 수 있을까?

첫 번째 문장은 하루 중 가장 기억하고 싶은 일을 떠올려 '언제 무슨 일'인가를 쓴다.

두 번째 문장은 어디에서 누구와 어떻게, 얼마나 등 그 일에 대한 '설명'을 쓴다.

세 번째 문장은 '소감'을 쓴다. 자기감정을 인식하고 날씨나 색깔, 음악으로 묘사해보는 것도 좋을 것이다.

1) 견본

① 이야기 하나에 집중한 사례

12시 면회시간에 맞춰서 아내와 함께 어머니 문병을 다녀왔다. 82세 어머니께서 B형 독감으로 한국병원 중환자실에 입원하신지 이틀째, 어제보다는 한결 좋아지셨다. 함께 문병한 형님내외분과 '행복한 뷔페'에서 점심을 먹으며 쾌차하기를 기원했다.

② 하루의 일정을 정리한 사례

3박 4일의 대만여행을 가기 위해 새벽 5시에 집에서 나와 인천공항 도착, 오전 10시에 인천을 출발하여 3시간 20분 비행 후 대만의 중정국제공항에 도착했다.

여기는 한국보다 1시간이 늦으니 12시부터 일정이 시작되어 고궁박물관, 충렬사 임무교대 장면, 대만의 랜드마크인 타이페이 101 빌딩 전망대를 다녀와 몽골리안 뷔페로 석식을 하고 나니 저녁 8시, 주변 시내 잠깐 구경하고 10시에 숙소에 들어왔다.

형님 내외, 두 동생네 가족, 우리 부부 이렇게 8명 더하기 패키지여행 관광객들과 합해 모두 20명이 한 팀으로, 장문종 가이드의 탁월한 안내와 입담이 백미였다.

2) 일기를 써야 하는 또 다른 이유

① 스트레스 극복

스트레스란 '나'를 둘러싼 외부환경의 자극을 말한다. 스트레스 중에는 자기성장에 도움이 되는 좋은 스트레스가 있고, 안 올수록 좋은 나쁜 스트레스가 있다. 외부환경에서 오는 스트레스로 내가 힘들다면, 나를 바꾸거나 환경을 바꿔야 한다.

환경을 바꾸는 것은 쉽지 않다. 가족이나 직장 동료가 스트레스를 준다고 바꿀 수는 없으니까. 또, 환경을 바꿔도 내가 바뀌지 않으면 어디에 가도 같은 문제가 반복될 수밖에 없다.

스트레스를 극복하기 위해서는 '자아성찰'이 필수다. 자아성찰의 가장 좋은 방법은 일기쓰기이다.

② 자존감 높이기

우리는 남들에게 보여 지는 '나'에 대해 신경을 많이 쓴다. 남들은 나를 어떻게 생각할까 하는 것 때문에 고민도 많다. 하지만 중요한 것은 바로 '나' 자신이다. 내가 바라보는 자아에 열정을 쏟아야 한다. 내가 바라보는 자아를 자존감이라고 한다.

일기란 나와의 대화이다. 내가 말하고 내가 답하는 대화장이다. 일주일에 두세 번이라도 써서 나의 감정을 살펴보고 자기대화시간을 갖는다면, 나를 지탱해주는 힘을 만들어낼 수 있다. 자존감을 높이는 삶, 그래서 타인의 시선과 평가로부터 자유로워지는 삶을 살아봄이 어떨까?

6. 말의 힘 4가지

사고(思考)는 일종의 언어이다.(비트겐슈타인/철학자)

사회학자들이 얘기하는 바에 따르면 매일 사용하는 남녀의 단어 수에는 차이가 있다고 한다.

　-여자 : 하루 평균 30,000개
　-남자 : 하루 평균 15,000개

물론 이것은 일반적인 경우이고, 사람마다 차이가 있을 것이다. 또한 우리들이 많이 사용하는 어휘 중에는 긍정적인 것(감사, 아름답다, 사랑한다)과 부정적인 것(짜증난다, 싫다, 괴롭다)이 있다. 언어에는 나름의 온도가 있다.

교통사고로 다리를 크게 다친 두 사람이 있었다. 그들은 각각 다음과 같이 말했다.

−아, 이제 꼼짝도 못할 것 같아!

−아, 이제 당분간 앉아서 하는 일만 해야 할 것 같아!

"말이 씨가 된다"는 속담처럼 언어는 사고방식과 행동모드를 결정한다. 학자들의 연구에 따르면 그 사람이 많이 사용하는 어휘는 그 사람의 정신세계를 지배한다고 한다. 이것은 어떤 음식을 즐겨 먹느냐에 따라 그 사람의 체질이 변하는 것과 같다. 말에는 크게 4가지 힘이 있다.

첫째, 각인력(刻印力)

어느 뇌 과학자는 뇌 세포의 98%가 말의 지배를 받는다고 발표한 적이 있다. 같은 말을 매일 계속 반복하면 그것이 무의식에 각인이 되는 것이다.

둘째, 견인력(牽引力)

말은 행동을 유발하는 힘이 있다. 이는 우리가 말을 하면 그것이 뇌에 박히고, 뇌는 척추를 지배하고, 척추는 행동을 지배하기 때문에 내가 말하는 것이 내 행동을 이끌게 된다.

셋째, 성취력(成就力)

말이 각인되고 견인력이 생기면, 이제는 저절로 성취되게 하는 힘이 있다. 젊은 청년이 적극적 사고방식의 저자이자 유명한 동기부여가인 노먼 빈센트 필 박사에게 찾아와서 물었다.

"박사님, 어떻게 하면 세일즈를 잘 할 수 있을까요?"

필 박사는 조그만 카드를 꺼내어 그 청년에게 주면서 적게 했다.

"나는 훌륭한 세일즈맨이다. 나는 세일즈 전문가다. 나는 모든 준비가 되어 있다. 나는 프로다. 나는 내가 만나는 고객을 나의 친구로 만든다. 나는 즉시 행동한다."

필 박사는 청년에게 그 카드를 갖고 다니면서 되풀이하여 읽게 했다. 읽고 다짐하고 행동하는 동안에 청년에게 기적이 일어났다. 자신에 대한 긍정적인 말이 그를 유능한 세일즈맨으로 바꾸어 놓았던 것이다. 다양한 심리이론과 기법을 배우지만 결국 그것을 실천하는 도구는 '말'이다.

넷째, 파괴력(破壞力)

말은 무엇인가를 망가뜨리는 파괴력이 있다. 보통 사람들은 자신이 원하는 일이 잘 안되면 '힘들다' '그만 둬야겠다' '미치겠다' '죽겠다' '적성에 안 맞는다' '자신 없다' 등의 말을 한다. 부정적인 말을 반복하면 그 말대로 자신의 삶이 힘들고 꼬이게 된다. 결국 자신의 인생을 스스로 파괴한다. 이와 같이 말은 긍정적인 힘과 부정적인 힘을 둘 다 가지고 있는 것이다.

부모가 함께 "고마워", "미안해"를 자주 말한다. 그러면 그 아이도 "고마워", "미안해"를 자주 말하게 된다. 유전자와는 관계없이 유전하는 것이 말, 그래서 무섭다.

▶다섯 가지 질문

–내가 갖고 싶은 집

–어떤 부모(자녀)가 되고 싶은가?

–말을 잘하는 사람의 특징을 나타내는 단어를 생각나는 대로 모두 써보라.

–자신의 직업을 선택하는데 가장 영향을 끼친 인물이나 사건(계기)이 있다면?

–외국인에게 소개시켜 주고 싶은 우리 문화

7. 내 안의 기적, 잠재의식의 힘

나에 대한 믿음이 꿈을 이루는 최고의 비결이다.(에머슨/미국 시인)

무의식(잠재의식)은 심리학자 프로이트에 의해 태어난 인간의 성격이론 중 하나이다. 자각할 수 있는 모든 정신작용은 의식이다. 반면 나도 모르게, 왠지, 괜히, 그냥, 그렇게 하고 싶어서 습관적으로 말하고 행동하는 자각할 수 없는 정신작용은 무의식(잠재의식)이다. 의식은 의지이고, 생각이다. 무의식은 습관이고 마음이다. 따라서 의식은 무의식을 이기기가 어렵다. 의식은 무의식의 지배를 받지만, 무의식은 의식의 반복된 정보에 의해 형성된다.

▶의식과 잠재의식 비교

뇌 과학자들의 의견에 따르면 의식은 우리 뇌의 8%를 차지하고, 잠재의식은 약 11배인 92%를 차지한다고 한다. 즉, 정신작용 대부분의 일을 잠재의식이 하므로 잠재의식 개발이 소홀하다면 엄청난(거의 무한대) 가능성을 놓치고 마는 것이다. 다음은 이해를 돕기 위한 의식과 잠재의식의 비교표이다.

	의식	잠재의식
크기	뇌의 8%	뇌의 92%
서로 충돌 시	잠재의식에 항상 짐	잠재의식이 항상 이김
오래된 정도	새로움	선대인류 경험 포함, 오래됨
인지과정	논리적	비 논리적
주요 소통 수단	단어	이미지, 느낌, 감정
기능 수행	내가 알게 수행	내가 모르는 사이 수행
동시 기능 수행	한 가지 일만 할 수 있음	무한대
제어력	잠재의식을 이끌어 감	우리의 신체, 행동 모두 제어

잠재의식을 개발하는 방법은 의식(생각)의 반복이다. 생각을 다스리면 감정이 조절된다. 다음은 심리치료사이자 약사인 에밀 쿠에가 가르쳐준 성공과 성장을 위한 자기 암시문이다.

"나는 날마다 모든 면에서 점점 더 좋아지고 있다!"

에밀 쿠에는 이 공식을 하루에 스무 번씩 마음속으로 외치라고 말한다. 쿠에 공식의 핵심은 암시를 통한 자기 확신이고, 자기 암시의 황금률은 반복이다.

빌게이츠도 집을 나설 때마다 현관에 걸린 거울 앞에 서서 자기 얼굴을 빤히 쳐다보며 다음 두 마디를 외친다고 한다.

"빌 게이츠, 나는 오늘 아주 좋은 일이 생길 것 같다."

"나는 항상 잘 되게 되어 있어!"

8. 자유에 이르는 삶의 기술, 명상

개인적인 행복은 명상을 통해 얻을 수 있다.(가브리엘 번스타인/작가)

명상은 스트레스나 불안감이 느껴지는 상황 속에서 자신에게 집중해 스스로를 침착하게 만드는 강력한 도구이다.

뇌 과학으로 볼 때 마음이 평정상태를 잃으면 머리가 움직이지 않는다고 알려져 있다. 뇌파과학에서는 이를 두고 '감마뇌파상태'라고 말한다. 시야가 좁아지고, 극단적인 한 가지 생각에만 집착하게 된다. 기대와 욕심이 너무 강해져 심리적 압박이 가해지는 상태이다.

의식(지각이 있는 상태)은 무의식(지각이 없는 상태)의 지배를 받는다. 감정이 이치를 이기는 것이다. 의식으로 노력해도 무의식에서 거부하면 행동이 나오지 않는 법.

행동변화를 일으키려면 무의식에 정보를 집어넣어야 한다. 그 무의식이 효율성 높게 정보를 받아들이는 특수한 심신상태가 바로 ASC(Altered States of Consciousness) 곧, 변성의식상태이다.

1) 인스턴트 명상법

지금부터 중요한 연습을 하나 해보도록 하자. 먼저 의자에든 방바닥에 편안하게 앉아 얼굴 근육과 어깨에 힘을 뺀다. 두 눈을 부라리듯 크게 뜨고 나의 폐 속 가득 공기를 채운다. 입과 코로 숨을 크게 두 번 들이마시고 내쉰다. 세 번째 들이마신 다음 길게 한숨을 내쉬듯 '하아~' 입으로 소리를 내면서 내쉰다.

이 때 두 눈을 지그시 감는다. 눈가와 입가 근육에서 힘을 뺀다. 다시 코로 가볍게 숨을 들이 마신다. 이 때 오른 쪽 코 안이 더 차가운지, 왼쪽 코 안이 더 차가운지 느껴본다.

숨을 코로 들이마셨으면 입을 벌려 '하아~' 소리를 내며 숨을 내쉰다. 그러면서 숨을 내쉬는 '하아~' 소리에 귀를 기울인다. 거듭하면 처음보다 내쉬는 시간이 길어질 것이다. 시간이 지나면 '하아~' 소리가 나지 않을 것이다.

하지만 숨을 들이마시기는 아직 싫다. 마음속으로는 입에서 내쉬는 '하아~' 소리를 듣고 있다고 생각하라. 더 이상 내쉬지 못할 때까지 계속하다가 참을 수 없으면 코로 천천히 다시 들이 마신다. 들이마실 때는 코로, 오른쪽 코 안이 더 차가운지, 왼쪽 코 안이 더 차가운지 느껴본다. 내쉴 때는 입으로 '하아~' 소리를 내며 그 소리를 내가 들어주는 것이 핵심이다. 그러면서 자연스레 고요 속에 몸을 맡긴다. 숨을 들이마셨다가 내쉬며 '하아~'소리 듣기를 열 번 정도 반복한다.

이때의 뇌파는 '알파뇌파' 상태가 되어 있다. 용기가 필요한 상황이라면 이 때 마음속으로 자신에게 한 마디 들려준다. '너는 항상 잘되게 되어 있어!' '너는 언제나 무슨 일이든지 잘되게 되어 있어!'

중요한 판단을 앞두고 있는 상황이라면 자신에게 질문한다. '자, 이 상황에서 어떻게 하는 것이 최선인가?'

이제는 마무리를 하는 과정이다. 눈을 떠야겠다는 생각이 들 때 숨을 크게 들이마신 다음 짧게 '핫!'하고 순간적으로 크게 내뱉듯 숨을 내쉰다. 알파뇌파상태에서 베타뇌파 상태로 되돌아오는데 정신적 무리를 주지 않기위한 방법이다. 들이마셨다가 짧게 내쉬기를 두 번 정도 하고나서 가볍게 기지개를 켜고 몸을 부드럽게 좌우로, 앞뒤로 움직여준다.

이상은 하버드대학교 교수이자, 뉴욕에서 심신클리닉센터를 운영하고 있는 쟌 보리센코 교수가 창안한 인스턴트 명상법이다. '1분 바캉스', '가벼운 명상법'으로 일러서 있다. 명상은 반성할 시간과 내적인 평화를 준다. 인생에서 어디에 있는지 또 어디를 향해 갈 것인지에 대해 진정한 평가를 내릴 수 있도록 도움을 준다. 몸과 마음의 건강을 위한 최고의 값진 기술이다.

2) '신경 스위치' 조절은 당신의 손에

생각은 버리려고 할수록 눈덩이처럼 커진다. 생각을 안 하려는 것도 생각이기 때문이다. 이를 극복하려면 생각을 버리려 하지 말고 내려놓아야 한다. 얼굴과 어깨의 힘을 빼고 자연스런 들숨 날숨의 호흡을 느끼는 일에 집중하는 게 훨씬 더 효과적이다.

그렇다면 일상의 잡념과 욕구를 내려놓는 방법은 무엇인가. 결론은 의외로 간단하다. 생각과 무관한 것에 주의를 기울이면 된다. 특히 호흡, 음악, 신체운동 등이 효과적인 도구다.

그래도 잡념이 찾아들면 어떻게 할까. '잡념이 찾아 왔구나'란 사실을 받아들이고 그냥 다시 호흡에 집중하면 된다.

인간이 한 번에 주의(attention)를 기울일 수 있는 대상은 한정돼 있다. 주의는 정신자원이라는 유한한 자원을 분배하는 행위다. 어느 한쪽에 정신 자원을 많이 분배하면 다른 쪽으로는 자원이 적게 돌아간다.

선물은 우연한 것일 때 마음에 더 새겨진다. 특히 낯선 사람으로부터 오는 선물은 인생에 깊은 영향을 미친다. 그것은 타인을 바라보는 시각을 수정하게 만들고, 형제애에 할 걸음 다가가게 하며, 내 삶의 범위를 확대시킨다. 명상이나 종교를 통해 나 자신이 모든 존재와 연결되어 있음을 이해할 수도 있지만, 어느 순간 나를 감동시켜 자아의 문을 열게 하고 생생한 유대감을 느끼게 하는 것은 그런 우연한 선물이다.

물론 처음부터 효과를 보지 못하는 사람이 있을 수 있다. 그러나 의심하지 말고 연습을 거듭해보라. ASC(변성의식상태)라는 도구의 대단한 효용성에 고개를 끄덕이게 될 것이다. 중요한 결정을 앞두고 있을 때, 감정이 격해질 때, 자동차 운전 두려움이나 발표불안을 주체할 수 없을 때, 또는 불면증에 시달릴 때에도 요긴한 '무기'로 사용할 수 있다.

3) 퀘렌시아

투우장 한쪽에는 소가 안전하다고 느끼는, 사람들에게는 보이지 않는 구역이 있다. 투우사와 싸우다가 지친 소는 자신이 정한 그 장소로 가서 숨을 고르며 힘을 모은다. 기운을 되찾아 계속 싸우기 위해서다. 그곳에 있으면 소는 더 이상 두렵지 않다. 소만 아는 그 자리를 스페인어로 퀘렌시아(Querencia)라고 부른다. 피난처, 안식처라는 뜻이다.

퀘렌시아는 회복의 장소이다. 세상의 위험으로부터 자신이 안전하다고 느끼는 곳, 힘들고 지쳤을 때 기운을 얻는 곳, 본연의 자기 자신에 가장 가까워지는 곳이다. 명상에서는 이 퀘렌시아를 '인간내면에 있는 성소'에 비유한다. 명상 역시 자기 안에서 퀘렌시아를 발견하려는 시도이다.

투우장의 퀘렌시아는 처음부터 정해져 있는 것이 아니다. 투우가 진행되는 동안 소는 어디가 자신에게 가장 안전한 장소이며 숨을 고를 수 있는 자리인지를 살핀다. 그리고 그 장소를 자신의 퀘렌시아로 삼는다. 투우사는 소와의 싸움에서 이기려면 그 장소를 알아내어 소가 그곳으로 가지 못하게 막아야 한다. 투우를 이해하기 위해 수백 번 넘게 투우장을 드나든 헤밍웨이는 "퀘렌시아에 있을 때 소는 말할 수 없이 강해져서 쓰러뜨리는 것이 불가능하다."라고 썼다.

당신에게 퀘렌시아의 시간은 언제인가? 일요일마다 하는 산행, 바닷가에서 감상하는 일몰, 낯선 장소로의 여행, 새로운 풍경과 사람들과의 만남……. 혹은 음악이든 그림이든 책 한 권의 여유든 주기적으로 나를 쉬게 하고, 기쁘게 히고, 삶의 의지와 꿈을 되찾게 하는 일들 모두 퀘렌시아가 될 수 있다. 좋은 시와 글을 종이에 베껴 적거나 소리 내어 읽는 것 같은 소소한 일도 그런 역할을 한다.

너무 멀리 가기 전에 자기 자신에게로 돌아와야 한다. 나의 퀘렌시아를 갖는 일이 곧 나를 지키고 삶을 사랑하는 길이다. 나의 퀘렌시아는 어디인가? 가장 나 자신답고 온전히 나 자신일 수 있는 곳은?

9. 아리스토텔레스 연상법

창의력은 아이디어 촉진에서 생긴다.(도나텔라 베르사체/이탈리아 패션 디자이너)

인간이 연상 작용을 한다는 것은 고대 그리스 시대부터 이미 의식하고 있었다. 아리스토텔레스는 연상하기 쉬운 것을 반대, 접근, 유사의 세 가지로 분류하고 이를 '연상의 법칙'이라고 명명하였다. 예를 들어 '위라고 하면 아래(반대연상)', '산이라고 하면 강(접근연상)', '공하면 지구(유사연상)' 등이다.

생각이 말이 된다. 생각이 잘 되지 않는다는 것은 도구가 되는 말이 제대로 떠오르지 않아 '생각할 수 없다'는 의미이다. 연상훈련은 누에의 입에서 나오는 액(液)이 고치를 만들듯이 말이 자연스럽게 이어지도록 도움을 줄 것이다.

1) 자유 연상훈련

'여름'하면 떠오르는 낱말은?

'올림픽'하면 떠오르는 낱말은?

2) 꼬리 물기 연상훈련

끝말잇기 : 상자 - 자두 -

의미연상 : 안경 - 시력 -

3) 강제조합

주제와 힌트를 연결시키는 발상법이다.

나를 과일에 비유한다면?

나에게 사랑이란 (   )다. 왜냐하면?

전구와 보온병의 공통점은?

소와 나무의 공통점과 차이점은?(10가지 이상 말하기)

10. 처칠 스피치

말이란 몸속에서 나오는 것이다.(주역 계사전)

윈스턴 처칠은 오늘날 스피치를 공부하려는 사람들에게 교과서와 같은
존재이다. 처칠의 화법 속에는 멋진 표현이 많고, 감동이 있으며, 행동으
로 옮기게 만드는 공감대가 느껴지기 때문이다. 이 수많은 찬사를 있게 한
배경은 '훈련의 힘'이었다. 어릴 때 말더듬이었던 처칠은 언어 콤플렉스를
극복하기 위해 위인전을 비롯한 수많은 서적을 달달 소리 내어 읽었다고
한다.

다음은 처칠이 소속되어 활동했다는 런던의 한 클럽 이야기이다.

이 클럽에서는 신입회원이 가입하는 날이면 연례행사처럼 모자를 하나
벗어 그 안에 다양한 낱말을 적은 카드를 집어넣었다. 그리고 모든 회원들
이 순서를 정해 한 명씩 앞에 나가 카드를 뽑아 거기에 적혀 있는 낱말로
즉석에서 1분 스피치를 했다. 처칠의 뛰어난 언변 배경에는 이러한 프로그
램도 한 몫 했으리라. 트레이닝 주제를 처칠스피치로 정한 이유이다.

자신의 경험 이야기하기, 생각을 논리적으로 표현하기, 토론하며 부딪혀

보기는 말을 잘하기 위해 거쳐야 할 트레이닝 과정이다. 토론을 해보면 자신의 모순점이 드러난다. 고치고, 바꾸고, 맞춰서 새로운 세계로 나아가야 한다. 주어진 단어로 자신의 경험을 이야기 해보라.

1) 주어진 단어로 스토리를 만들어보라.(1분)

물, 테스트, 소금, 만남, 기차, 협상, 중국, 신문, 정원, 만약에, 환자, 선택, 성격, 건강, 환불, 관심, 용기, 인내, 멘토, 행복, 용서, 겸손, 응원, 초심, 질문, 계절, 친구, 고향, 선생님, 여행, 습관, 생일, 약속, 홍보, 목표, 중독, 겸손

2) '여행'하면 떠오르는 낱말 5개를 적어보라. 그 낱말을 이용하여 이야기를 만들어 보라.

(   ) – (   ) – (   ) – (   ) – (   )

11. 2분 스피치 달인 되기

훌륭한 말은 훌륭한 무기이다.(찰스 풀러/미국 복음전도자)

주어진 단어로 자신의 경험을 이야기 해보는 과정에 이어 이번에는 생각을 논리적으로 표현해보는 단계이다.

하나의 주제가 상대방에게 집중되어 들리는 시간은 일반적으로 45초 정도로 알려져 있다. 1분 30초가 지나면 지루해지기 시작하고, 2분 10초를 넘어서면 말하는 사람도 횡설수설하기 시작한다. 우리가 즐겨듣는 노래도

한 곡이 겨우 3~4분, 그것도 1, 2절로 나뉘고 중간에 간주가 섞인다.

2분은 꽤 긴 시간이다. TV에서 '1분 뒤 계속 됩니다'라는 코멘트와 함께 광고가 나오는데, 이때 1분이 길게 느껴지지 않았는가?

일반적으로 2분 스피치의 분량은 A4 용지의 1장 정도이다. 글자 수로 환산하면 대략 1,000자 내외. 물론 사람에 따라 말하는 속도가 다르기에 딱 잘라 몇 자라고 단언하긴 어렵다.

소통이 경쟁력이다. 2분 동안 제대로 말 못하는 사람에겐 20분을 줘도 마찬가지이다. 지금부터 2분 스피치의 모든 것을 알아보도록 하자.

1) 결론부터 말하는 습관

소설을 쓸 때는 '기승전결(起承轉結)', 말을 할 때는 '결기승'이 바람직하다. '결'을 마지막에 밝히면 전체구성이 흐려져 내용이 지루해진다. 속도감이 중요한 비즈니스 세계에서 '전'은 방해만 된다. 주장−이유−사례 순으로 이야기하는 두괄식 형태의 스피치, '결'을 가장 처음에 제시한다. 그러면 논점이 명확해지고 듣는 사람도 집중을 하게 된다.

2) 귀에 꽂히는 단어를 선정하라

키워드를 개발하는 것이 중요하다. 2분 스피치에 들어가는 1,000개 안팎의 단어 중 귀에 단박에 꽂히는 단어가 한두 개는 있어야 한다. 이게 키워드이다. 이 키워드는 자신이 주장하려는 핵심과 연결돼 있어야 한다. 그러면 듣는 사람은 더 호감을 갖게 된다.

우리의 눈과 귀는 매일 키워드 탐색에 많은 시간을 보낸다. 인터넷으로 뉴스를 검색할 때 어떤 기사를 주로 클릭하는가? 아마 키워드가 눈에 '덜

클' 걸리는 기사일 것이다. 당연히 언론사의 데스크와 기자는 기사 제목에 특별한 단어를 넣기 위해 혼신의 힘을 쏟는다. 건축에 비유하자면 키워드를 골격 삼아 내외장재로 치장해가는 격이다.

3) '말주변'은 노력의 결과

본래 말주변이 없다거나 성격이 내성적이라거나 잘 나서는 편이 아니라는 말은 하지 않는 게 좋다. 그만큼 치열하게 살지 않았다는 의미로 받아들여질 뿐이기 때문이다. 내가 절실해야 내 말에도 힘이 실린다.

말주변은 후천적 노력으로 얼마든지 개선이 된다. 그리고 말을 잘하는 사람 대부분은 끊임없이 자기계발을 한 이들이다.

4) 주어진 단어로 2분 동안 말해 보라.

역지사지 100점 음식 벚꽃 매너 기회 잡담 월요일 정의 전쟁 감정조절 도망 김치찌개 시험 바둑 야생화 중국 기초 카드 요술 로또 한복 모험 비행기 퀴즈 모자 호기심 거북선 스키 마법 만들기 문화

12. 손정의 스피치

창의력이란 결국 사물들을 연결하는 것이다.(스티브 잡스)

단어장 2권을 준비하라. 거기에 마음대로 단어를 적는다. 100개 이상의 단어를 적었다 싶으면 두 단어장을 동시에 넘긴다. 그러면서 아이디어를 찾는다. 일본 소프트뱅크의 창업자 손정의가 사용했다는 이 방법이 과연

효과가 있을까?

이렇게 하면 15분 만에 하나의 아이디어가 나온다고 한다. 예컨대 한쪽에 '냉장고' 다른 한쪽에 '팩스' 이런 식의 낱말이 나오면, '팩스가 달린 냉장고'를 생각해 내고, '닭'과 '시계'가 나오면 '닭 울음소리가 나는 자명종'을 생각하는 것이다.

손정의는 이런 방법으로 1년에 250건의 사업 아이디어를 만들어냈고, 음성장치가 달린 다국어 번역기는 그 중 하나였다. 일본으로 돌아온 그는 다국어 번역기 아이디어를 샤프에 2억 6천만 원에 팔았다. 그 돈이 소프트뱅크의 종자돈이 되었다.

아이디어 발상법은 여러 가지가 있지만, 손정의가 쓰는 방법은 단어조합법이다. 아무 상관이 없어 보이는 두 단어, 혹은 세 단어를 조합하는 방법이다.

사람의 뇌는 항상 습관대로 생각한다. 학교를 떠올리면 '선생님, 학생, 책상, 칠판…' 식으로 연결되어 떠오른다. 이런 경향이 고정관념을 만든다. 아무 연관이 없을 것 같은 두 단어를 같이 보게 되면, 뇌는 두 단어를 연결하려고 빠르게 돌아간다. 처음에는 연관이 없어보이던 두 단어가 연결되면서 제 3의 아이디어가 떠오른다.

첫 번째 단어로 얘기를 하다가 두 번째 단어로 이야기를 이어 말해보라.

사과, 로켓, 선풍기, 산, 야구, 창문, 친절, 달력, 화장품, 경찰, 수술, 음악, 초보자, 결혼, 변화, 씨앗, 아버지, 결심, 부산, 추억, 악기, 미용실, 전문가, 은행, 유튜브, 음식, 지겨움, 꿈, 통일, 혈액형, 역사, 휴가, 죽음, 오해, 바나나, 별명, 봉사, 커피

13. 역발상 스피치

"나는 진리를 발견했다."라고 하지 말고, 차라리 "나는 한 가지 진실을 알아냈다."라고 말하라.(칼릴 지브란/시인)

한쪽 방향에서만 사물이나 사태를 바라보는 습관은 때로 관측자를 치명적인 오류에 빠뜨린다. 해가 반드시 동쪽에서 떠서 서쪽으로 진다는 견해도 그런 오류 중의 하나다. 북극이나 남극에서만 하더라도 해는 동쪽에서 떠서 서쪽으로 지지 않는다.

일본 아오모리현의 한 농부는 태풍 피해를 입은 과수원 때문에 고민하다가 떨어지지 않은 사과를 포장해 '태풍에도 견딘 사과, 수험생 필히 합격'이라는 글귀를 붙인 뒤 비싼 값에 팔았다고 한다. 이러한 역발상은 '생각의 전환에 해답이 있다'는 새로운 명제를 탄생시켰다. 엉뚱함은 때때로 위기를 역전의 기회로 바꾸어 놓는다. 다음 주제로 1~2분 동안 말해보라. 이어서 역발상스피치 주제를 직접 만들어 발표해 보라.

주제 : 스트리킹을 생활화하여 건전한 사회를 만들자
대상 : 대한민국 국민
나는 : 건전한 우리사회 만들기 국민운동본부장

주제 : 공공 시설물에 낙서를 많이 하자. 그 이유는
대상 : 청소년들에게
나는 : 전국낙서동우회장

주제 : 바가지를 긁지 못하게 하는 묘안

대상 : 전국의 남편(공처가)들에게

나는 : 전국공처가협회 부부심리연구소장

주제 : 낭비는 미덕이다. 사회발전을 위해 낭비를 많이 하자

대상 : TV특강 – 전 국민에게

나는 : 전국경제인연합회 사무총장

주제 : 화목한 결혼생활의 비결 –나만의 독특한 방법–

대상 : 결혼식장 하객

나는 : 결혼 주례(결혼생활 50년)

주제 : 부부싸움은 하면 할수록 좋다!

대상 : 전국의 주부, 남편

나는 : 가정법원이혼상담 전문 카운슬러

14. 질문력 기르기

질문을 계속하면 언젠가 그 답 안에서 살고 있는 자신을 만나게 될 것이다.(릴케/오스트리아 시인)

2500년 전, 그리스 아테네에서 가장 현명한 사람은 철학자 소크라테스였다. 이렇게 말할 수 있는 근거는 델포이 신전의 신탁에 쓰인 문구다. "이 세상 사람들은 자신이 모른다는 사실을 모르고 있다. 그러나 단 한 사람, 소크라테스는 자신이 모른다는 사실을 알고 있다."

자신이 모른다는 사실조차 모르는 사람은 아무것도 배우려 하지 않는다.

뭔가 배우려는 자세는 자신이 모른다는 사실이나마 알고 있는 사람에게서 나온다. 이때 배우는 방법은 딱 한 가지, '물어보는 것'이다.

똑똑한 뇌로 이끄는 힘은 바로 질문이다. 생각은 디테일하게 할수록 좋은데, 이러한 디테일은 끊임없는 질문이 가능하게 해준다. 당신의 삶에 질문을 던져보라. 어제보다 나은 오늘을, 오늘보다 나은 내일을 만날 수 있다.

1) 질문은 세 가지 변화를 가져 온다

첫째, 나 자신을 변화시킨다.

남이 시켜서 하는 일조차 '이 일을 어떤 마음의 태도로 임할 것인가?'라고 스스로에게 질문을 던져보라. '마지못해'하기로 하든, '의미를 부여'하든 마음의 태도를 내가 선택했으므로 그 일은 내 일이 된다. 이러한 상황이 반복되면 매 순간 주인이 되는 진정한 내 인생을 살 수 있다.

둘째, 지식의 깊이와 관계를 변화시킨다.

대화의 핵심은 질문이다. 지식이나 사람에 대한 관심, 관찰, 호기심이 말이 되어 나오는 게 질문이다. 대화를 할 때는 내가 궁금한 것을 묻거나, 상대방의 관심사에 대해 묻는 두 가지 방법이 있다.

셋째, 세상을 변화시킨다.

4차 산업혁명 시대이다. 지식은 인공지능이, 기술은 로봇이 해결해 준다. 창의성이 필요한 시대이다. 창의성의 핵심은 문제해결이고, 문제해결의 본질은 질문이다. 지금의 문명, 문화, 시대 발전은 '이대로 좋은가?'라는 질문 덕분이었다. 우리의 삶은 선택의 연속이며, 선택은 질문에 대한 대답이다.

2) 왜? 우리는 질문을 잃어버렸을까

"질문 있습니까"라는 말을 들어도 한국 사람들은 질문하지 않는다. 대표적인 사례가 있다. 2010년 서울에서 열린 G20 정상회의 폐막식에서 버락 오바마 미국 대통령이 기자들에게 "질문권을 주겠다"고 말했다. 하지만 아무도 질문하지 않았다. 침묵이 길어지자 오바마 대통령은 "통역을 써도 좋으니 질문하라"고 말했다. 웃음은 터졌지만 여전히 아무도 질문하지 않았다. "저는 중국 기자입니다만, 아시아를 대표해서 대통령에게 질문하겠습니다." 결국 중국 기자가 일어서 질문하고 난 후에야 침묵이 깨졌다.

3) 티쿤 올람의 정신으로

히브리어로 '티쿤 올람'이란 말이 있다. '세상'을 의미하는 '티쿤'과 '고친다'는 뜻의 '올람'이 합쳐진 단어다. "신이 세상을 창조해 인간을 보냈다면, 인간은 그 세상을 더 좋은 곳으로 만들어야 한다"는 유대인의 생각이 담겨있다.

유대인은 "신의 은총으로 세상에 태어났기 때문에 그 보답으로 살아 있는 동안 뭔가 좋은 것 하나는 남겨야 한다"는 소명의식을 갖고 있다. 또 "이 세상 사람의 얼굴이 모두 다른 이유는 신이 세상에 필요한 역량을 한 사람씩 나눠줬기 때문"이라 믿는다. 세계 인구의 0.25%에 불과한 그들이 노벨상 수상자의 22%를 차지하고 있는 이유 중 하나다. 이런 의식에 따라 유대인들의 교육은 철저하게 '남과 다른 나'를 지향한다. 아무리 학생이 유대인의 전통 윤리를 담은 책 '탈무드'를 줄줄 읊어도 "그래서 도대체 네 생각이 뭐야"라고 교사가 묻는 게 유대인 교실의 풍경이다.

유대인은 7년에 한 번은 탈무드를 통독한다. 대를 이은 토론을 통해 주석을 더하거나 바꾼다. 탈무드 관련 주석서는 현재 63권에 달하며 앞으로도 계속 늘어날 것이다. 동양의 사서삼경이 수천 년 동안 일점일획도 바뀌지 않은 것과 비교해 보면 유대인의 개혁의식이 얼마나 강한지 짐작할 수 있다. 일단 모든 것을 부정한 뒤 새로운 창조를 모색하는 유대인의 '티쿤 올람' 사상은 오늘날 미국 나스닥시장을 쥐고 흔드는 창업국가 이스라엘을 세웠다.

이 세상에서 당신의 얼굴과 같은 사람을 본 적이 있는가. 없다면 당신은 도전할 자격이 있다. '티쿤 올람' 정신으로.

4) 질문도 훈련이 필요하다

지금부터 질문 리스트 만들기 실습을 해보자. 단어 하나를 놓고 최소 20개씩 질문 리스트를 작성한다. 예를 들면 꿈, 희망, 돈, 사랑, 가난 등이다. 훈련을 계속한다면 단어에서 문장으로, 문장에서 문단으로, 주제로, 책으로 발전이 가능하다. 질문이 훈련되면 오랜 대화가 가능하고, 토론으로까지 이어질 수 있다.

① '사과'라는 단어로 어떤 질문이 나올 수 있을까?

사과는 언제부터 재배되기 시작했을까? 왜 동그랄까? 땅에서만 자랄까? 주산지는? 사과가 잘 자라는 토질은? 기후는? 맛을 결정하는 요소는? 사과의 종류는? 연간 재배량은? 오랫동안 보관하려면? 사과의 영양성분은? 사과주스를 만드는 공정은? 과다섭취 시 부작용이 있을까? 사과나무의 가지치기는 언제 할까? 사과를 가장 맛있게 먹었을 때는? 사과에 얽힌 나만의 에피소드는? 얻는 영감은? 뉴턴의 사과가 인류발전에 끼친 영향은? 스피노자, 뉴턴, 스티브 잡스에게 사과는 어떤 의미일까?

② '자녀'라는 단어로 나올 수 있는 질문은 무엇이 있을까?

사춘기 자녀 훈육은 어떻게 해야 할까? 자녀에게 부모란? 부모에게 자녀란? 나의 자녀는 잘 자라고 있는 걸까? 자녀의 발표력 향상을 위해서는 어떻게 해야 할까? 창의력 향상을 위해서는? 진로 설정 방법은? 내가 자녀에게 바라는 것은? 자녀가 부모에게 바라는 건 뭘까? 자녀가 잘하는 것은 무엇인가? 자녀의 꿈은? 장점은? 좋아하는 음식은 뭘까? 취미는? 자녀가 쓰는 욕설은 어떻게 지도해야 할까? 학습 동기부여 방법은? 자녀와 대화를 잘 하려면? 자녀 훈육은 어떤 방식이 좋을까? 자녀가 고쳤으면 하는 점이 있다면? 자녀가 나의 닮았으면 하는 점이 있다면?

5) 질문 리더십

마이클 에브라소프 사령관은 효과적인 질문을 할 줄 아는 리더였다. 그는 '질문 리더십'으로 미국 해군이 보유한 가장 현대적인 전함 벤폴드를 혁신적으로 이끌었다. 20개월 동안 책정된 예산의 75%만 쓰고 140만 달러를 남겼는데, 그의 지도로 전함의 전투지수는 태평양함대 사상 최고치를 기록했다. 그는 과연 어떻게 했던 것일까?

에브라소프는 사령관에 부임하자마자 승무원 300명과 면담하면서 세 가지를 물었다.

"어떤 점이 만족스럽죠?"

"불만사항은 무엇입니까?"

"권한이 있으면 무엇을 고치고 싶습니까?"

그리고 자기 자신에게는 이렇게 물었다.

'목표를 정확하게 전달했는가?'

'부하에게 필요한 자원과 시간을 주었는가?'

'부하들이 일을 제대로 할 수 있도록 충분히 훈련을 시켰는가?'

또, 장교나 수병이 결재를 받으러 오면 그는 때때로 굳어진 습성을 깨기 위해 이렇게 물었다.

"왜 이런 식으로 일을 하죠? 다른 방법은 없습니까?"

시간이 흐르자 부하들은 더 좋은 방법을 미리 생각하고 왔다. 혁신이란, 새롭고 개선된 일 처리방식을 찾는 것이다. 질문하는 문화를 만듦에 따라 부하들이 혁신적인 방법에 눈을 뜨게 된 것이다.

6) 다섯 가지 질문

① 현재 가장 중요한 목표 세 가지는 무엇인가?

② 당신에게 힘이 되어주는 사람은 누구인가?

③ 어떤 일을 할 때 당신은 가장 행복하고 스스로를 중요하게 느끼는가?

④ 당신이 생각하는 부자의 기준은 무엇이고, 갑자기 벼락부자가 되었다면 어떻게 다르게 살아보겠는가?

⑤ 당신이 항상 원했으나 시도하기 두려운 것은 무엇인가?

15. 나를 찾아가는 질문들

믿기지 않겠지만, 인간이 지닌 최고의 탁월함은 자기 자신과 타인에게 질문하는 능력이다.(소크라테스/철학자)

1) 다음 질문에 답해보라.

쏘울 푸드(특별한 계절이나 힘들 때 먹고 싶은 음식)가 있는가?/운명을 믿는가?/카페에서 즐겨 주문하는 음료는?/선택 할 수 있다면 어떤 집에 살고 싶은지?/합리적 쇼핑을 위한 노하우는?/당신이 사용하는 마법의 주문은?/당신만의 불면증 대처법은?/당신의 혈액형은? 혈액형을 믿는가?/ 당신의 별명은?/당신만의 징크스는?/당신의 히어로는 누구인가?/극복하고 싶은 단점은?/나를 표현하는 한 줄은?/단 한가지의 초능력을 가질 수 있다면?/당신이 해본 최고의 일탈은?/도전이나 모험을 해 본적이 있는가?/인문학적소양이 삶에 미치는 영향/10년 후 내 모습은?/기억에 남는 실수/6개월 밖에 삶이 남지 않았다면 무엇을 하겠는가?/응원하는 사람이 있는가?/최근 당신은 무슨 일 때문에 웃었는가?/요즘 관심사/오늘의 이슈/성과를 냈던 의미 있는 프로젝트나 업적이 있다면?/물어봐주었으면 하는 질문이 있다면?/건강 관리법/가장 좋아하는 단어는?/'봄'하면 떠오르는 사람은?/가장 기억에 남는 선물은?/최근에 다녀온 여행지는?/추천하고 싶은 애플리케이션/취미와 특기/식물이나 동물에 대한 특별한 추억/우리 사회에 가장 큰 문제점과 해결책/우리나라 교육 문제점과 해법/10만원 화폐에 들어갈 인물?/리더십 발휘사례/살아오면서 가장 기뻤던 경우, 가장 슬펐던 경우는?/당신에게 특별한 사진 한 장을 꼽는다면?/나는 (   )만 생각하면 미소가 지어진다./우울할 때 나에겐 (   )가 명약이다.

2) 실행목록 3가지를 꼽아보라.

원하는 인생의 모델 찾기/정상에 있는 사람과 만나 보려 시도하기/100권의 책을 1년 목표로 독파하기/틀려도 좋으니 내 생각을 말하기/오랫동안 망설인 일을 오늘 당장 하기/3가지 특별한 체험에 도전하기/부모님의 인생을 돌아보기/10개국 이상의 땅을 밟아 보기/자신만의 가치를 발견하기/모두 껴안지 말고, 다른 사람에게 일을 넘기기/성공확률 100퍼센트의 일은 없으니, 시행착오 겁내지 말기/현재의 자산과 부채를 따져 나만의 재테크로 승부하기/친구 관계를 재정비하기/몸이 보내는 신호에 귀 기울여 몸과 마음에 좋은 습관 기르기/말하기보다 듣기를 더 많이 하기/지금까지 못 고쳤으면 안 되는 것이니, 배우자에게 잔소리하지 않기

3) 다음은 서로 어떻게 다를까?

낭독과 낭송/효과와 효율/목적과 목표/초청과 초대/취소와 철회/공고와 고시/재선거와 보궐선거/공평과 형평/조례와 규칙/시행령과 시행규칙/고집과 아집/법칙과 원리/연역법과 귀납법/지식과 지혜/고기압과 저기압/엘니뇨와 라니냐/경매와 공매/코스피와 코스닥/고소와 고발/직무유기와 직무태만/경제와 경영

4) 다음 단어의 뜻을 검색한 뒤 설명해보라.

교양어휘 : 청색기술/철면피/역차별/도그마/정체성/페르소나

인문어휘 : 난이도/프랙탈/서사시/문턱증후군/공유 경제

사회어휘 : 선거공영제/환태평양/공정 무역/호모 모빌리언스/O2O

수학 과학 예술어휘 : 가시광선/역학조사/전위예술/추상미술

교육어휘 : 메타인지/매슬로우의 인간욕구 7단계/하브루타/게임 트레이닝

심리학 용어 : 로미오와 줄리엣 효과/파랑새 증후군/카멜레온 효과/조건반사

경제용어 : 4차 산업혁명/공유지의 비극/한계효용체감의 법칙/롱테일 법칙/무어의 법칙/행동경제학/Z세대

Chapter

02

발표의 기술

　삶의 모든 순간은 스피치다. 자신의 경험 이야기하기, 생각을 논리적으로 표현하기, 토론하며 부딪혀보기는 말을 잘하기 위해 거쳐야 할 트레이닝 과정이다. 토론을 해보면 자신의 모순점이 드러난다. 고치고, 바꾸고, 맞춰서 새로운 세계로 나아가야 한다. 이 장에서는 다양한 상황에서 말을 잘하는데 필요한 기술들을 습득할 것이다.

16. 자기소개 방법 5가지

때로는 홍보가 기술을 이긴다.(에디슨/미국 발명가)

하버드 대학교 출신 미국인 수도자 현각 스님은 이렇게 말했다. "많은 지식을 머리에 담고 있는 사람들이 정작 자신을 모른다는 사실, 이 얼마나 흥미롭고, 나아가서는 무서운 상황인가?"

당신이라는 존재의 본질은 무엇인가? 어떻게 표현할 수 있는가?

PR은 발표자와 청중 사이에 서로 유익한 관계를 구축하는 전략적 커뮤니케이션 과정이다. '유익'과 '전략'이 조화를 이루기 위해서는 어떻게 해야 할까?

첫째, 목적을 알아야

소개(紹介)는 우리말로 알리기이다. 친밀도를 증폭시키고자 함이 자기소개의 목적이다. 따라서 상대방(청중)의 욕구에 부응할 필요가 있다.

둘째, 적절한 자기노출

너무 의례적인 내용만 소개하는 것은 싱겁다. 자신의 신상에 관한 정보 두세 가지에 곁들여 평소의 생각, 신념, 가치관, 비전 등의 가치정보를 한두 가지 곁들일 필요가 있다.

셋째, 겸손한 태도

자신을 낮추는 것이 관계발전에 도움이 된다. 겸손한 마음은 모든 이의 사랑을 받는다.

넷째, 분위기 파악

자신을 설명하는데 있어서 너무 길거나 장황하면 역효과를 초래한다. 자신을 표현할 수 있는 키워드를 두세 개 선정하여 소개하는 것도 좋다.

다양한 상황에서 활용할 수 있는 자기소개 방법을 소개한다.

1) 핑거(finger) 자기소개법

엄지-첫 인사 "안녕하세요?"

검지-이름과 소속이나 거주지, 가족사항 등

중지-꿈(장단기 목표), 관심사, 취미나 특기, 잘하는 것, 핸디캡, 습관, 별명, 청중과의 공통점 중 한 두 가지

약지-다짐이나 각오, 하고 싶은 말

소지-끝 인사 "감사합니다."

2) 그림으로 자기소개

자신의 캐릭터(character, 작품에 등장하는 인물)를 그리거나, 좋아하는 동물, 나무, 사물 등을 그림으로 표현해볼 수도 있다.

그림으로 자기소개는 그림 실력이 아니라, 자신의 이미지를 어떻게 표현하여 알릴 수 있는가하는 것이다.

-전체 파란색 한 장 들고 나가서, 전 푸른색을 좋아합니다. 제 성격도 시원시원하고~

-책한 권 딱 그려놓고, 전 학구열이 강합니다. 이 책 제목에서 보듯이 전 이런 걸 추구합니다.

-소 얼굴 하나 그려놓고, 전 소띠입니다. 저의 자랑거리는 근면성입니다.

3) 동물이나 사물에 비유하여 자기소개

특정 동물이나 사물을 떠올리면 생각나는 이미지나 낱말과 자신의 특징을 결부시켜 소개하는 것이다.

4) 키워드 자기소개

자신을 잘 표현할 수 있는 단어 3개와 그 이유를 말해보라. 세 낱말로 자신을 소개한다면?

5) 진진가 자기소개

진진가 자기소개는 '진짜, 진짜, 가짜'의 앞 음절을 딴 소개법이다.

자신을 세 개의 문장으로 표현해보라.

(나는 대학교 다닐 때 장학금을 받았다/나는 자격증을 10개 갖고 있다/나는 거미를 가장 무서워한다.)

그중 하나를 가짜로 뒤집어 말한 다음, 인터뷰를 통해 밝혀내도록 하는 소개법이다.

17. 간결하게 말하는 도구, PREP

탁월함의 최고는 간결함에 있다. 넓게 배우고 깊이 공부하는 것은 반대로 간략히 설명하기 위해서다.(맹자/철학자)

짧은 시간 동안 명료하게 의견을 개진해야 할 때 활용할 수 있는 스피치 모델, PREP을 소개한다.

Point(요점) : 짧은 스피치는 시간의 통제가 핵심이다. 주장하고자 하는 결론을 서두에 바로 말한다.

Reason(이유) : 주장의 이유를 간결하게 말한다.

Example(사례) : 논리의 영역에서 감성의 영역으로 다녀오는 시간이다. 주장을 뒷받침하는 사례나 증거를 댄다. 또한 시간 컨트롤을 여기에서 한다. 여유가 있으면 좀 길게 아니면 짧게.

Point(요점) : 마지막으로 처음의 결론을 다시 짚어준다. 대개 키워드는 같되 표현을 달리 하는 게 효과가 좋다.

"요지는! 왜냐하면! 예컨대! 그래서!"

이것은 조리 있게 말하기의 정석이다. 결론을 먼저 말하고, 이유를 대고, 구체적 사례를 소개한 다음, 마무리를 하는 것이다. 네 가지를 알면 생각을 조리 있게 말할 수 있다.

▶ 말의 5가지

1) 꼭 해야 할 말 : 질문, 키 메시지, 비전 제시

2) 하면 좋은 말 : 적절한 예화, 칭찬, 인정, 격려, 웃음을 주는 말

3) 해도 그만, 안 해도 그만인 말 : 이미 알고 있는 사실 설명, 군더더기 말

4) 안 하는 편이 좋은 말 : 과도한 자기자랑, 가르치려 드는 말

5) 절대로 해서는 안 될 말 : 험담, 비난, 비평, 불평

▶ 지출의 5가지

1) 꼭 써야할 돈 : 자기계발, 세 번 생각해도 필요한 물건, 저축

2) 쓰면 좋은 돈 : 기부, 용돈 주기, 밥값, 차(tea)값

3) 써도 그만 안 써두 그만인 돈 : 군것질

4) 안 쓰는 편이 좋은 돈 : 충동구매, 담배 값, 과다한 술값

5) 절대로 써서는 안 될 돈 : 도박, 낭비, 사치하는데

18. 요약의 기술

햇빛은 하나의 초점에 모아질 때에만 불꽃을 피우는 법이다.(알렉산 더 그레이엄 벨/전화기 발명가)

스웨덴 한림원은 헤밍웨이에게 1954년도 노벨 문학상을 수여할 때, 〈노인과 바다〉에서 느낄 수 있는 '간결한 문체'를 만들어 낸 공로를 치하했다. 그 후 헤밍웨이는 간결화의 비결을 묻는 질문에서 "필요한 말을 빼지 않고, 불필요한 것은 넣지 않아야 한다."고 답했다.

사태를 복잡하게 하는 것은 간단한 일이지만 사태를 간단하게 하는 것은 복잡한 일이다. 글을 쓰듯 말하는 것도 공학적으로 접근할 필요가 있다. 요약하는 방법을 '문장공학'이라고 한다.

1) 효과적인 의사전달을 위한 요약공학의 3가지 원칙

① 정확하게(Correct) : 사실과 주관적인 의견을 분리하고, 논리적인 흐름으로 인과관계가 흐려지지 않도록 '왜?'라는 질문을 거듭하며 연결한다.

② 쉽게(Clear) : 듣는 사람의 입장에서 최대한 이해하기 쉬운 단어를 선별하여 표현한다. 그리고 논리의 비약 없이 들으면서 바로 이해가 될 수 있도록 뇌의 인지속도까지 고려한다.

③ 간결하게(Concise) : 쉽고 의미 있는 어구만을 중심으로 문장을 구성하고, 부연 설명하는 내용 중 가치가 떨어지는 것을 선별하여 과감하게 버리도록 한다.

2) 제대로 된 요약은 새로운 그림을 만들어 낸다

초보 신입사원들에게 문서를 짧고 간결하게 쓰라고 하면 열에 아홉은

"이렇게 요약을 하면 차(車) 떼고 포(包) 떼서 무슨 말이 이어질까?"라는 푸념을 늘어놓는다. 이 말은 잘못된 것이다. 장기판에서 차와 포를 뗀다는 것은 손발을 묶어놓은 것과 같기 때문에 상대방을 이길 수가 없다. 뗀다면 졸(卒)을 떼야지 왜 차와 포를 뗀다는 걸까? 스피치 역시 마찬가지이다. 요약은 차와 포는 유지하고 졸을 떼라는 말이라는 것을 명심해야 한다. 제대로 된 요약은 핵심만 보이게 한다.

이외수는 〈하악하악〉이라는 책에서 "태산같이 높은 지식도 티끌 같은 깨달음 한 번에 무너진다."고 했다. 요약을 할 수 있다는 것은 그 내용을 객관적으로 파악할 수 있는 눈을 가진 것이다. 자기 식으로 이해하고 숙성시켜 통찰했다는 의미도 내포하고 있다.

3) 요약의 수준 3단계

같은 의미이지만 누가 이야기하면 즐거워하고 내가 이야기하면 다들 졸려한다는 느낌을 받을 때가 있다. 왜 그럴까? 혹시 질질 끌면서 이야기하는 스타일은 아닐까? 나름대로는 충분히 설명을 해줘야 한다고 생각하면서 이야기하지만 상대방은 지루하기만 하다. 어떻게 해야 할까?

① 초급단계 : 내용을 양적으로 줄이는 물리적 요약

사실과 정보 중에서 큰 의미가 없거나 이해를 돕기 위한 부연설명에 해당하는 내용들을 기계적으로 걸러서 버리는 요약. 하지만 잘못된 기준을 가지고 거르게 되면 사실이 왜곡되어버리는 부작용을 낳을 수도 있다. 예를 들면 영화의 내용을 10분 단위로 쪼개가며 줄거리를 정리한 내용과 같다.

② 중급단계 : 요점을 추려서 줄이는 엑기스 요약

요약을 하더라도 문맥을 알고 있으며 그 문맥에 해당되는 것만을 살리면서 줄이는 요약. 내용과 양이 상당히 줄어들지만 그 본질은 그대로 유지하는 '유의미한 객관성'이 있다. 초급단계에서 하는 영화요약이 확장되어 영화를 처음부터 끝까지 몰입해서 본 사람이 그 줄거리를 정리하는 것과 같다. 주인공의 입장, 사건의 정황과 관계, 결말에 대한 논리와 인과관계가 살아 있다.

③ 고급단계 : 자신의 관점을 근간으로 줄이는 설득형 요약

요약의 최고 경지에 해당. 가장 중요한 사항에 대해 객관적인 재해석을 해주어 듣는 사람으로 하여금 보다 더 쉬운 결정을 할 수 있도록 한다. 포인트가 분명하여 듣는 것과 의사결정이 동시에 이루어질 수 있도록 한다. 비즈니스 상황에서 문서를 작성하거나 보고를 할 때 필요한 요약공학이 이에 해당한다. 영화 평론가가 영화를 요약, 정리해주는 것처럼 줄거리 이외에도 관점 포인트와 해석의 주관을 뚜렷하게 보여주는 '고수의 요약'이다.

4) 3의 마법

"아무리 쥐어짜도 아이디어가 떠오르지 않는가? 보고서의 첫 줄을 어떻게 시작해야 할지 막막한가? 머리가 굳어서 좀처럼 뇌가 움직이지 않는다고 느껴지는가? 세 가지를 고르고, 세 개로 나누고, 세 단계로 평가하면 잠든 뇌가 깨어나고 아이디어가 샘솟는다!"

〈3으로 생각하라〉의 저자 사이토 다카시의 조언이다.

다섯은 너무 많고, 둘은 살짝 아쉽다. 삼총사, 금은동, 진선미, 베스트 3……. 사람들이 3을 좋아하는 데는 다 이유가 있다. 3은 머뭇거리지 않고 생각을 시작하기에 안성맞춤인 숫자이다.

① 3으로 나눠라

자료를 정리할 때, 책을 읽을 때, 방을 청소할 때도 셋으로 나누는 것부터 시작하면 모든 일이 술술 풀린다. 분류항목이 너무 많다 싶어도, 일단 크게 셋으로 나눈 후 각 항목을 다시 셋으로 나누는 방식을 활용하면 생각보다 쉽게 분류할 수 있다. 예를 들어, '중요, 덜 중요, 대안'으로 나눠도 좋고, '필요, 불필요, 미정'으로 나눠도 좋다. 처음부터 자세하게 나눌 필요는 없다.

② 세 개를 선택하라

여기서 3의 리듬을 최대한으로 활용하려면 "그 이유는 첫째 무엇, 둘째 무엇, 셋째 무엇입니다"라고 무난하게 나열하기보다는 "이유는 세 가지입니다. 첫 번째는 무엇, 두 번째는 무엇, 그리고 마지막은 무엇입니다"라고 세 번째 항목 앞에 잠깐 틈을 두어 듣는 이가 호기심을 느낄 수 있도록 유도하는 화법이 효과적이다. 이런 방식을 쓰면 듣는 이의 인상에 남고 머리에도 쏙쏙 들어온다. 'A, B & C' 방식이라고 할 수 있다.

③ 심플하게 정리되는 3의 사고법

누군가에게 조언하고 협력하는 컨설턴트의 경우 역시 마찬가지이다. 클라이언트와 대화하면서 모든 각도에서 질문을 하고 문제기 무엇인지 스스로 깨닫게 한다. 그것을 바탕으로 신규개척과 사업내용 등을 제안한다. 이때 컨설턴트는 세 가지로 이야기를 전개한다. 그 세 가지는 다음과 같다.

　-결론을 명확히 한다.

-그 결론을 위한 근거를 준비한다.

-결론과 근거에는 사실이 바탕에 있으며, 납득할 수 있는 관계에 있다.

④ 기업과 개인의 성장과정 3단계

'수파리'라는 말을 알고 있는가? 무예나 수행의 단계를 나타낸 것으로 요즘 식으로 말하면 '홉(hop)-스텝(step)-점프(jump)'에 해당된다. 홉은 무용을 하기 전에 발돋움하는 것과 같이 준비하는 단계이다. 스텝은 한 걸음 나아가는 것을 뜻한다. 이윽고 홉과 스텝을 통해 알게 된 내용을 심화시키며 점프한다. 다시 말해 다음과 같은 3단계를 거쳐서 수련의 완성단계에 이른다는 의미이다.

1단계, 수(守) : 오로지 스승의 가르침을 지키며 '반복'하는 단계

2단계, 파(破) : 기존의 개념을 깨뜨려서 '독창성'을 기르는 단계

3단계, 리(離) : '자유로운 경지'에 이르러 스승 곁을 떠나는 단계

⑤ 요약 사례

다음은 국내 모 온천탕에서 본 안내문이다.

"녹차온천탕은 풀리페놀 성분의 발암억제 작용과 틴닌 성분의 피부수축 작용, 비타민C의 미백효과 지용성 성분인 에센스가 게르마늄, 유황과 어우러져 각질제거 및 피부탄력을 유지시키는데 뛰어난 효험이 있는 국내 최초 온천탕입니다."

위 내용을 요약한다면 이렇게 될 수 있다.

녹차온천탕의 효능

-풀리페놀(항산화작용) 성분이 발암을 억제해줍니다.

-틴닌과 비타민C가 피부탄력을 유지시키고, 미백효과를 높여줍니다.

-지용성 에센스와 게르마늄, 유황이 어우러져 각질제거에 탁월합니다.

5) 김소연 시인이 쓴 〈한 글자 사전〉

사전의 형식을 빌려, 한 글자 단어들의 뜻을 시인 자신만의 정의로 풀어낸 에세이다. 또 다른 요약의 묘미를 보여준다.

① 잡으면 좋지만 되기는 싫은 것=봉

② 동물은 평화롭고 생선은 푸르며 사람은 애처롭다=등

③ 변해가는 모든 모습에서 '예쁘다'라는 말을 들어온 유일무이한 존재=달

④ 가장 좋은 상태=덜

⑤ 쌓을 때보다 넘어뜨릴 때 더 희열이 있다=벽

⑥ 참말을 더 참말처럼 보이려고 지나친 애를 쓰다가 사용하게 되는 과장된 참말=뻥

⑦ 욕구가 왕성할 때 쓰는 말. 주로, 아이들이 반복해서 놀고자 조를 때, 윗사람이 반복해서 충고하고자 할 때, 연인들이 헤어지고 싶지 않을 때, 말이 말을 낳을 때, 술이 술을 부를 때=또

6) 딱 10자평

함축(含蓄)은 어떤 뜻을 겉으로 드러내지 않고 말이나 글 속에 간직한다는 뜻이다. 축약(縮約)은 사물의 크기나 범위를 줄여 간략하게 한다는 뜻이다. 요약(要約)은 말이나 글 등의 요점을 간추려 낸다는 뜻이다. 영화 평론가들이 별점과 함께 쓰는 10자평이 있다. 10자평은 영화의 주제와 감상을 핵심만 적은 것이다.

① 아바타=나는 당신을 바라봅니다

② 신과 함께=착하게 살자, 용서하면서

③ 보았던 영화(책) 10자평=

④ 우리나라 딱 10자평=

⑤ 자기소개 딱 10자평=

⑥ 고향소개 딱 10자평=

⑦ 파트너 소개 딱 10자평=

7) Top 3 & Best 3 게임

① 발표를 잘 하기 위한 스킬 Top 3

② 인간관계에서 중요한 Top 3

③ 우리 지역에서 꼭 가봐야 할 곳 Top 3

④ 전 세계적으로 관광객이 가장 많이 가는 나라 Top 3

⑤ 우리 지역의 맛집 Top 3

⑥ 행복한 삶을 위한 Top 3

⑦ 꼭 사고 싶거나 갖고 싶은 것 BEST 3

8) 하나의 낱말로 표현하기

① 대한민국을 하나의 낱말로 대변하면?

② 나 자신을 하나의 낱말로 대변하면?

③ 나에게 오늘의 단어는?

④ 아버지를 생각하면 떠오르는 단어는?

19. 순서를 정해 말하라

말에는 해야 할 순서가 있는 것이다.(주역 간괘)

몇 해 전 미국 유타주에 산불이 났다. 곧바로 소방대원들이 투입되었지만 강한 바람을 타고 번지는 불길을 잡기에는 역부족이었다. 끝내 소방대원들도 포기하고 흩어졌다. 하지만 보기 드문 장면을 찍느라 제때에 피하지 못한 사람이 있었다. 사진작가 딕스였다.

정신을 차렸을 때는 불구덩이 한가운데였다. 사방이 회색 재와 그을음으로 방향도 분간하기 어려웠다. 하늘조차 보이지 않은 불바다 속에서 딕스가 떠올렸던 생각 하나, 그것은 바로 소방대원들이 철수하면서 미처 거두지 못한 소방호스를 따라가면 안전한 곳에 이를 것이라는 생각이었다. 그 판단은 들어맞았고, 딕스는 자신의 생명을 구할 수 있었다.

스피치에도 말의 생명을 살려주는 소방호스가 있다. 스피치의 맛을 제대로 내려면 설계를 해야 한다. 먼저 뼈대를 세우고 거기에 살을 붙여나가는 방법이다. 목적별 스피치의 순서를 알아본다.

1) 주제발표 : 첫인사-자기소개-주제 언급-내용발표-주제 언급(마무리)-끝인사

2) 연설문 : 첫인사-자기소개-출마배경-공약사항(3개 정도)-마지막 다짐-끝인사

3) 행사 연설 : 첫인사-내 외빈 참석에 감사-날씨 언급-준비과정 소개-행사 취지 언급-성공기원 멘트-끝인사

4) 취임사 : 첫인사-참석자에게 감사-취임의 변-비전 제시-당부의 말-끝인사

5) 개업인사 ; 감사인사-연혁, 경과 소개-업무내용 안내 및 비전 제시-공적 기여부문 언급-협조 당부 및 감사인사로 마무리

6) 강의 : 도입-전개-정리를 기본으로 하되, 구체적으로는 동기유발-학습 목표제시-학습 전개-정리 및 요약-소감, 또는 평가

20. 스토리텔러가 되는 방법

누구나 자기 이야기의 주인공이다.(메리 메카시/미국의 소설가)

스토리를 만드는 4가지 핵심요소는 줄거리, 갈등, 등장인물, 메시지이다. 이야기꾼은 남달리 창의적인 사람으로 꼽히곤 한다. 인물과 사물, 사물과 사물을 연관 지어 이야기를 만들고 써보자. 우선 아래의 각 항목에서 마음대로 하나씩 골라 등장인물 2명과 감정 상태 및 배경을 선택한다. 그리고 이 항목들을 연관 지어 60초 안에 이야기 한편을 만들어보자. 〈스타워즈〉 시리즈를 탄생시킨 조지 루카스 감독도 이런 방식으로 스토리를 만들었다.

등장인물1	등장인물2	감정	배경
경찰	간호사	질투	술집
외계인	회계사	시기	드림타워
정원사	의사	욕망	늪지대
학생	폭력배	복수	병원

정원사, 폭력배, 복수, 드림타워(카지노가 있는 제주도 최고층 복합리조트)를 선택했다고 가정해보자. 그럼 이런 이야기를 만들 수 있다.

돈 많은 폭력배의 집에서 일하는 정원사가 내셔널 갤러리에서 고가의 그림을 훔치려는 그의 계획을 우연히 알게 된다. 도둑질이 성공하자 그는 폭력배를 협박해서 이득의 10퍼센트를 뜯어낸다. 그 뒤 정원사 일을 그만두고 그 돈으로 호사로운 생활을 누리기에 이른다. 어느 날 한 미인이 그에게 접근해 환심을 사더니 제주 드림타워 숙박권이 있다며 여행을 가자고 꼬드긴다. 두 사람만의 공간에서 재미 좀 보자는 식이다. 그는 기꺼이 여자의 말에 따르는데, 드림타워 스카이라운지 테라스에서 제주도 야경을 보던 중 여자가 갑자기 남자를 밖으로 밀어버린다. 이렇게 해서 남자는 드림타워 개장사상 첫 사망자가 된다. 알고 보니 이 여자는 폭력배의 애인이었고, 남자에게 복수를 하려고 접근한 것이었다.

이렇듯 부정하게 얻은 이익은 결코 좋은 결과로 이어지지 않는다는 주제의 이야기를 꾸밀 수 있다. 이 정도면 나쁘지 않은 수준이다. 어차피 가볍게 두뇌 운동을 하려고 만든 이야기이므로 대단한 역작이 아니어도 된다. 자, 이제 당신 차례다.

▶스토리텔링 실습

1) 위의 예시를 참고해서 이야기 한 편을 지어보라.

2) 다음을 이야기로 만들어 순서대로 외워보라.

사과, 공, 복숭아, 눈, 수박, 돌, 링, 멜론, 문, 옥수수, 딸기, 밥, 소, 배추, 바나나, 입, 도토리, 자, 참외, 차

3) 주어진 단어로 연상낱말 5개를 떠올려 이야기를 만들어보라. 문장은 여러 개가 되어도 좋다.(바람, 자동차, 음악, 밥상)

4) 긍정어, 부정어, 위인을 각각 하나씩 선정하여 세 개의 낱말을 한 번 이상 언급하되, "희망을 가집시다"라는 주제로 스토리텔링을 해보라.

21. 신문 사설 활용법

독서는 정신적으로 충실한 사람을 만든다. 사색은 사려 깊은 사람을 만든다. 그리고 논술은 확실한 사람을 만든다.(벤저민 프랭클린/미국 건국의 아버지)

미국 메이저 리그 야구선수 이치로는 동체시력(動體視力)이 좋다고 한다. 움직이는 물체를 정확하게 파악한다는 것. 동체시력이 좋으면 수많은

변화구를 잘 쳐낼 수 있다.

화법에서도 동체시력이 필요하다. 쏟아지는 정보를 잘 받아들여 나의 언어로 표현할 수 있는 것이 화법에서의 동체시력이다. 그렇다면 화법의 동체시력을 키우기 위한 좋은 방법은 무엇일까?

그것은 바로 신문사설 읽기다. '문제 제기−원인 분석−해법 제시' 등으로 사설은 논술 구성의 모든 것이자 모범자료이기 때문이다. 신문 사설 활용법을 알아보자.

1) 모르는 단어, 사자성어나 속담, 격언 등은 사전을 찾아본다.

2) 개념, 주장이나 결론을 찾아내는 것이 매우 중요하다.

3) 사설에 관련된 최근 기사를 찾아 읽어본다. 내용과 개념이해의 폭을 넓힐 수 있다.

4) 신문사(보수&진보)에 따라 결론이 다를 수 있다. 다른 신문의 사설도 확인, 비교하며 내 입장을 정한다.

5) 이해한 내용을 발표해 본다. 말로 표현할 수 없다면 제대로 이해하고 있는 것이 아니다.

▶ *스마트 폰 앱 〈모든사설〉에서 관심 이슈 하나를 읽고, 내용을 발표해 보라.*

22. 스피치의 4가지 방법

일단 큰 소리로 말하고 나면 세상 모든 일이란 약간 다르게 보인다.(헤르만 헤세/독일−스위스 시인, 소설가)

공적인 자리에서 말하는 방법에는 즉석 스피치, 메모 스피치, 낭독 스피치, 암송 스피치 등 4가지가 있다. 어떻게 준비하고 발표해야할까?

1) 즉석 스피치

즉석 스피치는 3단계로 한다.

첫째, 감사 멘트

"안녕하십니까? 먼저, 귀한 자리에서 저에게 한 말씀 드릴 수 있는 기회를 주신 OOO에게 감사드립니다."

둘째, 현장을 중계하듯 그 자리의 성격이나 분위기 관련 이야기 하나

"OOO클럽을 알게 된 것을 큰 영광으로 생각합니다. 저와의 인연은 이렇습니다~."

셋째, 긍정 메시지로 마무리

"오늘 좋은 모임인데요, 저도 좋은 기운 받아서 지역사회에 밝은 기운을 전파하는 전도사가 되겠습니다. OOO클럽의 창립 5주년을 축하드립니다. 감사합니다."

2) 메모 스피치

메모 스피치는 말하는 사람이나 듣는 사람에게 안정감을 주는 가장 바람직한 스피치 방법이다. 성공화법을 구사하는 사람들을 보라. 그들은 자기 나름의 노트와 메모를 활용하는 경우가 대부분이다. 좋은 말, 명언, 흥미로운 시례, 분위기 전환용 유머, 이야기 진행 순서 등은 메모가 필요하다.

특히 단체명이나 사람의 이름을 정확하게 메모하라. 모임이나 행사 참석자의 이름을 틀리게 발음하면 아무리 좋은 스피치도 평가절하 되고 만다.

3) 낭독 스피치

강단에 서면 어떤 경우든 고개를 숙이고 연설문만 쳐다보지 말라. 고개를 숙이는 순간, 청중으로부터 외면 받게 된다. TV토론에서도 고개를 숙이는 순간, 청중의 시선도 카메라도 돌아간다.

연설문과 청중을 너무 자주 번갈아보는 모습도 꼴불견이다. 안정감을 떨어뜨리기 때문이다. 그렇다면 어떻게 해야 할까?

문장의 서두 부분에서만큼은 반드시 청중을 바라보며 얘기한다는 자세로 읽어보라. 문장이 끝날 즈음 새로운 문장의 앞 낱말 세 개정도만 눈에 담는다. 그리고 문장이 끝나는 부분부터 청중에게 시선을 옮긴다. 문장이 끝나면 일정한 간격(1~2초 정도)을 둔 다음, 미리 외워둔 새로운 문장의 두 개 낱말을 말하며 연설문으로 시선을 옮긴다. 그 때부터 그 문장이 끝날 때까지는 청중을 의식하지 말고 계속 원고만 쳐다보며 읽어도 무방하다.

이 방법의 포인트는 문장과 문장 사이에서만이라도 빤히 청중을 쳐다보며 적절한 침묵시간을 갖는 것이다. 요령을 숙지하고 연습해보라. 처음 보는 연설문이라도 청중과 교감하는 멋진 연설이 가능해질 것이다.

4) 암송 스피치

'하니비 암송법'이 있다. 꿀벌(honey bee)이 먼 곳까지 단 번에 날아가지 않고 조금씩 거리를 늘리면서 왕복을 거듭하는 중에 마침내 목적지까지 이르게 되는 방법을 암송에 적용한 것이다.

첫째, 외워야 할 내용을 문장이나 문단 기준으로 3~5부분으로 나눈다.

둘째, 1번 문단을 보고 세 번 읽고, 안 보고 한 번 외워 본다. 외우는 과정에서 기억이 끊기는 부분에선 바로 원고를 쳐다보지 말고 잠시 기억을 더듬는다. 생각이 날 때까지 두세 번 정도 앞마디를 태연히 반복한다. 그래도 생각이 나지 않으면 원고를 본다. 이런 과정을 거치면 한 번 잊어먹었던 부분의 기억이 강화되는 효과가 있다.

셋째, 1번 문단을 다 외웠으면 2번 문단 역시 위 방법대로 외우고 난 다음 처음부터 연결시켜 외워본다. 외우다가 막히면, 막히는 앞부분을 세 번 정도 자연스럽게 말하며 반복한다. 실제 연설을 할 때도 이 방법을 활용한다. 생각이 나면 이어가고, 생각이 나지 않으면 임의로 생각하여 즉석연설을 한다. 각 문단의 키 메시지, 연상되는 이미지를 그려가며 외우는 것이 중요하다.

넷째, 다 외웠다고 생각이 되면 거울 앞에서 자신의 얼굴을 빤히 바라보며 연설한다. 이 때 적절한 제스처를 가미한다. 완벽하게 암송했더라도 말의 진행 속도는 이제 막 한 마디 한 마디 내용을 생각하여 얘기하는 것 같은 속도가 바람직하다. 이 단계에서 녹음시켜 들어보는 것이 좋다.

다섯째, 연습의 마지막 단계이다. 가족 중 한 명에게 신문 칼럼이나 동화책을 크게 소리 내어 읽게 한 상태에서 동시에 나의 스피치를 해본다. 암송 발표 면역력을 기르기 위한 최상의 조건이다. 이 상황에서도 얘기의 맥락을 놓치지 않고 스피치를 할 수 있으면 실제 스피치 도중 청중이 이석하거나 떠들어도 유연하게 대처할 수 있는 마음의 여유가 생긴다.

▶ *질문 세 가지*

―선비들에게 꼭 필요한 용품인 붓, 먹, 벼루, 종이를 문방사우라고 한다. 요리사에게 꼭 필요한 용품 4가지를 주방사우라고 한다. 요리사 에드워드 권은 칼, 불, 접시, 그리고 책을 꼽았디. 그렇다면 당신의 삶에 꼭 필요한 '인생사우'를 꼽는다면?

―사람을 두 부류로 나누면?

―관심 있는 최근 뉴스는?

23. 유머기법

규칙에 얽매이면 즐거움을 잃게 된다.(캐서린 햅번/미국 영화배우)

유머의 목적은 분위기를 부드럽게 만들어주는 태도 만들기에 있다. 유머는 타이밍이고 상호적인 것이다. 사람, 장소, 분위기에 따라 달라져야 한다. 유머러스한 사람이 될 수 있는 방법을 알아보도록 하자.

1) 웃음의 코드 2가지

금요일 저녁으로 날짜를 잡아놓은 한 신랑이 소설가 버나드 쇼에게 질문을 했다. "선생님, 금요일에 결혼식을 올리면 불행하다는 말이 있던데 그게 사실입니까?" 버나드 쇼의 대답. "그럼, 금요일이라고 예외가 있겠나?"

사람들은 어쩔 때 웃을까? 쇼팬하워는 "우리가 추상적으로 생각했던 것과 현실사이의 불일치를 갑자기 파악했을 때 터져 나오는 것이 웃음"이라고 했다. 이른바 불일치 이론이다.

둘째로는 우월감 이론이다. 우리는 바보의 행동을 보고 웃지 않은가. 누구나 열등감이 있기 때문에 상대방에게서 드러난 단점에 동질성을 확인하고 마음을 연다.

웃음의 반대는 뭘까? 울음이 아니라 스트레스다. 웃지 못하니까 스트레스를 받는 것이다. 철학자 괴테가 말하지 않았는가. "이해하면 모든 것에서 웃음의 요소를 발견한다."고. 웃음의 코드를 활용해 재미있는 사람이 되는 세 가지 방법을 알아보자.

첫째, 잘 웃거나

둘째, 잘 웃기거나

셋째, 그도 저도 아니면 재미있게라도 생기거나

2) 유머기법 3단계

첫째, 고정관념 깨기

고정관념은 고정시키지 말아야 할 관념이다. 고정시키지 않으려면 우선 즐거워야 한다. 내 안에 있는 어린아이를 끄집어 내야한다. 그러면 회색 현실 속에서 남에겐 안 보이는 것들이 보일 것이다. 말을 비틀고, 상식을 비틀고, 현상을 뒤집어보자. 즐거워야 유연성의 고삐가 풀린다.

둘째, 메모

기록되지 않은 기억은 유통기한이 짧다. 내가 웃었으면 그 소재로 남들에게도 웃음을 줄 수가 있다. 문제는 활용하려고 할 때 생각이 나지 않는 것이다.

셋째, 자꾸 써 먹자

알고 있는 것은 힘이 아니다. 아는 것을 활용하는 것이 힘이다. 나의 경험에 의하면 들었던 이야기를 세 번 정도 써먹었을 때 맥락이 잡힌다. '이 이야기는 이 때 웃음이 나오지!'하고 통하는 포인트를 잡게 된다. 그 때부터 그 이야기는 언젠가 활용할 수 있는 무기가 된다. 주제별로 모아지는 유머와 스피치 자신감은 정비례한다.

3) 난센스 퀴즈(재미있는 답 찾기)

학생들이 학교를 가는 이유는?

세상에서 가장 잔인한 비빔밥은?

가을이면 제비가 강남으로 날아가는 이유는?

푸른 집은 블루하우스, 하얀 집은 화이트하우스이다. 투명한 집은?

하늘에 별이 없으면?

하늘에 해가 없으면?

하늘에 달이 없으면?

4) 웃음이 묻어나는 게임

① 행운잡기

의자에 둥글게 앉는다. 모든 사람들이 자신의 왼손 엄지와 검지를 이용하여 'O링'을 만들고, 오른 손은 검지만 세운다. 자신의 오른 손 검지를 오른쪽 사람의 'O링'에 끼운다. 진행자가 "하나 둘 셋!"하면 왼손의 'O링'은 들어 와 있는 왼쪽 사람의 검지를 꽉 잡고, 자신의 오른손 검지는 잡히지 않도록 빼는 것을 동시에 한다.

② 이웃을 사랑합니까?

의자에 둥글게 앉는다. 의자를 하나 빼고, 한 명이 술래가 되어 원의 가운데에 들어간다. 돌아가는 순서를 정한다.(시계방향)

술래가 한 명에게 다가가서 질문을 한다.

"이웃을 사랑합니까?" 이 때 답변에 따라 행동이 달라진다. "네!"라고 대답하면, 대답한 사람의 좌우 측 두 명은 일어나서 서로 자리를 바꾼다. 이 사이에 술래였던 사람이 빈자리에 앉으면 술래가 바뀌는 것!

"아니오!"라고 대답하면 다시 묻는다. "그럼 어떤 이웃을 사랑합니까?" 이제 앉아있는 사람이 답변을 해야 한다. 일어나게 하고 싶은 사람들의 특징을 말하면 된다. "흰 옷 입은 사람을 사랑합니다!"라고 하면 흰 옷을 입은 사람들은 모두 일어나서 자리를 옮겨야 한다.

여기에서 다양한 답변이 나올 수 있다. 예를 들어 "반지 끼고 있는 사람을 사랑합니다." "누나나 언니가 있는 사람을 사랑합니다." 등등~

③ 오리게임

오리가 어떻게 우는가? "꽥!" 한다. 두 주먹을 꽉 쥔 채로 입가에 갖다 대며(입이 오리처럼 내 보이도록) "꽥!" 소리를 크고, 강하고, 짧게 내도록 전체가 몇 번 연습한다.

게임의 방법은 간단하다. 진행자가 한 사람을 지목한다. 지목 받은 사람은 왼쪽이든 오른쪽 사람 얼굴을 향해 "꽥!" 한다. 그러면 그 사람 역시 왼쪽이든 오른쪽 사람을 향해 "꽥!" 한다. 이 때 조금 전의 사람보다 소리가 작거나 뜸을 오래 들이면 안 된다.

5) 재미있는 벌칙

좋은 벌칙이란 누구나 할 수 있는, 인신공격 없이, 한 번 웃고 지날 수 있는 벌칙이다.

① 정해진 받침을 넣거나, 빼서 노래를 부르게 한다.

－'ㅇ'이나 'ㅂ', 'ㄱ'받침을 넣어서 : 송앙징 송앙징 엉룽송앙징, 솝압집 솝압집…

② 삐삐머리(고무줄로 양쪽 머리를 묶어 올린 후) 한 사람은 웃으면서, 다른 사람은 울면서 노래를 부른다.

③ 연필을 코와 입 사이에 올려놓고 윗입술 치켜 올려 떨어지지 않게 노래 부르기

④ 물 묻힌 종이를 얼굴 각 부위에 붙인다. 입 바람 아니 근육만 움직여서 종이를 떼도록 한다.(볼, 이마, 코, 턱)

⑤ 90도로 세 번 절하며 인사말하기(안녕하십니까, 죄송합니다, 잘하겠습니다)

⑥ 땅 짚고 돌기 : 코끼리 시늉을 하여 손가락으로 땅 짚고 몇 바퀴 돌게

한다. 자기 자리로 찾아가게 한다.

⑦ 신체의 일부분으로 이름이나 낱말을 쓰게 한다.(얼굴, 혀, 엉덩이, 배, 의자에 앉아 두 발을 앞으로 뻗어 등)

24. 건배사는 이렇게

서투르다는 말을 언제까지나 듣고 사는 사람은 없다. 서툰 경험이 쌓이고 쌓이다 보면 능숙해진다.(나카타니 아키히로/일본 작가)

건배사는 분위기를 살리고 참석자들의 마음을 하나로 묶어준다. 건배(Toasting)는 같은 병에 담긴 술을 나눠 마심으로써 독이 없음을 알리고자 하는 데서 유래되었다고 한다. 우리가 지금 사용하는 건배(乾杯)는 '잔(杯)을 깨끗이 비운다(乾)'는 중국의 풍습에서 유래된 것.

누구에게나 찾아올 수 있는 건배제의의 기회. 분위기를 한껏 살리며, 자신의 마음을 제대로 표현할 수 있는 방법은 무엇일까?

첫째, 감사의 말
"저에게 이렇게 귀한 자리에서 건배제의 할 수 있는 기회를 주신 OOO님께 감사드립니다."
"오늘 바쁘신 가운데에도 이렇게 많이 참석해 주신 여러분께 감사드립니다."
둘째, 모임취지 관련 멘트
건배도 짧은 연설이므로 구조가 있어야 한다. 건배사에는 그날 행사의 의미, 주제, 건배를 받는 이의 업적, 기원이나 건배 목적들이 있어야 한다.

비즈니스 만찬에서 건배사는 KISS를 기억해 두면 좋다. Keep It Simple and Short!(KISS). 짧고 단순하게이다.

셋째, 구호 선창

건배사에 이어지는 후렴은 따라 하기가 쉬워야 한다. 특히 건배 구호 제창은 전체가 하나임을 확인하는 순서인 만큼 구령하듯이 크고 힘차게 하는 것이 중요하다.

－창문을 열면 바람이 들어옵니다. 마음을 열면 행복이 들어옵니다. 행복을 위하여!

－원더풀/원하는 것보다, 더, 잘 풀리기를 바랍니다. 원더풀!

－(잔을 올리면서)이상은 높게! (잔을 내리면서)사랑은 깊게! (잔을 앞으로 내밀면서)잔은 평등하게!

25. 이미지 메이킹

말을 혀로만 하지 말고, 눈과 표정으로 말해라.(유재석/개그맨)

이미지(Image)의 어원은 라틴어의 'Imago 모방하다'에서 유래되었다. 사전적인 의미는 사물이나 사람에 대하여 마음에 떠오르는 직관과 오감을 통한 종합적인 인상이다.

이미지 메이킹을 하고자 하는 목표는 설득의 기회를 놓치지 않기 위해 매력과 신뢰를 주기 위한 노력이다. 외저으로 보이는 깃 또한 내년으로부터 우러나와야 자연스럽다. 이미지 메이킹은 내적/외적/행동 등 3단계로 나눌 수가 있다.

· 내적 정신적 : 타고난 기질과 성장환경에 의한 성격, 인품, 가치관, 사고

· 외적 시각적 : 체형특징, 피부와 얼굴형, 표정, 메이크업, 의상, 헤어, 소품,

전체적인 스타일

　· 행동 이미지 : 태도, 예절, 매너, 배려, 경청, 목소리, 발음, 스피치, 제스처, 대인관계, 업무처리, 걸음걸이

1) 이미지를 결정짓는 3요소

①시각적 이미지인 바디 랭귀지(표정, 자세, 손짓, 발짓), 패션, 화장, 매너 등

②청각적 요소인 목소리

③후각적 요소인 체취와 향수 등

시각과 후각적 요소는 우리가 자신도 모르게 내보내는 '소리 없는 신호들'이다. 소리 없는 신호(이미지)는 말보다 더 많은 것들을 얘기해준다. 성공적인 이미지 메이킹은 내적으로 자기계발을 위해 노력하고 외적으로 호감 가는 인상이 병행이 되었을 때 짧은 시간에 성공할 수 있다.

2) 스마일 트레이닝

웃음은 나를 위한 것이지만 미소는 상대방을 위한 배려이다. 심리학자 다처 켈트너는 "입꼬리가 밀려 올라가고 눈에서는 빛이 나며 눈가에는 주름이 잡히는 웃음인 '진짜 미소'를 보여주면 상대방도 미소 짓는다"고 말했다. 미소 짓는 것이 어려운 이들을 위해 맞춤형 처방전을 제시한다.

case 1. "사람들이 늘 화난 사람 같다고 말해요"

표정이 뚱해 보이는 사람은 입 꼬리가 아래로 처진 경우가 많다. 이런 경우에는 의도적으로 입 꼬리 올리는 연습을 하는 것이 좋다. 가장 좋은 트레

이닝은 위스키, 와이키키를 소리 내 발음하는 것이고, 이때 발음을 정확하게 하는 것이 포인트! 위스키의 '위'는 '우+이'의 발음인데, '우'라고 발음한 후 오므려진 입 모양에서 바로 '위스키'를 소리 내는 것이 중요하다. 와이키키를 발음할 때는 '오'라고 발음한 뒤 바로 이어 '와이키키'라고 소리 낸다. 틈날 때마다 의식적으로 2개월 정도 연습하면 입 꼬리 근육이 발달해 예쁜 입매를 만들 수 있다.

case 2. "눈과 입이 따로 웃어 어색해요"

입은 웃고 있어도 눈은 웃지 않는 경우, 가식적인 느낌을 줄 수 있다. 눈과 입이 같이 웃는 얼굴을 만드는 것이 중요하다. 가장 좋은 방법은 '하회탈 표정 만들기 트레이닝'을 하는 것이다. 하회탈 표정은 입 꼬리가 올라가고 눈매는 내려간 최고의 웃는 얼굴이다.

일단 양손을 펴 손바닥이 마주보게 해보라. 그리고 양손의 검지로 양 눈매를 지그시 누르는 느낌으로 15도가량 아래로 내려준다. 양손의 엄지손가락은 입 꼬리에 대고 15도가량 위쪽으로 지그시 누르는 듯 올린다. 이때 양손의 엄지와 검지는 광대뼈 주위를 살짝 쥐는 모양이 되게 한다. 마음속으로 다섯을 센 후 손가락을 떼는 것을 반복해준다. 입매와 눈매 근육이 모양을 기억해 예쁜 스마일 라인을 만들 수 있다.

case 3. "예쁘게 웃고 싶은데 자신이 없어요"

윗니 8~10개가 보이면서 입 꼬리는 살짝 올라갈 때 가장 예쁜 미소를 지을 수 있다. 하지만 입 꼬리가 한쪽만 올라가는 일명 '썩소'가 습관이 됐거나, 잇몸이 너무 많이 보이는 경우, 치아가 고르지 않은 경우는 예쁜 미소에 대한 부담감을 갖게 된다. 이렇게 웃는 얼굴에 자신감이 사라지면 점점 표정이 차갑게 굳어지면서 표정 강박증에 걸리게 된다.

이럴 때는 '모나리자 미소 짓기'부터 연습을 해보라. 모나리자 미소는 실제 사람들이 선호하는 표정이기도 하다. 과하게 웃지 않으면서도 부드러운 인상을 줄 수 있기 때문이다. 스마트 폰을 활용해 연습을 하는 방법이 있다. 스마트 폰의 잠금 화면을 푸는 순간 입 꼬리를 올리고 반달눈을 만드는 표정을 의식적으로 짓기로 스스로 약속하고 반복해본다. 3일만 의식적으로 연습해보면 이후부터는 스마트 폰을 볼 때마다 자연스럽게 미소가 지어질 것이다.

▶*세 가지 질문*
-이 글을 통해 느낀 점은?
-자신의 이미지에 대한 진단을 해보라.
-호감 이미지로 떠오르는 사람 셋을 꼽는다면?

26. 소통을 위한 몸짓, 제스처 컨트롤
**말도 행동이고 행동도 말의 일종이다.*(에머슨/미국의 시인, 사상가)*

주변을 둘러보면, 말은 유창하게 하는데 같이 있으면 곧 마음이 불편해지는 사람이 있다. 반면 언변이 뛰어나지는 않지만 왠지 호감이 가는 사람도 있다. 그건 바로 몸의 언어, 보디랭귀지 때문이다. 상대의 마음을 쉽게 얻을 수 있는 보디랭귀지 스킬에 어떤 것이 있을까?

우선 손바닥을 자주 보이자. 사람들은 손바닥을 보이는 사람에게는 쉽게 마음을 연다. 이는 원시시대로부터 내려오는 인간의 습성이다. 원시시대에 두 사람이 길을 가다 만난다. 이때 이들이 가장 먼저 보이는 행동은 양 손바닥을 상대방에게 내보이는 것이다. 상대방을 해칠 무기가 없음을 알리는 행위이다. 그래서 사람들은 손바닥을 보이는 사람은 진실하며 숨기는 것이 없다고 여긴다. 대부분의 대권주자들이 연설 전과 후에 손바닥을 자주 내보이는 이유가 바로 그 때문이다. 고객에게 무언가를 판매하거나 사람을 설득하는 직업을 가진 사람이라면 손바닥 법칙을 기억하자. 둘째는 고개를 자주 끄덕이자. 사람들은 고개를 자주 끄덕여주는 상대 앞에서 속마음을 쉽게 연다. 그저 고개만 끄덕여줄 뿐인데, 그것만으로도 상대는 마음이 편안해지고 말할 용기가 난다. 반대로 고개를 잘 끄덕이지 않는 사람 앞에서는 말수가 적어져 곧 입을 다물게 된다. 이처럼 몸도 말을 한다. 표정이, 자세가, 제스처가 신호를 보낸다. 보디랭귀지이다.

1) 제스처의 3요소

발표를 하려고 하면 두 손과 몸이 굳어버린다. 긴장하고 있다는 증거이다.

손은 제2의 뇌라고도 한다. 뇌와 두 손은 많은 신경망으로 연결이 되어 있어 두 손의 움직임을 보면 발표자의 심리상태를 알 수 있다. 음식이 손맛에 의해 결정되듯, 말에도 손맛이 중요하다. 기본을 알면 응용이 가능하다.

첫째, 크고 분명하게

산 제스처와 죽은 제스처가 있다. 다이내믹한 제스처야말로 살아 있는 제스처이다. 물론 장소나 청중의 규모에 따라 크기는 달라야할 것이다.

둘째, 말의 내용과 일치하도록

"말씀드리겠습니다, 제안합니다, 여러분의 생각은 어떻습니까?"하며 어떤 내용을 알리거나 제안, 질문을 할 땐 손바닥을 펴되 손가락 끝이 듣는 사람 쪽으로 향하도록 한다.

"약속합시다, 단결합시다, 할 수 있습니다!"하며 다짐, 결심을 촉구할 땐 주먹을 쥔 형태로 표현한다.

두 손바닥이 아래로 향할 땐 '조용, 진압, 정숙'을 요구할 때이다. 손바닥이 앞으로 향할 땐 '반대나 거부'를, 위로 향할 땐 '일어서'라는 의사표시이다.

셋째, 동작이 말보다 0.5초 정도 빠르게, 완성 동작에선 약간 머물러 있도록

제스처가 말보다 느리면 어색하다. 개그맨들은 이러한 점을 중점 연구한다. 불일치할 때 웃음보가 터지기 때문이다. "첫째, 둘째"하며 손가락을 제시할 땐 '준비-완성-복귀'의 3단계 리듬을 타도록 한다.

이상 세 가지 외에 제스처를 할 땐 시선과 연동하도록 하고, 반복되는 제스처는 식상할 수 있으니 다양한 방법을 연구하는 것이 좋다.

2) 이번에는 구체적인 문장을 통해 살펴보도록 하자.

① 만능의 제스처, 마당 쓸기

"그 문제는 잠시 미루도록 하겠습니다."

"경쟁사들은 좋은 결과를 보장받지 못할 것입니다."

② 숫자를 표현할 때

"오늘 반드시 기억해야 할 한 가지는"

"말을 잘하려면 세 가지 능력이 필요합니다."

③ 비교의 제스처

"소극적인 사람도 적극적인 사람으로 변할 수 있는 방법, 그것은 바로 질문능력을 키우는 것입니다."

"1단계는 두 달이 걸리고, 2단계는 6개월이 걸릴 것입니다."

④ **동사의 제스처**

"우리의 목표는 성과를 늘리고, 시행착오는 줄이는 것입니다."

"두 학교를 통폐합시키고자 합니다."

⑤ **타임라인 제스처**

"새로운 안을 9월 10일까지 제출하겠습니다."

"지금부터 연말까지는 중간 간부들의 회의진행능력을 키우는 일이 가장 중요합니다."

3) 실전 제스처

여러 사람을 상대로 대화를 할 때 유의할 사항 가운데 하나가 시선 배분입니다. 누군가가 질문할 때 우리는 질문한 사람만 쳐다보며 말하기 쉽습니다.

그러나 이것은 다른 사람들에게 좋은 인상을 주지 못합니다. 무시당한 것 같은 기분이 들어 불쾌해지며 때로는 그런 상대방에게 적의를 품게 되는 경우도 있습니다.

시선을 외면당한 사람들은 따로 화제를 만들어 자기들끼리 이야기를 나누게 됨으로써 몇 사람 되지도 않는 상황에서 서로 따로국밥이 되는 결과를 초래하지요.

강의실에서는 학습시간동안 강사가 자신을 몇 번이나 쳐다보았는지 그 숫자를 세어보는 수강생도 있습니다. 가르치는 쪽에서는 이러한 부문까지 신경을 써야합니다. 여러 사람을 상대로 말할 때는 이야기의 중심이 아닌 사람에게도 골고루 시선을 보내도록 합시다.

4) 보디랭귀지로 엿보는 상대의 속마음

① 자신의 머리를 쓰다듬는다=긴장을 하고 있다

② 머리를 긁는다=곤란한 일이 있다는 제스처

③ 머리를 톡톡 친다=해결법을 생각하고 있다

④ 상대를 오랫동안 주시한다=말의 내용보다는 사람 자체에 관심이 있다

⑤ 눈살을 찌푸린다=상대의 의견에 찬성하지 않는다

⑥ 곁눈질을 한다=불만이나 궁금한 것이 있다. 대놓고 말하기는 어렵지만 뭔가 석연치 않다는 의미

⑦ 시선을 이리저리 돌린다=정신적으로 뭔가 불안하다. 떳떳하지 못한 구석이 있다

⑧ 시선을 피한다=상대에게 숨기는 것이 있거나 상대하고 싶지 않다는 뜻

⑨ 손으로 입을 가리며 말한다=상대를 경계하고 있다

⑩ 코를 내밀며 턱을 치켜든다=자신이 있다

⑪ 웃으면서 팔짱을 낀다=상대의 말에 관심이 생겨 잘 들어보겠다

⑫ 팔짱을 낀다=상대의 제안에 거절을 하고 싶거나 자신을 방어하고 싶어 하는 것

⑬ 다리를 꼬고 앉는다=편안하게 마음을 터놓고 이야기하고 싶다는 뜻

⑭ 다리를 흔든다=불안하고 초조한 심정이다

⑮ 턱을 만진다=불안하거나 외로움을 느끼고 있다

⑯ 손으로 턱을 받친다=상대에게 위안 받고 싶다

⑰ 등을 자주 쭉 편다=원리원칙을 고수하겠다

⑱ 등을 뒤로 젖히고 듣는다=대화의 주제가 어긋나고 있는 것 같다

뒷짐을 지고 말하는 것은 권위를 나타내려는 잠재의식의 표현으로 거부

감을 줄 수 있으니 유의하는 게 좋다. 두리번거리는 시선 역시 자신이 없거나 뭔가를 살핀다는 가벼운 이미지를 줄 수 있다.

무대 위에 선 발표자는 적어도 그 시간만큼은 그 공간에서 가장 영향력이 있는 사람이다. 따라서 청중은 발표자의 일거수일투족을 관찰한다. 거울 앞에서 연습해보거나 비디오 모니터링 등을 통해 말할 때 자신의 얼굴 표정, 손짓, 몸짓, 자세 등을 아는 것이 발전의 첫걸음이다.

보디랭귀지 능력은 이미 우리 안에 잠재되어 있다. 가족이나 친한 벗들과 대화를 나눌 때 서로의 모습을 가만히 살펴보라. 무의식중에 두 손과 몸이 아주 자연스럽게 움직이는 것을 발견할 수 있을 것이다. TV홈쇼핑에 출연하는 쇼 호스트의 손동작을 유심히 살피며 따라 해보는 것도 좋은 학습 방법이라 할 수 있다.

5) 모션 게임

모션게임은 단어나 그림 또는 문장을 보고 행동으로 표현하여 전달하고 이것을 팀원이 알아맞히는 놀이이다.

-팀원 중 한 명이 앞에 나온다.

-진행자가 제시한 단어 또는 문장을 말하지 않고 몸(보디 랭귀지)으로만 표현하도록 한다.

-팀원이 그 표현을 보고 답을 알아맞히면 팀원 중 다른 사람과 임부 교대를 하여 같은 방법으로 표현한다.

-어려울 경우 패스를 하여 다음 문제를 내되 팀원을 교체하지 않는다.

-진행자는 정해진 시간동안(2~5분) 맞힌 개수를 파악한다.

-처음에는 단어를 중심으로 하고 나중에는 속담이나 영화 또는 드라마 제목

으로 하면 좋다.

−각 팀별 한 줄로 서서 1번을 제외한 전원이 뒤 돌아서게 한 다음, 전달받을 사람의 어깨를 두드려 마주보고 전달을 하는 게임도 있다.

※내용 예 : 울다가 웃는다, 화내다 졸도했다, 물먹다 체했다, 윙크하다 뺨 맞았다, 땅콩 먹고 배탈 났다, 원수를 외나무다리에서 만났다

▶세 가지 질문

−기억에 남는 선생님이 있다면?

−기억에 남는 휴가나 여행은?

−무언가를 수집해 본 경험이 있다면?

27. 보고 화법

사람은 서로의 입장과 처지를 바꿔 생각해야 한다.(공자)

직장인들에게 보고서 작성능력과 직장 내 성공과의 상관관계를 물었더니 77.7%가 큰 상관관계가 있다고 답했다. 여러 이유로 직장인들이 수많은 보고서를 쓰고 있는데, 가장 중요한 것은 보고의 목적이 무엇인지를 상기하는 것이다.

결론을 앞쪽에 명쾌하게 제시하면서 그 근거를 구체적으로 드러냈다면 좋은 보고서라고 할 수 있다. 아울러 형식적인 부분을 중요시하는 상사도 많은 만큼 양식이나 서체크기, 오탈자에도 주의하는 것이 좋다.

1) 능력을 인정받는 보고 기법

상사의 질문에 어떻게 답변해야할까? 검토해야 할 세 가지 관점이 있다.

첫째, 상대방의 관점이다. 보고는 전문성 과시가 아닌 협조나 동의, 승인을 얻기 위함이라는 사실을 잊지 말자.

둘째, 목적의 관점이다. '왜 보고하지?'라고 스스로에게 질문해보는 태도가 중요하다.

셋째, 윤리적 관점이다. 소탐대실이다. 자신이나 자기가 속한 팀에게 불리한 내용을 숨기려하고 있진 않는가?

성공적인 보고란 보고자가 상사로부터 원하는 피드백을 받는 것이다. 이것은 화살과 과녁의 원리에 비유할 수 있다. 질문을 받으면 그 질문에 맞는 답변을 먼저 하여 상대방을 만족시켜야한다.

예를 들어 "신입사원 연수가 예정대로 진행되고 있느냐."는 질문이 원하는 답변은 "예정대로 진행된다.", "예정보다 늦어지고 있다.", "예정보다 빨리 진행되고 있다." 중 하나일 것이다. 그 다음에 진행상황을 설명한다. 물론 이 때 되도록 명료하게 정리해서 설명해야한다.

실제 일을 진행하다보면 예상치 못했던 일이 발생하는 경우가 많아 이런저런 설명을 하고 싶어진다. 하지만 그것은 상사의 주요 관심사가 아니다. 상사는 결론, 그 다음은 핵심 사유만 기억한다. 객관적이고 정확한 내용을 간결하게 준비해야하는 이유이다.

2) 업무개선 제안법

업무개선이란 일상 업무 속에서 문제점을 찾아내어 그 원인을 분석, 해결책을 강구하고자 하는 것이다. 어떻게 설명해야 상사가 이해하고 승인해줄 것인가?

머리에 떠오르는 대로 얘기해봤자 상대는 이해하지 못한다. 따라서 들을 준비를 시킨 다음 요점, 제안 내용, 구체적 근거 순으로 말하되 수치 데이터가 있는 경우에는 그 수치 데이터를 사용하여 근거를 제시한다. 수치 데이터가 없더라도 제안 내용에 따른 효과를 구체적으로 언급하면 설득력을 발휘하게 될 것이다. 이 때 당연히 나올 수 있는 예상 질문이나 반대 의견에 대비하는 게 중요하다.

제안할 때는 미리 제안 내용의 약점이나 상대가 이해하기 어려운 점을 파악해야한다. 그런 부분에서 질문, 또는 반대의견이 집중되기 때문이다. 느닷없는 질문이나 반대 의견에 당황하여 허둥지둥하면 제안자에 대한 평가가 낮아진다. 반대로 침착하게 적절한 대응을 하면 평가가 높아진다. 제안 내용은 물론 질문이나 반론에도 충분한 준비가 필요하다.

28. 세일즈 화법

산이 오지 않으면 내가 산으로 가겠다. 상대편이 오지 않을 경우 내가 그에게로 가면 되는 것이다.(마호메트/이슬람의 예언자)

세일즈맨의 성공은 새로운 고객과 대면하는 능력에 비례한다. 왜냐하면 판매는 숫자 게임이니까.

인생은 세일즈다. 의사는 의술을 팔고, 스포츠 선수는 경기력을, 강사는 지식을 판다. 직접 현장에서 고객을 만나는 세일즈맨은 물론 우리는 누구에겐가 자신의 상품을 팔고 있는 것이다.

세일즈 격언으로 절차 8분, 실행 2분이라는 말이 있다. 계획과 준비가 먼저라는 것이다. 판매행위는 하나의 문제해결과정이라고 할 수 있으므로 항상 고객의 입장에서 바라볼 필요가 있다. 그리고 무슨 말을, 어떤 식으로, 어떤 모습으로 얘기할 것인가를 늘 생각하고 있어야 한다.

1) 세일즈의 성공 3단계

첫째, 가망고객 발굴

둘째, 프레젠테이션

셋째, 팔로우 업(관리)

세일즈의 단계는 '접근-설명-거절과 반론극복-결말'로 압축할 수 있다. 중요한 대목은 거절과 반론극복의 단계이다.

톨스토이가 말했다. "사람을 설득하려면 이익과 공포의 두 가지 지렛대를 적절히 사용하라." 이익만 주는 것이 아니라 그 이익을 가지지 못하였을 때의 공포감을 심어주어라는 것이다.

2) 반드시 통하는 3Why 법칙

3Why는 왜? 왜? 왜? 하고 세 번 묻는 것이다. 이건 누군가를 설득 할 때 대단히 유용하다.

① 첫 번째 Why는 '왜 필요한가?'이다.

인간은 의미를 발견하거나 절박한 상태일 때 행동한다. 대학을 안 가려하고, 공부를 싫어하는 학생에게 공부하라고 강요해봐야 소용없다. 공부가 왜 중요한지, 왜 좋은 내학을 가야 하는지 생각해 보게 하고 충분히 이해를 시키는 일이 먼저다.

② 두 번째 Why는 '왜 이 상품인가?'이다.

여기서 중요한 건 사람들이 끊임없이 '더 좋은 게, 더 나은 게 있을 거야'하는 의심에 대처하는 일이다. 만약 고객이 경쟁사에 대해서 물어보면 "네, 경쟁사 아주 훌륭합니다. 그렇지만 거기엔 없는 것이 이 제품에는 있습니다." 이 한마디가 필요하다. Yes but 화법이다.

혹시 지적을 당하더라도 "아하! 알고 있습니다. 하지만 그건 별로 중요하지 않기 때문에 저희 회사에서는 뺐습니다."하면 된다.

Yes and 화법도 있다. "분명히 가격은 그렇습니다. 사실 비싼 데는 그만한 이유가 있습니다."하는 식이다.

③ 세 번째 Why는 '왜 지금 당장 결정해야 하는가?'이다.

홈쇼핑 종사자에 따르면 우리나라 소비자와 중국의 소비자는 다르다고 한다. 중국의 홈쇼핑은 방송이 끝난 다음 주문이 들어오기 시작한다. 의심이 많기 때문이다. 반면 한국은 방송을 시작해서 5분 후면 주문이 들어오고 방송이 끝나면 주문도 끝난다.

"오늘이 마지막입니다.", "몇 대 안 남았습니다.", "오늘만 이 조건입니다."라는 멘트, 자주 접해 보지 않았는가?

3Why를 정리해보자.

첫째, 왜 필요한가? 니즈를 충분히 일으켜야 한다.

둘째, 왜 이 상품인가? 경쟁사 제품과 차별화 된 좋은 것을 한 가지 이상은 알려준다.

셋째, 왜 지금(이번 주, 이번 기회) 선택해야 하는가?

3) 클레임이 걸렸을 때의 화법

"조금 비싸군요."라고 말한다면 "비싸다고 생각하시는군요."라고 되받는다. 혹은 "사이즈가 너무 커요."라고 하면 "사이즈가 크다는 말씀이시군요."라고 응답한다. 앵무새 화법이다.

앵무새 화법은 앵무새처럼 고객의 말을 따라함으로써 쿠션을 일으켜 상대방의 감정을 순화시킬 수 있다.

가령 상품 납입이 늦어 거래처 직원이 화를 내며 전화를 했다고 하자.

"아직도 월요일에 약속한 물건을 안 보내면 어떡합니까!"라고 말했을 때 "아직도 도착하지 않았군요."라고 하면 상대방은 뭔가 말을 해야 하기 때문에 "언제 보내줄 건지 바로 알아봐주세요!"할 것이다. 이 때 "정말 죄송합니다. 바로 조사해서 연락드리겠습니다."하고 대응하는 것이다.

되받아치는 질문화법도 있다. 이것은 상대방의 반론에 대해 질문으로 되받는 방식이다.

예컨대 "디자인이 좀 그렇군요."라고 하면, "디자인의 어느 부분이 마음에 안 드십니까?"라고 대꾸한다. 혹은 "예산이 없어서"라고 한다면 "그러면 어느 정도의 가격이라면 예산 안에 들어갈까요?"하는 식이다.

세일즈맨이란 고객에게 즐거움을 선사하고 문제를 해결해주고 기회를 찾아주고 꿈을 현실화시켜주는 사람이다. 고객의 클레임에 대해서는 언제나 복창하면서 응대하라. 그러면 고객의 반응은 호감으로 바뀔 확률이 높다. 명창을 만드는 유능한 고수처럼 맞장구로 복창함으로써 얻을 수 있는 이득이 있다.

첫째, 고객의 감정을 순화시킬 수 있다.

둘째, 고객의 마음을 이해할 수 있다.

셋째, 대답할 내용을 구상할 수 있다.

일석삼조가 아닌가?

세일즈는 고객의 욕구 파악, 자극, 코드 맞추기로 정리할 수 있다. 한 증권회사의 세일즈맨으로부터 세일즈의 첫 번째 마음가짐을 들었다.

"방문할 때마다 상대가 납득할 만한 정보를 하나씩만 주고 오는 것입니다."

▶세 가지 질문

자신의 핸드폰에 대해 1분간 얘기 하라.

지리산 정상에 있는 산장주인에게 낚시용품을 팔아보라.

대상을 선정하여 스피치학원을 왜 다녀야하는지 설득해보라.

29. 면접 합격 비법

설득이 어려운 것은 지식이나 말재주가 부족해서도 아니고, 성격이 담대하지 못해서도 아니다. 상대방의 마음을 알아서 자신의 마음을 거기에 맞추는 일이 어려운 것이다.(한비자/한비가 쓴 법가 사상을 집대성한 책)

취업이나 입시시장에서 가장 중요한 것은 개인 브랜드이다. 충분히 실력을 쌓은 뒤 자신을 매력적인 브랜드로 만들어 어필하지 않으면 바늘구멍 같은 취업이나 입시의 관문을 통과할 수 없다. 각종 인터뷰에 효율적으로 대처하는 방법을 배워보자.

1) 면접의 목적 두 가지

면접을 통해 알고자 하는 궁극적인 것은 다음 두 가지이다.

-당신은 누구인가?

-왜 우리가 당신을 선택해야 하는가?

이를 위한 평가의 기준은 대개 태도, 역량, 인성으로 집약된다. 면접의 유형과 형태, 방법에는 여러 가지가 있겠으나 피면접자는 세 가지 기준을 갖고 보는 면접관의 두 가지 궁금증에 대해 '자신의 경쟁력'에 대한 확신을 주어야 한다.

전쟁의 목적은 승리요, 면접의 목적은 합격이다. 전쟁이든 면접이든 전략이 중요하고, 그 핵심은 지피지기이다. 나의 강점과 상대의 원하는 점을 일치시킬 때 합격이라는 선물이 주어질 테니까.

면접이라는 관문을 통과하여 깃발을 꽂고자 하는 목표점이 있을 것이다. 대학이든 기업체든 그곳의 홈페이지를 방문해보라. CEO의 인사말, 조직의 비전 등을 살펴보면 자기소개서를 비롯한 당신의 면접대응 방향을 정할 수가 있을 것이다. 모든 초점은 그곳으로 모아져야 한다.

2) 면접관의 주요 체크포인트

① 태도 : 일(학습)에 대한 의지와 열정은 어느 정도인가?

② 역량 : 전문성, 비전에 대한 자기표현 능력은 갖추었는가?

③ 인성 : 당당하면서도 겸손한가?

3) 인터뷰 3가지 유의점

① 제대로 듣자

말의 속도와 생각속도의 차이는 150대 600이다. 1분 동안 말로 표현할 수 있는 낱말은 150개 이내인데 반해 생각속도는 그 4배 이상을 처리해낸다. 하여 질문하는 사람의 말을 끝까지 듣지 않는 경우가 생길 수 있다.

넘겨짚으면 질문하는 사람의 마음의 빗장이 잠긴다. 최고의 대화술은 잘 듣는 것이다. 질문하는 사람을 쳐다보거나 메모하며 온 몸으로 들어라. 그러면서 질문의 요지, 대답의 키워드를 생각하라.

② 대답의 시작과 끝을 분명히 하라

대답은 항상 결론부터 말한다. 질문의 요지를 반복한 후 대답을 시작하는 방법도 있다.

"네, (제가 존경하는 인물)에 대해 말씀드리겠습니다."하고 자동차의 앞뒤 범퍼처럼 완충공간을 만드는 것이다. 질문자에게는 들을 준비를, 발표자로선 대답할 내용을 순간적으로 정리할 수 있는 여유가 생긴다.

대답이 끝났을 땐 "이상입니다.", 또는 "감사합니다."로 마무리하라. 왜냐하면 이처럼 확실한 마무리가 되지 않으면 듣는 사람 입장에선 발표자가 생각중인지, 대답이 끝난 상태인지 가늠이 안 될 때가 있기 때문이다.

③ 시간과 시선에 유의하라

특별한 경우가 아니라면 대답 시간은 1분 전후 정도가 바람직하다. 복수 질문이거나 대답이 길어질 땐 첫째, 둘째로 나누는 것이 좋다.

시선 안배도 유의할 점이다. 질문자만 바라보며 대답하지 않도록 한다. 동료 면접관들을 대표하여 질문했을 뿐이다. 질문을 던진 면접관도 1/N로 생각하여 전체적으로 고른 시선안배가 필요하다. 발표자의 시선이 오지 않을 때 듣는 사람의 집중도는 현저하게 낮아지기 때문이다.

4) 설득의 3원칙

설득이 성공했다면 다음 세 가지가 잘 조화를 이룬 결과이지만, 실패했다면 세 가지 가운데 한두 가지가 부족한 결과이다.

첫째, 전략

전략의 기본은 지피지기다. 무슨 이익이 얼마나, 언제, 어떻게 돌아오는지 타이밍과 코드에 맞게 설명할 수 있어야 한다.

둘째, 확신

미국의 심리학자 에릭슨은 애매한 말투보다 확실한 말투가 훨씬 설득효과가 높다고 했다. "맞는 것 같은데요." "그런 것 같습니다."라는 자신 없는 대답보다 "예, 그렇습니다. 틀림없습니다." "아니오. 그렇지 않습니다." 처럼 말투를 단정적으로 하는 게 좋다. 물론 이러한 자신감은 상품이나 제품, 지식에 대한 충분한 숙지에서 나온다. 자기 확신이 타인확신을 가능케 한다.

셋째, 증거제시

인간은 의심이 많은 동물이다. 눈에 보이는 증거나 사례, 통계를 들춰줘야 믿는다.

5) 성격의 양면성

무엇을 아무리 얇게 베어낸다 해도 거기에는 언제나 양면이 있다. 심리학자 마티 올슨 래니는 "외향적인 성격은 '넓이'의 인생을 만들고, 내성적인 성격은 '깊이'의 인생을 만든다."고 했다. 동전처럼 인간의 성격도 양면이 존재한다. 서로 다를 뿐 틀리거나 나쁜 것은 없다. 낙관론자가 비행기를 만들었다면 비관론자는 낙하산을 만들었다. 다음은 성격의 장단점에 대해 거론할 때 참고할 수 있는 자료이다.

· 내성적이다 ↔ 생각이 진지하다

· 사교성이 적다 ↔ 정직하다

· 소심하다 ↔ 실수가 적다

· 질투심이 많다 ↔ 매사에 의욕이 넘친다

· 말이 많다 ↔ 지루하지 않다

· 자신감이 없다 ↔ 겸손하다

· 직선적이다 ↔ 속정이 깊다

· 고집이 세다 ↔ 의지가 강하다

· 인색하다 ↔ 경제관념이 뛰어나다

· 단세포적이다 ↔ 솔직하고 순정적이다

· 싫증을 잘 낸다 ↔ 유연성이 있다

· 우유부단하다 ↔ 협동심이 있다

· 괴짜다 ↔ 독창성이 있다

· 침착하지 못하다 ↔ 민첩하다

6) 면접 질문 리스트

① 공통

자기소개/지원동기/성격의 장단점/본인의 가장 큰 장점 3가지만 말해보라.(본인의 경쟁력은? 뽑아야 하는 이유)/10년 뒤 자화상(입사 후 포부)/우리 회사(학교)는 어떻게 알게 되었나? 첫인상과 이미지는?/가족소개/스트레스 해소법/최근 사회 이슈/창의성 발휘 사례/취미와 특기/감명 깊게 읽은 책, 본 영화/어려움 극복 사례/봉사활동 경험/가장 친한 친구가 누구인가? 그 친구로부터 배울 점은 무엇인가?/기억에 남는 동아리 활동(협력해서 과제를 해결했던 경험)/프로젝트에 비협조적인 팀원이 있다면?/사람들과 협력하려면 무엇이 가장 중요하다고 생각하는가?/반대편 사람을 설득할 때 중요한 것은 무엇인가?/색에 비유한다면 당신은 무슨 색?/종교관/좌우명/지금까지 가장 잘했던 선택은?/자신을 한 단어로 표현한다면?(자신을 사물에 비유한다면?, 자신의 정체성을 표현할 수 있는 4글자는?)/한국인의 행복지수가 낮은 원인과 해결방안은?/존경하는 인물(롤 모델)/뭔가에 도전해 본 경험/성공이란?/리더로서 갖춰야 할 덕목은 무엇인가?/리더십을 정의하라. 리더십을 발휘사례는?/고민은 누구와 상담하는가?/부모님께 받은 영향/살아오면서 가장 기뻤던 경우, 가장 슬펐던 경우에 대해/자신의 인성에 영향을 미친 사람이나 경험/주위에서 당신을 어떻게 평가하는가?(타인의 입을 통한 본인의 평가는?)/우리 사회의 문제점과 개선책/받고 싶은 질문(면접관에게 질문해보라)/불합격한다면?/마지막 한 마디/자소서 관련 질문

② 기업체 입사면접

회사에 대해 아는 대로 말해보라/동료와 의견이 다를 때/상사와 갈등이 생겼을 때/상사와 의견이 다를 경우?/상사가 부당한 지시를 내린다면?/상사가 과중한 업무를 맡긴다면?/주위에서 당신을 험담한다면?/신입사원 덕목/일, 돈, 명예를 중요하게 생각하는 것 순서대로 답한다면?/희망연봉/연고지와 다른 곳에 근무할 수 있는가?/노동조합에 대한 견해/동료나 상사의 부정한 행위를 목격했다면?/퇴근 이후나 휴일은 어떻게 보내는가?/갑작스러운 일이 주어졌는데 사전에 다른 약속이 있다면?/내부 고발자에 대해 어떻게 생각하는가?/회식 아이디어가 있다면?/프로와 아마추어의 차이

는 무엇인가?/GDP의 뜻은? 우리나라 GDP는 얼마이고, 세계 몇 위인가?/ 최근 1년간 세운 계획을 몇 %나 달성했는가?/10억 복권에 당첨되었다. 어떻게 쓸 계획인가?/조직의 분위기를 밝게 하기 위해 노력한 경험이 있다면?/혁신의 의미와 가치는 무엇인가?/대화를 나눌 때 가장 중요하게 생각하는 것은?/실수를 저질렀다. 어떻게 할 것인가?/직무관련 질문

③ 대학 입시면접

우리 학교, 학과 선택 이유/학업계획/졸업 후 진로/좋아하는 학과목, 싫어하는 학과목/출신학교 소개/고향 자랑/고등학교와 대학교의 차이는?/공부 외에 하고 싶은 일/전공학문 분야가 최근 사회적으로 이슈가 된 사례와 견해(전공분야가 다른 사람들의 삶에 어떤 기여를 할 수 있는가?)/전공 질문

④교육대학교 입시면접

교사가 되고 싶은 이유와 계기/학업계획/졸업 후 포부(어떤 교사가 될 것인가?)/우리학교 지원 이유/교사 덕목(좋은 교사란?)/교육은 무엇이라고 생각하는가?/학생 일기장 검사에 대한 견해?/초등교육과 중등교육의 다른 점/교권추락문제 원인과 해법/행복한 교실이 되기 위해서는?/다음 문제의 원인과 해결 방안=학교폭력, 학습부진, 거짓말, 도벽, 부적응, 거짓말, 게임중독/'스마트 스쿨' 도입에 대한 견해/학생들의 창의성 신장 방안/우리나라 교육제도 개선점/농어촌학교 통폐합에 대한 견해/교과 외에 꼭 가르쳐주고 싶은 것은?/체벌금지에 대한 견해/유튜브나 아프리카TV 등 1인 미디어 증가의 장단점/지난 10년간 패륜 범죄가 6,000건 이상 발생하였다고 한다. 원인과 해결방안은?/생기부 질문

7) 압박 질문

"상황을 고려하지 않는 샷의 연습은 무의미하다." 골프 속언이다. 압박 면접의 목적은 상황대응 능력이나 순발력을 검증하고, 자신감 및 논리적인 커뮤니케이션 스킬을 검증하기 위함이다. 압박면접 유형을 살펴보자.

-출신학교 관련 : 학교가 어디?, 이런 학교도 있어요? 처음 들어보는 학교네요.

-학점 관련 : 운동했어요? 열심히 놀았나 봐요?

-외국어 관련 : 외국어에는 관심이 없었나보군요. 혹시 답안 작성을 잘 못했나요?

-경험 관련 : 학교공부만 열심히 했나요? 집이 부자라 아르바이트는 안 한 모양?

-기타 : 무반응, 무 질문, 비웃는 표정, 대놓고 웃기, 일그러진 표정

8) 심층면접 질문

-바나나 두 개를 면접관 세 명에게 나누어 주는 방법은?

-30M 앞에서 쏜 총알을 손으로 잡을 수 있는 방법을 말해보라.

-맹인에게 구름의 느낌을 설명해보라.

-현재 우리가 앉아 있는 이 공간에 농구공(탁구공)을 가득 채운다면 몇 개나 들어갈 수 있을까?

-골프공 겉면엔 몇 개 정도의 구멍이 파여 있을까?

-서울 시민을 천만 명으로 가정했을 때 하루에 소비되는 자장면 그릇 수를 유추해보라.

-경영자와 과학자 중 누가 더 중요한가?

-습관을 바꾼 경험이 있는가?

－경복궁, 피아노, 감 중 하나의 단어를 사용해 1분 자기소개를 해보라.

－유료블록 체험학습장에서 고객을 상대로 블록 분실예방을 위해 분실사고의 책임을 묻겠다는 안내방송을 했다. 방송 후 분실 양은 줄었다. 하지만 값비싸거나 한정판 블록의 분실율은 변화가 없었다. 문제를 어떻게 해결할 것인가?

－흰옷을 좋아하는 사람이 음식을 흘리면서 먹는 습관이 있어서 좀처럼 흰옷을 입지 못한다. 몇 년 뒤 이 사람이 흰 옷을 마음대로 입게 되었다. 어떤 기술이 개발된 것일까?

－당신이 비행기 여행을 하고 있는 도중 회사로부터 우리나라에서 연간 소모하는 1.5V 건전지 총량을 조사해서 보고하라는 연락을 받았다. 어떻게 조사해서 보고하겠는가?

－조선왕조의 역대 왕 중 가장 저평가된 이는 누구인가? 왜 그렇게 생각하는가?

최근 국내 기업에서 출제된 면접시험 문제들이다. 종전에 암기력 테스트를 하는 듯 했던 유형과는 딴판이다. 창의적 사고와 문제해결 능력 없이는 풀 수 없다. 입사시험의 추이는 산업 환경을 반영한다. 세계시장을 지배하는 기업의 경영전략도 창의적 인재 발굴과 육성에 맞춰져 있다.

※페르미 추정 : 노벨 물리학상 수상자인 엔리코 페르미가 제안함. 기초적인 지식과 논리적 추론만으로 짧은 시간 안에 대략적인 근사치를 추정하는 것.

30. 이야기 속의 철학

성공은 매일 반복한 작은 노력들의 합이다.(로버트 콜리어/미국 저술가)

이야기 활용법 3단계

첫째, 읽은 이야기를 다른 사람에게 전달해본다.

둘째, 깨닫거나 느낀 점, 교훈, 연관된 사례를 찾아본다.

셋째, 적용방법을 떠올려 실행해 본다.

1) 마쓰시타의 세 가지 은혜

그는 아버지의 파산으로 초등학교 4학년을 중퇴하고 자전거 점포의 점원이 되어 밤이면 어머니가 그리워 눈물을 흘리던 울보였다. 그러던 그가 85년이 지난 후 일본 굴지의 기업의 총수가 되었는데, 어느 날 한 직원이 마쓰시다 회장에게 물었다.

"회장님은 어떻게 하여 이처럼 큰 성공을 하셨습니까?"

마쓰시타 회장은 자신이 세 가지 하늘의 큰 은혜를 입고 태어났다고 대답했다. 그 세 가지 큰 은혜란 가난한 것, 허약한 것, 못 배운 것이라고 했다. 깜짝 놀란 직원이 "이해할 수 없습니다."라고 말하자 이어지는 마쓰시다 회장의 말은 이랬다.

"나는 가난 속에서 태어났기 때문에 부지런히 일하지 않고서는 잘 살 수 없다는 진리를 깨달았다네. 또 약하게 태어난 덕분에 건강의 소중함도 일찍 깨달았다네. 지금 90살이 넘었어도 30대의 건강을 유지하고 있지 않은가. 또 초등학교 4학년을 중퇴하여 배우지 못했기 때문에 이 세상 모든 사람을 나의 스승으로 받들어 지금도 배우고 있다네. 따라서 하늘이 나를 성장시켜주기 위해 내려준 시련에 항상 감사하고 있다네."

※마쓰시타 고노스케는 내쇼날, 파나소닉 창업자. 경영의 신(神)으로 불리기도 한다.

2) 소금과 호수

나이 드신 큰 스님이 젊은 스님을 제자로 받아들였다. 그런데 젊은 제자는 무슨 불만이 많은지 모든 일에 늘 투덜거렸다.

어느 날 아침, 큰 스님은 제자를 불러 소금 한줌을 가져오라고 일러 말했다. 그리고는 소금을 물 컵에 털어 넣더니 그 물을 마시게 하였다. 제자는 얼굴을 잔뜩 찡그리며 그 물을 마셨다. 큰 스님은 물었다.

"맛이 어떠냐?"

"짭니다."

제자는 조금 화난 목소리로 대답했다. 큰 스님은 다시 소금 한 줌을 가져오라 하더니 근처 호숫가로 제자를 데려고 갔다. 그리고는 소금을 쥔 제자의 손을 호수 물에 넣고 휘휘 저었다. 잠시 뒤 큰 스님은 호수의 물을 한 컵 떠서 제자에게 마시게 하였다.

"맛이 어떠냐?"

"시원합니다."

"소금 맛이 느껴지느냐?"

"아니요."

그러자 큰 스님은 말했다.

"인생의 고통은 소금과 같다. 하지만 짠 맛의 정도는 고통을 담는 그릇에 따라 달라지지. 자네가 고통 속에 있다면, 컵이 되는 것을 멈추고 스스로 호수가 되게나."

3) 화폐 심리학

어느 노인이 외로이 살고 있는 동네에 매일 오후만 되면 동네 꼬마들이 나와 시끄럽게 떠들면서 놀았다. 어느 날 너무나 시끄러워서 견딜 수가 없게 되자 노인은 꼬마들을 집안으로 불러들였다. 노인은 "너희들이 즐겁게 노는 소리를 듣고 싶지만 귀가 잘 안 들려 들을 수가 없으니 매일 우리 집 앞에 와서 더욱 큰 소리로 떠들면서 놀아줄 수 없겠니?"라고 말하였다. 만약 그렇게 해준다면 한사람에게 500원씩 주겠다고 약속했다.

다음 날, 꼬마들은 쏜살같이 와서 야단법석을 떨면서 집 앞에서 놀았다. 노인은 아이들에게 약속한 대로 500원씩 주면서 다음날에도 와서 놀아 달라고 부탁하였다. 그 이튿날 아이들은 또 시끄럽게 떠들며 놀았고, 노인은 그 대가를 지불하였다. 그러나 이번에는 꼬마들에게 500원을 주면서 돈이 다 떨어졌다고 말했다. 그 다음날에는 꼬마들이 받은 돈은 300원이었다. 게다가 그 다음 날은 다시 100원으로 값을 깎을 수밖에 없다고 말하였다.

그러자 아이들은 화를 내면서 이제는 다시 오지 않겠다고 말했다. "우리는 하루에 100원만 받고서는 떠들며 놀아줄 수 없어요."라고 소리치더니 다음 날부터는 동네 주위에 나타나지 않았다.

4) 기대와 격려

1968년 하버드대학교 사회심리학과 교수인 로버트 로젠탈과 미국에서 20년 이상 초등학교 교장을 지낸 레노어 제이콥슨은 미국 샌프란시스코의 한 초등학교에서 전교생을 대상으로 지능검사를 한 후 검사 결과와 상관없이 무작위로 20% 정도의 학생을 뽑았다.

그 학생들의 명단을 교사에게 주면서 '지적 능력이나 학업성취의 향상 가능성이 높은 학생들'이라 믿게 하였다.

8개월 후 이전과 같은 지능검사를 다시 실시하였는데, 그 결과 명단에 속한 학생들은 다른 학생들보다 평균 점수가 높게 나왔다. 뿐만 아니라 학교 성적도 크게 향상되었다. 명단에 오른 학생들에 대한 교사의 기대와 격려가 중요한 요인이었다. 이 연구 결과는 교사가 학생에게 거는 기대가 실제로 학생의 성적 향상에 효과를 미친다는 것을 입증하였다.

5) 나의 한계

조류학자가 길을 가다가 양계장을 지나치게 되었는데, 닭장 속에 있는 갇혀 있는 독수리 한 마리를 발견했다. 나그네가 의아하여 묻자 주인이 대답했다.

"어렸을 때부터 닭장에서 병아리와 함께 컸기 때문에 저 독수리도 자기를 닭으로 알고 있을 것입니다."

호기심이 생긴 조류학자는 뭔가를 생각하더니 값을 치르고 그 독수리를 샀다. 그리고 끝이 보이지 않을 정도로 까마득히 높은 절벽 위로 올라가 주저 없이 독수리를 아래로 힘껏 던져버렸다.

자, 과연 절벽 아래로 던져진 독수리는 하늘로 비상했을까, 아니면 "꼬꼬댁"하고 땅바닥에 곤두박질치고 말았을까? 여러분의 견해는 어느 쪽인가?

정답은 바로 절벽 아래로 내 던져진 독수리의 마음이다!

독수리가 하늘을 날아야겠다고 마음먹었다면 비상했을 것이고, 날고자 마음먹지 않았다면 그대로 닭처럼 땅바닥에 내동댕이쳐지고 말았을 것이다. 당신의 유일한 한계 역시 당신 스스로가 자신의 마음속에 설정한 한계뿐이다.

6) 나를 믿어주는 한 사람의 힘

하와이 군도 북서쪽에 〈쥬라기 공원〉의 촬영지로도 유명한 카우아이 섬이 있다. 폭포가 정말 아름다운 환상적인 섬이다. 한때는 이곳이 '지옥의 섬'이었다고 한다. 다수의 주민이 범죄자, 알코올 중독자, 정신질환자였고, 청소년들은 그런 어른들을 보고 배우며 똑같이 자라고 있었다.

심리학자 에미 워너는 이곳에서 1954년부터 '카우아이 종단연구'를 시작했다. 카우아이 섬에서 태어난 신생아 833명이 30세 성인이 될 때까지 성장과정을 추적하는 엄청난 프로젝트였다. 그의 가설은 이랬다.

'열악한 환경에서 태어나고 자란 아이들은 비행 청소년, 범죄자, 중독자의 삶을 살 가능성이 클 것이다.'

우리의 통념과 다르지 않았다. 에미 워너는 833명 중에 극단적으로 열악한 환경에서 크고 있는 고위험군의 청소년 201명에게 집중해서 그들의 성장과정을 추적했다.

그런데 놀라운 사실을 발견했다. 그중 72명의 청소년들은 활기차게 자기가 원하는 것을 성취해 가며 바르게 잘 자라고 있더라는 것이다.

그들이 잘 자랄 수 있던 비결은 무엇이었을까? 그 아이들 곁에는 무조건 믿어주고 공감해 주고 응원해 주는 어른이 최소 한 명은 있었다. '나를 믿어 주고 공감해 주고 응원해 주는 한 사람의 힘'은 어떤 환경에서도 반듯하게 잘 살아 갈 수 있는 비결이자 사람을 변화시키는 놀라운 힘이다. 당신이 사막이 되지 않고 사는 것은 누군가 당신의 가슴에 심은 나무 때문이다.

나의 '한 사람'은 누구인가?

나는 누군가에게 그런 '한 사람'인가?

7) 파리 한 마리

재미있으면서도 마음 아픈 이야기가 있다. 중세시대, 성당에서 세례식을 베풀기 위해 물을 떠다놓고 신부님이 그 물을 축복했다. 그러면 그 물은 성수 즉, 거룩한 물이 된다.

그런데 그 물에 파리가 빠져서 죽었다. 그러면 거룩한 세례예식을 행하는 성수가 '오염'된 것일까? 아니면 거룩한 물에 빠져죽은 파리가 거룩하게 '성화'된 것일까? 여러분은 어떻게 생각하는가?

1,453년 콘스탄티노플에서 성직자들이 모여 이 문제로 토론을 벌였다. 성수가 오염되었다고 주장하는 '성수 오염파'와 파리가 거룩하게 성화되었다고 주장하는 '파리 성화파'로 나뉘어 싸운 것이다. 그러나 결론을 내지 못하고 결국엔 분열되고 말았다.

그런데 교회에서 그런 논쟁이 벌어지고 있을 때, 불행하게도 이슬람의 군대가 콘스탄티노플을 침공해서 점령하고 수많은 희생자를 냈다.

8) 두 마리 늑대

다음은 아메리카 인디언 체로키 부족에게 전해 내려오는 우화이다. 부족의 원로 전사가 손자에게 삶에 대해 가르치면서, 사람들 마음 안에서 일어나는 전투에 대해 설명했다.

"우리 모두의 마음속에는 두 마리의 늑대가 싸우고 있다. 한 마리는 악한 늑대이다. 그것은 분노이고, 질투이고, 탐욕이다. 거만함이고, 거짓이고, 우월감이다. 다른 한 마리는 선한 늑대이다. 그것은 친절이고, 겸허함이고, 공감이다. 기쁨이고, 평화이고, 사랑이다."

귀 기울여 듣던 손자가 물었다.

"어느 쪽 늑대가 이기죠?"

체로키 노인이 말했다.

"네가 먹이를 주는 쪽이 이기지."

9) 마음의 작용

수세기 전 인도를 여행하던 한 남자에 대한 이야기이다. 그 여행자는 어느 마을의 원주민 집에서 하룻밤을 묵도록 초대를 받았다. 그날 밤 자다가 깬 남자는 자기가 자고 있는 침대에서 똬리를 틀고 있는 뱀을 보고 기겁을 했다. 그곳은 인도에서 독사가 많이 서식하는 지역이었다. 그 마을엔 병원도 없었으므로 독사에 물리면 죽을 것이라고 남자는 생각했다. 그는 겁에 질린 채, 정신을 잃지 않으려고 애쓰면서 그 밤을 공포로 지새웠다. 해가 서서히 떠오르자 주위를 좀 더 명확히 알아볼 수 있게 된 남자는 똬리를 틀고 있던 뱀이 사실은 자기의 벨트임을 깨닫게 되었다.

Chapter

03

소통의 품격

　인류 역사상 이름을 떨친 사람들은 대개 소통의 대가였다. 재능과 능력
이 아무리 뛰어나도 '소통 능력'이 부족하면 그 재능을 펼치는 데 한계가
있기 마련이다. 소통이란 뜻이 서로 통하여 오해가 없는 상태를 말한다.
만남은 인연이요, 관계는 노력이다. 소통의 모든 것, 진정한 품격의 장으
로 안내한다.

31. 커뮤니케이션 게임

기업 경영의 과거형은 관리이다. 경영의 현재형은 소통이다. 경영의 미래형 역시 소통이다.(마쓰시타 고노스케/파나소닉 창업자)

장님 두 명이 서로 부딪혔다. 한 사람이 말한다. "아니, 이 사람 눈도 없나?" 상대방은 더 크게 소리친다. "아니, 이 사람 보면 몰라요?" 누구나 자기 입장에서만 생각한다.

게임을 해보자. 2인 1조가 되어 출발점에서 도착점까지 한 사람은 눈을 감고 안내를 받고, 한 사람은 말로 길을 안내하는 게임이다.

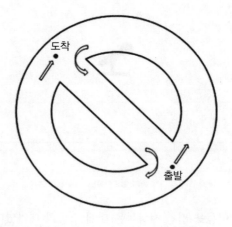

－소요시간은 90초
－끝나면 역할 바꾸기
－느낀 점 발표

▶**세 가지 질문**
－나에겐 이런 친구가 있다.
－고민은 누구와 상담하는가?
－가장 마음이 가는 모임은?

32. 잡담의 기술

다른 사람의 이야기를 진지하게 들어주는 경청의 태도는 우리가 다른 사람에게 나타내 보일 수 있는 최고의 찬사가운데 하나다.(카네기/자기계발 전문가)

일을 만드는 것은 사람이고, 일이 되게 하는 것은 인간관계이다. 인간관계의 핵심은 대화다. 그렇다면 대화 제1의 법칙은 무엇일까?

정답은 '질문'이다. 질문에는 두 가지가 있다. 내가 궁금한 것 물어보기와 상대방의 관심사를 물어봐주기이다.

1) 잡담의 기술

잡담이 중요하다는 건 모두 알고 있다. 다만 우리가 모르는 것은 그것이 습득할 수 있는 기술이라는 점이다. 대화의 실마리를 찾아내는 방법, 상대방의 관심을 불러일으키는 방법, 대화가 끊겼을 때 대처하는 방법은 무엇일까?

① 대화의 실마리 찾기

잡담에서 사람들의 공감을 얻기에는 거창한 이야기보다 일상적인 작은 이야기 쪽이 적당하다. 특히 지역 일간지나 잡지, 정보신문에는 사람 냄새 나는 이야기가 가득 실려 있다. 현지에서 일어나고 있는 화제이므로 그런 기사를 중심으로 이야기를 풀어나가는 것도 좋다.

흥미로운 역사에서 화제를 찾는 방법도 있다. 텔레비전이나 라디오에서 보거나 들은 인물 에피소드, 영화나 여행 이야기도 훌륭한 잡담 재료이다.

② 상대방의 관심 불러일으키기

이야기의 실마리를 찾아내기 위해서는 능동적인 타입이 바람직하다. 누가 던져주는 공만 받거나 수습하던 스타일에서 직접 공을 한번 던져보자. 여기서 공이란 '질문'이다.

질문을 하는 경우에 주의를 해야 할 점은 질문 내용에 대응하는 자신의 이야기를 먼저 해야 한다는 것이다. 예를 들어 "고향이 어디세요?"라고 질문하지 말고 "저는 순천에서 태어났는데요, 고향이 어디세요?"라고 묻는다. 이렇게 하면 상대방도 대답하기 쉽다. 내 쪽의 정보를 제공함으로써 상대방이 쉽게 말할 수 있도록 한다.

③ 대화가 끊겼을 때 대처하기

대화가 끊겨서 침묵이 흐를 것 같으면 그때까지 나누던 화제를 바꿔보는 것도 하나의 테크닉 이다. 원래 잡담은 프리토킹이라서 결론이 있는 것도 아니고 주제를 정해서 해야 하는 것도 아니다. '그런데', '다른 얘기지만'으로 화제를 돌릴 수 있다. 잡담을 잘하는 사람은 화제 전환을 잘하는 사람이기도 하다. 지금 하고 있는 대화의 내용을 고수하거나, 하나의 화제에 구애받을 필요도 없다.

④ 잡담에 박차 가하기

활력이 넘치는 잡담은 꼬리에 꼬리를 물고 계속해서 확대된다. 그러면 어떻게 잡담에 활력을 불어넣을 수 있을까? 말하는 사람 못지않게 듣는 사람의 반응이 중요하다. 듣는 사람의 반응에 따라 성공적인 잡담이 되느냐 안 되느냐가 결정된다고 해도 과언이 아니다. 가만히 앉아서 듣기보다 "그렇죠.", "그래요.", "그래서요." 하는 식으로 얘기의 마디가 끊어지는 곳에서 적절히 박자를 맞춰줌으로써 내가 열심히 이야기를 듣고 있다는 모습을 보여준다. "맞아요, 바로 그거예요.", "전적으로 동감입니다."라고 하면 상대방은 더욱 신이 나서 말할 것이다. 동감을 표할 때 손을 움직이거나 적극적인 표정이면 효과만점이다.

2) DYAD 대화법

DYAD 대화란, 무릎을 맞대고 일정한 시간동안 진솔하게 이야기를 나누며 소통하는 방법이다. 대화는 탁구공이다. 내가 한 마디 했으면 상대로부터 공이 넘어오기를 기다려야 드디어 내게 기회가 오는 것이다.

하지만 스스로 '나이가 많다, 직책이 높다, 영향력 있는 사람이다'라고 생각하는 사람들의 말은 대개 길다. 혼자 많은 시간 동안 떠드는 것은 대화라기보다 잔소리에 가깝다. 남이 당신에게 관심을 갖게 하고 싶거든, 당신 자신의 귀와 눈을 닫지 말고 다른 사람에게 관심을 표시하라. 이 점을 이해하지 않으면 아무리 재간이 있고 능력이 있더라도 남과 사이좋게 지내기는 불가능하다.

먼저 자기 자신과 대화를 나누어보자. 요즘 자신의 관심사를 두세 가지 적어보라. 2인 1조로 마주보고 앉아 적어놓은 메모지를 서로 교환한다. 상대방이 적어놓은 내용을 중심으로 서로 질문하고 대답하며 대화를 나눈다. 3분 정도 지나면 파트너를 바꾸어 같은 방법으로 대화를 나눈다. 끝나고 나면 각자 느낀 점을 발표한다.

33. 자녀와의 대화법

너에게서 나온 것은 너에게로 돌아간다.(맹자/철학자)

한 조사에 의하면 우리나라의 아버지들은 "자녀들과의 관계라든지, 대화하는 데 문제가 없느냐"는 질문에 97%가 "문제없다"고 대답을 한 반면 자녀들의 95%는 "대화가 되지 않는다"고 얘기한다.

부모 자식 간은 세상에서 가장 가까운 사이이기 때문에 저절로 말이 통할 거라고 오해하기 쉽다. 그러나 부모 자식처럼 세대가 다르고 자라온 환경이 다른 사람 간의 대화는 어려울 수밖에 없다. 서로 사용하는 언어가 다르고, 가치관이 다르고, 공유하는 문화가 다르기 때문이다.

1) 대화의 시작, 먼저 믿고 인정하기

'자녀를 사랑하지 말고, 사랑받고 있다고 느끼게 하라'는 말이 있다. 아무리 부모가 사랑해서 하는 대화나 행동이라도 받아들이는 자녀가 그것을 사랑으로 느끼지 못한다면 이는 사랑이 아니다.

'가는 말이 고와야 오는 말이 곱다'는 말이 있다. '말 한마디에 천 냥 빚을 갚는다'는 말도 있다. 이런 대화법의 중요성은 자녀와 부모 관계에서도 그대로 적용된다.

2) 아이들이 많이 상처받는 부모의 말

① 위협하는 말 : "너 그렇게 엄마(아빠) 말 안 들으면" "한 번만 더 그랬단 봐라" "공부고 뭐고 다 집어치워라."

② 빈정거리는 말 : "이 바보야, 이걸 숙제라고 해놓은 거니?" "도대체 왜 그래? 커서 뭐가 되려고 그러니!" "몇 번이나 같은 말을 되풀이해야 하니? 귀가 멀었니? 도대체 왜 말귀를 못 알아듣는 거야?"

③ 평가, 비판하는 말 : "너는 도대체 생각이 없는 아이구나" "쓸데없는

짓 좀 그만해라" "철들려면 아직도 멀었구나"

④ 심문하는 말 : "너 엄마(아빠) 말이 말 같지 않아서 그러지" "너 왜 동생을 못살게 구니?"

⑤ 둘러대는 말 : "그래, 그래. 내일 사다줄게" "나중에 얘기하자" "엄마 없다고 해."

⑥ 비교하는 말 : "동생을 좀 봐라" "00 반만큼이라도 따라 해 보렴" "옆집 00는 1등이라는데 너는 성적이 이게 뭐니?"

3) '너'가 아닌 긍정적인 '나' 표현법

대화의 가장 중요한 원칙은 '무엇을 말할까?' 하는 대화의 내용보다 '어떻게 말할까?' 하는 방법론적 측면이 더 중요하다.

부모들은 흔히 이야기를 듣는 자녀를 '너'로 하여 만든 문장을 사용한다.

"너는 왜 방을 그 모양으로 해놓고 다니니? 좀 치워라"→"네 방이 지저분해서 엄마(아빠)가 청소하는 시간이 늘어서 속상해"

부모가 자녀를 지칭하는 '너'를 주어로 해서 이야기하면 상대방은 비난받는 느낌이 들어 기분이 상한다. 또 비난에 대해 방어해야 한다는 생각이 들어 제대로 된 대화가 되기 어렵다.

전문가들은 이런 '나' 대화법과 함께 자녀와의 대화에선 존재(Be)가 아닌 행위(Do)에 대해 구체적으로 말해야 한다고 강조한다. 상대방, 즉 자녀에 대한 자신의 생각이나 감정을 구체적으로 표현하는 것이 바람직하다는 것.

"너는 왜 이렇게 게을러"→"네가 스스로 할 일을 미루니까 엄마(아빠)는 화가 난다"하는 식이다. 아이의 잘못된 행동에 대해 부모가 느끼는 감정을 구체적으로 이야기하는 게 좋다.

미국 뉴욕 대학 소아정신과 카렌 M 홉킨스 교수는 태어나서 만 3세가 되기까지 꾸중만 들은 아이는 좌뇌 측두엽이 충분히 발달하지 않아 감정이 없는 아이가 된다고 경고한다. 반대로 만 3세부터 12세까지 정당한 방법으로 꾸지람을 하지 않으면 전두엽이 단련되지 않아 어른이 되어도 인내심과 판단력이 흐려진다는 이론도 있다. 모두 어린 시절 아이에게 상처주지 않는 대화를 강조한 이야기들이다.

4) 외주 육아 부추기는 정책 애착손상 대재앙 초래

'뇌도 다 자라지 않은 갓난아이가 뭘 알까?'라고 생각한 부모가 있다면 꼭 알아야 할 개념이 있다. 바로 '애착손상'이다. 애착손상이란 위기상황에 처하거나 중요한 욕구가 있을 때 돌봄을 기대한 대상으로부터 버림받은 상처를 말한다. 애착(愛着)의 핵심은 '내가 도움이 필요할 때 달려와 주고 내 편이 되어줄 것이라는 믿음'이다. 중요한 것은 애착형성 시기가 만 2세 무렵까지라는 것. 이 시기에 애착형성이 되지 않으면 평생에 걸쳐 두고두고 트라우마를 남긴다.

애착 개념이 주목받은 건 최근 들어서다. 한국은 애착손상 개념이 생소하지만, 세계심리학회에서는 수년 전부터 화두로 부상했다. 선진국에서 급증하는 다양한 정신질환을 연구하다가 애착손상이라는 근원적인 뿌리를 발견해냈다. 한국에서 열린 '2017년 감정코칭협회 학술대회'의 키워드 역시 '애착'이었다. 미국에서는 아이와 부모의 첫 1~3년 관계가 정책수립자와 복지사, 유아교육자들의 가장 중요한 목표로 자리 잡았다. 애착육아를 하지 않으면 개인은 물론 국가적으로도 엄청난 파국을 몰고 올 수 있다는 인식이 확산되어 있기 때문이다.

5) 평소에 바른 대화법 꾸준히 연습해야

3세 이후에도 마찬가지이다. 부모는 자녀의 거울이다. 부모의 대화습관이 자녀의 습관이나 대인관계에 영향을 미친다. 많은 자녀가 부모와의 대화를 통해 자기를 표현하는 방법을 익히는 만큼, 부모가 말을 잘 들어주는 것만으로도 아이들의 자기 존중감과 사고력, 표현력이 향상된다.

평소에 자녀가 이야기할 때 묵묵히 듣기만 하다가 "그래" "으음" "그렇구나" 등으로 응하는 것도 좋은 습관이다. 이러한 태도는 자녀를 비난하거나 평가하는 말을 피할 수 있게 하고, 자녀는 부모가 자신을 이해하고 있으며 수용한다고 느낄 수 있도록 한다. 부모는 자녀의 이야기에 대해 거의 침묵으로 응하면 자녀가 자신의 생각과 감정을 다 털어놓을 수 있게 된다. 나아가 자녀는 스스로 해결책을 찾을 수 있게 될 것이다.

6) 질문 많은 아이 대처법

① 너무 많은 질문을 할 때

－적당히 끊는 요령을 익힌다

아이 질문이 너무 많다면 "내가 지금 할 일이 있으니 제일 궁금한 것 하나만 생각해보고 질문해볼래?"라고 유도하거나 가끔은 다른 쪽에 시선을 돌리도록 유도한다.

－반대 질문을 던져본다

"너는 왜 그렇다고 생각해?"하면 아이도 생각을 하게 된다. 사고력, 상상력, 표현력은 질문을 통해 기를 수 있다.

②질문하는 답을 모를 때

－각종 매체를 활용하기

"그 부분은 나도 잘 모르는데 함께 알아볼까?"하고 인터넷이나 책을 보며 답을 찾게 되면 아이 입장에서는 부모가 자신의 질문에 신경을 많이 써준다는 느낌을 받을 수 있다.

－생각노트 만들어 주기

생각노트란 아이가 질문을 스스로 정리해보는 습관을 만들어줄 수 있는 노트이다. 공책에 궁금한 점과 그것에 대한 해답을 자기방식대로 여러 개 적도록 한다. 질문을 다양한 방면으로 생각해보기 위함이다. 비록 말이 되지 않거나 황당한 답이 나오더라도 존중해주는 자세가 필요하다. 비판이나 핀잔을 주는 순간 생각하려는 싹을 자를 수 있기 때문이다. 생각노트는 누군가에게 무조건 물어보기보다 혼자서 해결해보려는 의지를 갖게 해준다. 또한 스스로 생각해보는 시간을 갖게 하여 창의적 사고력을 기를 수 있다.

34. 경청, 마음을 얻는 지혜

당신이 다른 사람에게 줄 수 있는 가장 커다란 선물은 순수하게 그 사람에게 주의를 집중하는 것이다.(리차드 모스/사진작가)

심리학자들의 말에 따르면 사람은 자기 얘기를 끝까지 들어주는 사람이 이 세상에 단 한 명만 있어도 최악의 선택은 하지 않는다고 한다. 경청에는 깊은 뜻이 있다.

· 기울어질 경(傾) : 잘 들으려면 자세를 앞으로 약가 기울여서 듣는디.

· 들을 청(聽) : 귀를 크게 열고 10개의 눈으로 보고 하나의 마음으로 듣는다.

1) 수동적 경청, 적극적 경청, 맥락적 경청

어느 날 저녁 신문을 보던 남편이 아내를 불렀다. "여보, 이것 좀 봐. 여자들이 남자보다 2배나 말을 많이 한다는 통계가 실렸네! 남자는 하루 평균 1만5천 단어를 말하는데, 여자들은 3만 단어를 말한다는 거야!" 이 말을 들은 아내가 말했다. "남자들이 워낙 안 들으니까, 여자들은 늘 똑같은 말을 두 번씩 하게 되잖아요. 그러니까 두 배지!" 약 3초 후에 남편이 아내를 향해 물었다. "뭐라고?"

경청의 가장 낮은 수준을 이르는 '배우자 경청'이란 용어가 있다. TV를 보면서 건성으로 듣는 것, "좀 조용히 해봐" "있다가 얘기해!" 하는 식으로 말을 종종 가로막기까지 하는 경청이 바로 배우자 경청이다. 가까운 사람의 말을 얼마나 안 들어주기에 이런 용어가 생겨났을까.

'수동적 경청'이란 상대에게 주의를 기울이거나 공감해주지 않고 그저 말하도록 놓아두는 것이다. 말을 가로막지 않는다는 면에서 배우자 경청보다는 나을지 모르지만, 이렇게 수동적으로 경청하게 되면 말하는 사람은 주제에 집중을 못하고, '어디까지 말했더라?'하고 산만하게 된다.

'적극적 경청'은 말하는 사람에게 주의를 집중하고, 공감해주는 경청이다. 상대방과 눈을 맞추고 고개를 끄덕이며, "저런!" "그래서 어떻게 되었는데요?" 하는 추임새를 넣으면서 듣는다. 이렇게 적극적으로 경청해주면 말하는 사람은 신이 나고 더 많은 아이디어를 얘기하게 되며 존중 받는 느낌을 갖는다.

경청의 최고단계는 '맥락적 경청'이다. 이것은 '말하지 않는 것까지 듣는 경청법'이다. 말 자체가 아니라, 어떤 맥락에서 나온 말인가, 즉 말하는 사람의 의도, 감정, 배경까지 헤아리면서 듣는 것을 말한다. 가히 고수의 경청법이라 할 만하다.

커뮤니케이션 학자들에 의하면 말은 전달하려는 메시지의 단 7%만을 운

반할 뿐이다. 나머지 93%의 의미는 음성과 어조, 표정, 제스처 등에 실려 전달된다. 그러니 피상적으로 말만 듣는 것은 그야말로 거대한 빙산의 일각만 보는 것과 같다.

우리가 경청을 잘 못하는 이유는 무엇일까? 상대의 말이 '옳다, 그르다' 하는 섣부른 판단, 성급하게 해결책을 제시하려는 마음 때문이다. 판단과 감정을 내려놓고 호기심을 가지고 깊게 들어볼 일이다.

2) 현명한 경청법 7가지

① 상대의 얼굴을 바라본다.
② 상대의 말에 깊은 관심을 보인다.
③ 상대에게 약간 몸을 기울인다.
④ 상대에게 질문을 한다.
⑤ 상대가 말을 완전히 마칠 때까지 끼어들지 않는다.
⑥ 상대가 말하는 주제에 고정한다.
⑦ 상대가 말한 것을 다시 반복해서 들려준다.

3) 라임 놀이

라임은 운율이 비슷한 말이나 발음이 비슷한 말을 전달하는 놀이이다.

–팀원이 한 줄로 서서, 맨 뒤에 서 있는 사람에게 진행자가 라임 문제를 제시한다.

–자기 앞에 서있는 사람에게 각각 들은 대로 귓속말로 전달한다.

–계속 전달하여 맨 앞에 서있는 사람이 제시된 대로 큰 소리로 얘기할 수 있으면 성공이다.

① 볼링 평화올림픽 존재감 나이팅게일 면역력 위협

② 기억력을 증진시키는 가장 좋은 약은 감탄하는 것이다.

③ 말은 날개를 가지지만 생각하는 곳으로 날아가지는 않는다.

④ 연습하는 사람은 발전하고, 연습하지 않은 사람은 발전하지 못한다.

⑤ 이번 주말에 공원에 놀러갔는데 거기서 초등학교 여자동창 세 명을 만났습니다. 너무 반가워서 같이 사탕 사먹었는데 먹고 있는 모습이 궁금하지 않아요?

⑥ 자만은 자신을 뽐내는 것, 오만은 남의 말을 듣지 않는 것, 교만은 남들이 눈에 보이지 않는 것이다.

⑦ 평화롭고 행복하게 살고자 한다면 아는 것 모두를 말하지도, 본 것 모두를 평가하지도 말라.

▶*세 가지 질문*

－경청을 한자로 써보라.

－나의 자녀가 이런 점만은 닮았으면 하는 것이 있다면?

－누군가를 대접해 준 경험이나, 크게 대접 받았던 경험을 말해보라.

35. 소통과 갈등관리

만일 당신이 사람의 행동을 그들의 목표, 욕구, 동기라는 관점에서 생각해 본다면, 그들의 행동을 이해할 수 있다.(토마스 만/독일 평론가, 소설가)

"인생의 최고 불행은 인간이면서 인간을 모르는 것이다." 프랑스의 과학자이자 철학자인 파스칼의 말이다. 그렇다면 인간은 어떤 동물일까? 필자가 내린 결론은 "인간은 자기에게 이익이 있을 때에만 상대방에게 호감을 보인다."는 것이다.

1) 갈등이란?

갈등(葛藤)의 한자 뜻은 칡 갈, 등나무 등자다. 칡덩굴은 왼쪽으로 타고 자라고 등나무 덩굴은 오른쪽 방향으로 자라는 현상에서 유래했다. 나란히 자라다 보면 서로 얽혀버리고 만다. 얽힌 상태에서 상대방만 탓한다. "어떻게 왼쪽으로 돌면서 자랄 수 있느냐", "어떻게 오른쪽으로 돌면서 자랄 수가 있느냐"하는 것이다. 그러면서 서로 스트레스를 받는다. 스트레스란 '내가 이해하거나 받아들일 수 없는 상황에서 생기는 것'이니까.

하지만 각자 자기들 입장에서 보면 제각기 유전자가 그렇게 되어 있는 걸 어떡하란 말인가? 본인 입장에선 잘못된 게 하나도 없다.

칡과 등나무를 예로 들었지만 인간관계 역시 다르지 않다. 사람은 유전자와 성장 환경이 다르다. 가족이 네 식구라면 네 개의 개성이 있고, 지구촌에 76억 명이 살고 있다면 76억 개의 개성이 있는 것이다. 지문과 얼굴이 다르듯 개성이 다 제각각이다.

2) 갈등관리 방법

세상에 바꿀 수 없는 두 가지가 있다. 바로 타인과 과거다. 어떻게 하면 스트레스를 받지 않고 갈등을 해결할 수 있을까? 결론부터 말하면 상대방이 나와 다름을 내가 먼저 인정하고, 이해하고 맞춰주면 된다. 역지사지(易地思之)다. 그러면 갈등이 생기지 않으니, 해결할 필요가 없다.

1단계 : 나는 맞고, 상대방은 틀렸다고 생각할 게 아니라, 나와 생각이 다르다는 점부터 '인정' 한다. 다름을 인정하면 존중이 된다.

2단계 : '나라도 너라면 그럴 수 있어'하고 '이해'하기이다. 이해하는 마음이 말이나 행동으로 나오면 배려가 된다.

3단계 : 목숨 걸린 일이 아니라면 상대방에게 '맞추어 주도록' 노력한다.

'희망+절망=100'이듯, '오해+이해=100'이다. 오해가 90이면 이해가 10, 이해가 100이면 오해는 0이 되는 것이다.

미움이라는 것은 자기생각이 '옳다' 하는데서 생긴다. 내 생각대로 되지 않으니까 상대를 미워하게 되는 것이다. 그런데 사람의 생각은 서로 다르다. '저럴 수도 있겠다. 저 사람은 저렇게 생각하는구나!' 이렇게 이해하면 마음속에 미움도 생기지 않는다.

상대방을 바꾸기는 어렵다. 사람들과 협력하려면 상대방에 대한 내 반응밖에 없다.

3) 관점은 선택

갈등과 감정의 관계를 살펴보자.

첫째, 이해를 해 버리면 화를 가라앉힐 필요가 없다. 아예 화가 나지 않았는데 무엇을 가라앉힌단 말인가.

둘째, 이해가 안 되면 '내가 화가 나는구나!'하고 자기의 감정을 알아차리면 된다. 감정은 대개 무의식에서 올라오는 것인데, 이성적으로 감지를 해버리면 한순간에 감정(화)의 힘이 꺾인다. 이 부분은 다음 주제인 '감정과 화 관리법'에서 자세히 다루겠다.

셋째, 그래도 화가 솟구친다면 화의 본질에 대해 탐구할 필요가 있다. 호흡과 명상을 통해 성찰하거나 전문의의 상담이 필요하다.

모든 사물에 대해 이해하는 자세가 필요하다. 화가 난다는 것은 이해하지 못하는 데서 생기는 현상이다. 이해를 하는 만큼 내 마음이 편하고, 오해하는 만큼 힘든 사람은 나 자신이다. 관점 변화는 선택의 문제이다.

▶의사소통 게임-달라도 같다

진행자의 말을 듣고 그림을 그려본다. 서로 다름을 알고 소통에 대한 이야기를 나눌 수 있는 놀이이다.

① 진행자가 읽어주고 참여자들이 그린다.

맨 아래에 가로 5cm, 세로 1cm인 직사각형이 있습니다. 직사각형 가운데 위에 한 변의 길이가 2cm인 정삼각형이 한 모서리만 닿은 채 거꾸로 서 있습니다. 정삼각형 가운데 위에 지름이 1cm인 원이 있습니다. 원 가운데에 깃대는 2cm, 깃발의 가로는 1.5cm, 세로는 1cm인 깃발이 서 있습니다.

② 원을 세 개를 그리고 그 위에 선을 하나 그어보라.

-단순 명쾌형(매사에 분명함을 좋아하는 사람), 예술적 감각형(예술적 감각이 뛰어난 사람), 구성적 감각형(구성력이 뛰어난 사람)으로 대별할 수 있다.

③ 각자의 종이에 좋아하는 도형(세모, 동그라미, 마름모 등)을 하나 그린다.

-그린 도형을 보고 연상되는 단어를 구체적으로 많이 적는다.

-같은 도형끼리 만난다. 연상되는 단어가 서로 비슷한지 다른지 확인한다.

▶세 가지 질문

-최근에 누군가와 싸운 적이 있는가?

-모임이나 팀의 활성화에 기여해 본 경험이 있는가?

누군가를 용서한 적이 있는가?

36. 감정과 화 관리법

분노를 품고 사는 것은 독을 품고 사는 것과 마찬가지다.(틱낫한/베

틱낫한 승려)

분노는 인간의 보편적인 감정인지 모른다. 살다보면 누구나 상대방을 죽일 듯이 물어뜯고 싶은 순간이 있고 그런 감정을 제어하지 못해 속이 시커멓게 타들어가는 경우도 많다. 화(火)를 참지 못해 화(禍)를 당하기도 한다.

1) 가슴이 멀어질 때

사람들은 화가 나면 왜 소리를 지르는가? 사람들은 화가 나면 서로의 가슴이 멀어졌다고 느낀다. 그래서 그 거리만큼 소리를 지르는 것이다. 소리를 질러야만 멀어진 상대방에게 자기 말이 가 닿는다고 여기는 것이다. 화가 많이 날수록 더 크게 소리를 지르는 이유도 그 때문이다. 소리를 지를수록 상대방은 더 화가 나고, 그럴수록 둘의 가슴은 더 멀어진다. 그래서 갈수록 목소리가 커지는 것이다.

두 사람이 사랑에 빠지면 무슨 일이 일어나는가? 사랑을 하면 부드럽게 속삭인다. 두 가슴의 거리가 매우 가깝다고 느끼기 때문이다. 그래서 서로에게 큰소리로 외칠 필요가 없는 것이다. 사랑이 깊어지면 두 가슴의 거리가 사라져서 아무 말이 필요 없는 순간이 찾아온다. 두 영혼이 완전히 하나가 되기 때문이다. 그 때는 서로를 바라보는 것만으로도 충분하다. 말없이도 이해하는 것이다. 이것이 사람들이 화를 낼 때와 사랑할 때 일어나는 현상이다.

2) 감정이 정리되는 과정 4단계

1단계 : 충격을 받으면 허탈해진다. 온 몸에 힘이 쭉 빠져나가고, 두뇌 움직임이 정지한다. 크게 당황스런 상황이거나 누군가로부터 마음에 상처가 되는 말을 들었을 때이다.

2단계 : 분노하고 화를 낸다. 가장 어려움을 겪는 단계이다. 이성을 잃고, 시야협착증세로 눈에 보이는 것이 없어진다. 고래고래 소리를 지르거나, 울부짖거나, 물건을 집어 던지거나, 남 해치기, 폭음 등의 형태로 나타난다. 사람에 따라 이 기간이 길게 갈 수도 있고 짧게 끝날 수도 있다.

3단계 : 수용하고 인정한다. '그럴 수 있어!'하고 받아들이는 단계이다. 수용이 늦어지면 대책도 늦어진다.

4단계 : 대책을 세워 해결한다. 이성적인 판단과 행동의 단계이다.

3) 3가지 선택지

감정이 올라올 때 세 가지 선택지가 있다.

첫째, 참기

자신의 감정을 억압하는 것이다. 압력이 생긴다. 그 압력을 스트레스라고 한다. 계속 참으면 병이 된다.

둘째, 표출하기

한국 사람들은 대개 세 번 만에 터진다. "한 번도 아니고, 두 번도 아니고", "보자보자 하니까"하다가 터뜨리지 않는가? 터뜨리고 나면 손해를 본다. 관계가 엉망이 되고 자책하며 후회를 하게 된다. '참기→스트레스 받기→터뜨리기→후회하기'를 반복하는 게 일상이 된다.

셋째, 알아차리기

감정은 좋고 나쁜 것이 없다. 나도 모르게 무의식중에 일어나는 정신작용이다. 화는 내 입장에서만 보기 때문에 생기는 현상이다. 역지사지하면

놓쳤음을 알게 된다. 놓쳤으면 상대에게 얼른 미안하다고 사과를 한다. 그러면 화를 내고 나서도 관계가 유지될 수 있다. 그리고 스스로에게 '다음엔 놓치지 말아야지' 다짐한다.

몸이 피곤해지면 화나 짜증을 내는 사람이 있다. 그런 경우, 책상 앞이나 눈에 잘 띄는 곳에 다음과 같이 써 붙여 놓길 권한다.

"나는 몹시 피곤할 때 짜증과 화가 난다. 그것도 폭발할 때가 있다."

이렇게 하면 피곤해지기 시작할 때 몸이 먼저 경계를 하면서 자신을 지켜보기 시작한다.

'어어, 이러면 짜증이 나고 감정이 폭발할 텐데…….'

몸의 예고를 알아차리고 '언제쯤 터지나 한번 지켜보자' 하라. 그러면 터지지 않는다. 스스로에게 주의를 주는 즉시 짜증이란 놈은 김이 빠져버리기 때문이다.

그런데 몹시 심하게 피곤해서 화가 날 때는 지켜 볼 경황도 없이 자기도 모르게 터지는 경우가 있다. 그래서 알아차림이 습관이 되어야 한다. 몸이 피곤하거나 일이 좀 과하다 싶으면, '슬슬 화가 일어나는구나. 감정이 폭발하려고 하는구나'하며 미리 알아차려야 한다. '그럼 언제쯤 터질까? 이번에는 한번 잡아 봐야지. 어디, 어디쯤 왔나?'하고 깊은 관심으로 지켜보는 것이다. 지켜보기는 현재에 일어나고 있는 상태를 지켜봐서 거기에 휘둘리지 않는 것이다. 이 정도의 관심을 자기에게 가지면 이 상황은 쉽게 극복이 된다. 그런데 대부분의 사람들은 이렇게 자기 마음을 살피지 않고 산다. 그래서 똑같이 열 번이고 스무 번이고 같은 일을 되풀이하게 되는 것이다. 더 이상 같은 일이 되풀이되지 않게 하려면 해결하고자 하는 문제에 관심을 가져야 한다. 예의주시하는 것이다. 이것은 실제로 경험을 해 보아야 한다.

4) 화가 난다면 무엇을 할 것인가

감정을 조절하는 행위는 자동차 운전과도 같다. 멋진 차를 가졌어도 운전을 못하거나 차가 내 말을 듣지 않으면 무용지물이다. 멈추고 싶은 곳에서 멈추고, 가고 싶은 방향으로 움직이는 운전 기술이 필요하다. 화를 다스릴 수 있는 방법을 소개한다.

① 심호흡을 하라

10번만 심호흡을 한다. 숨을 들이 마시고 2~3초가량 참았다가 천천히 내뱉는다. 심호흡은 뇌 속에 산소를 공급하여 이성적인 판단을 하는데 도움을 준다.

② 운동을 하라

화가 나는 상황에서 벗어나 다른 뭔가에 집중한다. 걸을 수도 있고 뛰어도 좋으며, 혹은 그 자리에서 점프를 해도 좋다. 이 같은 행동은 근육에 뭉쳐진 화학물질들을 분산시키는 데 도움을 준다.

③ 감정을 살펴보라

분노의 감정을 들여다본다. 분노에 형체가 있다고 상상을 하고, '부피는 얼마나 되지?', '무게를 잰다면?', '색깔은?'하고 자신의 감정에 집중하면 봄눈 녹듯 분노의 감정이 스르르 사라져버릴 수 있다.

④ 자기 대화를 하라

화를 내는 이유는 상황이 아니라 상황을 바라보는 관점 때문이다. 기대, 비교, 욕심이 화나 짜증의 근원임을 알아야 한다. 감정 바꾸기는 곧 생각

바꾸기이다.

'저에게는 겨우 12척의 배밖에 없군요.' vs '저에게는 아직도 12척의 배가 있습니다.'

둘 중 이순신 장군이 선택했던 생각은?

후자였다. 이 생각이 '그렇다면 12척의 배로 어떻게 해야 할까?'라는 방법을 찾게 만들어 문제를 성공적으로 해결하는 행동을 불렀던 것이다.

사람의 감정은 생각을 따라간다. 따라서 자신에게 들려주는 '말'을 바꾸면 '감정'이 바뀐다. 의식적으로 다음과 같은 말(생각)들을 떠올린다.

'세상에는 내 뜻대로 안 되는 일도 많구나', '가는 말만 곱자. 끝', '이만하기 다행이다'

또 있다. 이른바 '나지사 기법'이다. 나지사는 '구나'와 '겠지' '감사'의 끝 글자를 합친 말.

어떤 상황이 발생했을 때, '그랬구나'라며 상황을 객관적으로 본 다음, '그럴 만한 사정이 있겠지'라며 상황을 이해하고, 그나마 더 상황이 나빠지지 않은 것에 '감사'하는 것이다.

"화내도 하루! 웃어도 하루!"

어느 절 입구에서 본 글이다. 마음의 평화는 내가 나에게 줄 수 있는 최고의 선물이다.

37. 감정 표현하기

인격이란 어둠 속의 사람 됨됨이다.(드와이트 라이언 무디/미국의 침례교 평신도 설교자)

'지금 내 기분이 어떤가?' 스스로 물었을 때 짜증인지 우울한지 불쾌한지 슬픈지 행복한지 유쾌한지 즐거운지 잘 알고 있어야 한다. 사람의 에너지는 다양한 형태로 모이고 흩어진다. 그 에너지 분화의 모습은 감정이며 감정분화가 잘 되어야 상대방의 감정도 이해할 수 있고 공감할 수 있으며 비로소 배려도 가능하다.

자신의 감정을 정직하게 표현하는 것이 상대방의 기분에 영향을 줄까봐 숨겼던 적이 있을 것이다. 하지만 감정을 숨기는 것은 인간관계는 물론, 본인의 심신을 병약하게 만드는 부작용을 초래한다. 감정은 옳고 그름으로 분류할 수 없다. 단순히 존재하는 것일 뿐이다.

우리가 자기감정을 제대로 표현하지 못하는 이유는, 내가 감정을 표현했을 때 상대가 동의해야 된다는 강박관념 때문이다. 감정 표현을 편안하게 잘할 수 있는 길은 '상대의 반응은 그의 자유'라고 인정을 하는 것이다.

나는 상대를 좋아하는데 상대가 나를 싫어한다고 미워한다는 건 세상이 다 내 식대로 돼야 한다는 내 안의 독재근성 때문이 아닐까? 그런 독재근성을 버리고 상대의 자유를 인정해야 나도 편안해진다.

공감훈련을 위한 단어를 제시한다. 감정단어에 익숙해지면 자신이 느끼고 있는 감정이 무엇인지 잘 알아차릴 수 있게 된다. 감정을 알아차렸다면 통제도 쉬워진다. 나의 마음을 대변하는 단어를 골라 그 감정을 느끼는 이유, 사건에 관해 말하다보면 어느덧 진정성 있는 대화로 이어질 수 있다.

지금, 당신의 감정을 적절하게 표현하고 있는 단어는 어떤 것인가? 두 개를 골라 보라. 그리고 그 이유는 무엇인가?

1) 기쁨

편안한/따뜻한/반가운/흥미로운/궁금한/감사한/기대되는/열중한/기쁜/멋진/놀라운/든든한/뿌듯한/만족스러운/사랑스러운/신나는/열중한/자랑스러운/자신 있는/재미있는/평화로운/후련한/눈물겨운/날아갈 듯한/홀가분한/활기찬/황홀한/환상적인/가벼운/안심되는/명확해진/가슴 뭉클한/흥분된/싱그러운/생기가 도는/편안한/포근한/자신감 있는/쾌적한/감동한/통쾌한/다정한/느긋한/만족스러운/안정된/자유로운

2) 두려움, 분노, 불쾌, 슬픔

걱정스러운/긴장한/겁이 나는/궁지에 몰린/기가 죽은/떠밀린/초조한/깜짝 놀란/당황한/두려운/무서운/불안한/혼란스러운/답답한/미운/속상한/분한/귀찮은/심란한/무관심한/부끄러운/부러운/싸늘한/지루한/창피한/피곤한/괴로운/억울한/짜증나는/미안한/막막한/미안한/서운한/슬픈/마음이 아픈/외로운/실망스러운/참담한/안타까운/우울한/좌절한/후회스러운/지친/멘붕 상태인

38. DISC 성격검사

나의 성격은 나의 행위의 결과이다.(아리스토텔레스/철학자)

DISC는 MBTI, 에니어그램 등과 마찬가지로 사람의 성격과 행동에 대해 분석하는 도구이다. 1928년 미국 콜롬비아대학 심리학교수인 윌리엄 마르스톤에 의해 창시되었다. 1992년부터 한국에 도입되어 기업체와 공공기관, 사회단체 등의 연수 프로그램으로 활용되고 있다.

마르스톤 교수는 행동패턴을 크게 네 가지 주도형(D), 사교형(I), 안정형(S), 신중형(C)으로 나누었다. 각 문항별로 일 또는 행동에 있어 자신을 가장 잘 표현한다고 생각되는 문항을 하나만 체크해보라.

1) 개인의 유형 Sheet(DISC)

	A	B	C	D
1번	절제하는	강력한	꼼꼼한	표현력 있는
2번	개척적인	정확한	흥미진진한	만족스러운
3번	기꺼이 하는	활기 있는	대담한	정교한
4번	논쟁을 좋아하는	회의적인	주저하는	예측할 수 없는
5번	공손한	사교적인	참을성이 있는	무서움을 모르는
6번	설득력 있는	독립심이 강한	논리적인	온화한
7번	신중한	차분한	과단성 있는	파티를 좋아하는
8번	인기 있는	고집이 있는	완벽주의자	인심 좋은
9번	변화가 많은	수줍음을 타는	느긋한	완고한
10번	체계적인	낙관적인	의지가 강한	친절한
11번	엄격한	겸손한	상냥한	말주변이 좋은
12번	호의적인	빈틈없는	놀기 좋아하는	의지가 강한
13번	참신한	모험적인	절제된	신중한
14번	참는	성실한	공격적인	매력 있는
15번	열정적인	분석적인	동정심이 많은	단호한
16번	지도력 있는	충동적인	느린	비판적인
17번	일관성 있는	영향력 있는	생기 있는	느긋한
18번	유력한	친절한	독립적인	정돈된
19번	이상주의적인	평판이 좋은	쾌활한	솔직한
20번	참을성 없는	진지한	미루는	감성적인
21번	경쟁심이 있는	자발적인	충성스러운	사려 깊은
22번	희생적인	이해심 많은	설득력 있는	용기 있는
23번	의존적인	변덕스러운	절제력 있는	밀어붙이는
24번	포용력 있는	전통적인	사람을 부추기는	이끌어가는

자신이 체크한 것을 바탕으로 점수표에 다시 한 번 체크를 해보자. 만약 1번에 B(강력한)을 체크했다면 아래의 표에는 D영역에 체크를 하면 된다. 이렇게 해서 D, I, S, C 영역에 최종 몇 개가 나왔는지 총합을 구해보라. 가장 많이 나온 영역이 바로 자신의 행동성향을 나타내는 것이다.

2) 점수표

	D	I	S	C
1번	B	D	A	C
2번	A	C	D	B
3번	C	B	A	D
4번	A	D	C	B
5번	D	B	C	A
6번	B	A	D	C
7번	C	D	B	A
8번	B	A	D	C
9번	D	A	C	B
10번	C	B	D	A
11번	A	D	C	B
12번	D	C	A	B
13번	B	A	D	C
14번	C	D	B	A
15번	D	A	C	B
16번	A	B	C	D
17번	B	C	D	A
18번	C	A	B	D
19번	D	B	C	A
20번	A	D	C	B
21번	A	B	C	D
22번	D	C	B	A
23번	D	B	A	C
24번	D	C	A	B
총합	개	개	개	개

3) DISC 행동유형 매트릭스

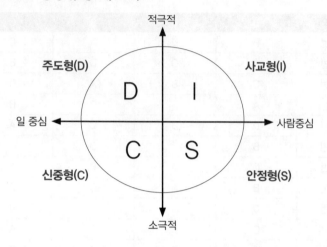

4) 유형별 특징과 강점

D타입은 창조하고, I타입은 팔며, S타입은 즐기고, C타입은 개발하고 개선시킨다. 어떤 프로젝트를 두고 각각 생각하는 방식을 보자.

① Dominance(주도형) : "지금 이곳에서 '무슨 일'이 벌어지고 있지?"

결과를 성취하기 위해 장애를 극복함으로써 스스로 환경을 조성한다. 자아가 강하고 결과 지향적 리더 스타일이다. 핵심 단어는 목표, 도전, 지배, 추진, 요구, 과단성, 실행가.

② Influence(사교형) : "대체 '누가' 이번 행사에 초대받지?"

다른 사람을 설득하거나 영향을 미침으로써 스스로 환경을 조성한다. 모임자리에서 빠질 수 없는 분위기 메이커로서 낙천적이고 사람 지향적이다. 핵심 단어는 인정, 칭찬, 설득, 상호작용, 흥미.

③ Steadiness(안정형) : "이 프로젝트를 '어떻게' 진행시키지?"

과업을 수행하기 위해서 다른 사람과 협력한다. 세상을 살기 좋은 환경으로 만들어 주는 없어서는 안 될 존재다. 핵심 단어는 체계성, 팀 지향적, 지지, 순종, 인정, 수줍음, 현상유지.

④ Conscientiousness(신중형) : "이 일을 '왜' 한단 말인가?"

업무의 품질과 정확성을 높이기 위해 기존의 환경 안에서 신중하게 일한다. 핵심 단어는 신중함, 과정 지향적, 정확성, 유능, 계산, 걱정, 주의 깊음.

DISC는 우리가 각기 다른 '필터'로 세상을 바라본다는 것을 알려주고 있다. 물론 그 누구도 완전한 D형, I형 혹은 S형이나 C형으로만 존재하는 것은 아니다. 대개는 다양한 특성들을 조합하여 지니고 있다. 자신의 행동유형을 알고, 나아가 타인의 행동유형을 이해할 수 있다면 성공적인 인간관계를 하는데 도움이 될 수 있을 것이다.

39. 인정의 컵 이야기

가장 찬사를 들어 마땅한 사람은 사람들이 부당하게도 그에게 찬사를 보내지 않으려고 하는 바로 그 사람이다.(칼릴 지브란/시인)

사람은 누구나 마음속에 컵을 하나씩 갖고 있다. 이른바 '인정의 컵'이다.

대개 절반 정도는 '타인인정(남이 나를 알아봐 주는 것)'의 기운으로, 나머지 절반 정도는 '자기인정(자부심)'의 기운으로 채운 채 살아간다.

그런데 내부적이나 외부적인 원인으로 인해 계획한 일이 뜻대로 안 풀릴 때가 있다. 이 때 인정의 컵 아래에 구멍이 생긴다. 이곳으로 '자기인정'의 기운이 빠져나간다. 이런 경우 본인도 모르게 나타나는 현상이 있다.

'자기자랑, 비교(남 헐뜯기), 과다한 치장……'

사람들을 상대하다 보면 주위에 이런 사람 몇은 눈에 띈다. 자기신뢰가 줄어드니까 타인신뢰의 기운으로 채우고자하는 본능이 작용하고 있는 것이다. 칭찬과 격려가 필요한 사람들이야말로 바로 이들이다.

문제는 나 자신이 이러할 때이다. 인생은 날씨다. 인간은 감정의 동물이다. 사소한 일로도 감정의 골에 빠지면 헤어나기가 어려운 지경에 이를 수 있을 수 있다.

인정의 컵

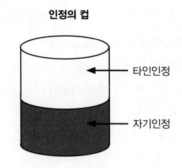

'자기인정'의 기운이 없을 때 나타나는 현상 가운데 하나가 마음이 복잡해져 일이 손에 잡히지 않는다는 점이다. 극복방법으로는 해야 할 일을 메모한 다음 우선순위를 정하여 하나씩 지워가면서 일에 집중하기, 그래도 지금 살아 있음에 감사하기, 자기칭찬 등이다.

하나라도 선택하여 반복하다 보면 작은 성취감이 모여 큰 성취감으로 이어지고, 조금씩 자부심이 자라기 시작한다. 자아라는 엔진을 작동시켜 준다. '자기인정'의 기운으로 인정의 컵이 가득 채워질 땐, 남이 뭐라고 하든 상관하지 않게 된다. 나의 길을 묵묵히 갈 수 있다. 다음은 결론 두 가지이다.

"순금은 도금을 하지 않는다."

"잘난 사람은 잘난 체 할 필요가 없다."

▶세 가지 질문

－이 글을 읽고 생각나는 사람이나 일화가 있다면?

－내가 제일 좋아하는 말

－내가 제일 싫어하는 말

40. 관계지수를 높이자

세상만사가 다 우연인데요, 가치를 부여하면 필연이 되겠지요.(황석영/소설가)

최근 한 언론사에서 3년차 이상 직장인 1,112명을 조사한 결과 전체의 96%가 '직장생활을 효과적으로 하기 위해 인간관계가 중요하다'고 응답했시만 66%는 '인간관계를 잘하지 못한다'고 밝혔다. 정신건강에 가장 좋은 것은 많은 사람들과 더불어 잘 지낼 수 있는 능력이다.

▶관계지수를 높여주는 십자 원리

인간관계를 바꿀 수 있는 것은 상대방에 대한 내 반응밖에 없다. 그리고 그 핵심은 다음과 같이 마음의 태도를 바꾸는 것이다.

1) You First(언제든 당신이 먼저다) : '나의 윗사람은 신!'이라고 생각하기 이다.

윗사람이란 고객, 집안의 연장자, 직장 상사, 가정의 배우자, 주변의 영향력 있는 사람을 일컫는다. 신은 완벽하다. 충고나 조언은 가당치 않다. 따라서 윗사람에겐 '그렇게 하겠습니다', '감사합니다'라는 말을 입에 달고 대해 보라.

2) Win-Win(남이 잘 돼야 나도 잘된다) : 동료는 동반자, 원-원 대상이다.

양 날개가 없으면 날 수 없다. 동료를 시기하고 질투하기보다 인정하고 칭찬할 때 내 인격이 올라간다. "덕분이다", "너밖에 없다"는 말을 즐겨 사용해 보라. 동료는 나의 날개다.

3) No Give No Take(이 세상에 공짜는 없다) : 아랫사람은 귀인이다.

1층 없는 2층은 없다. 아랫사람에게 친절과 배려의 마음이 필요하다. 그들의 이름을 불러주고 관심사를 파악하라. 베풀고, 먼저 주고, 원하는 바를 물어보라. 영향력이 높아지면 리더십이 발휘된다.

41. 설득의 심리학

결정의 90퍼센트는 감성에 근거한다. 감성을 동기로 작용한 다음, 행동을 정당화하기 위해 논리를 적용한다. 그러므로 설득을 시도하려면 감성을 지배해야만 한다.(막스 리버만/독일 화가)

1) 아리스토텔레스의 설득의 3요소

고대 그리스 철학자 아리스토텔레스는 설득의 3요소로 에토스, 파토스, 로고스를 꼽았다.

첫째, 에토스(Ethos)는 인격이다. 호감도, 명성이나 신뢰, 인품이다. 설득 과정에 60% 정도 영향을 미친다.

둘째, 파토스(Pathos)는 감정이다. 감성, 연민 등으로 정서나 감정을 자극해야한다는 것이다. 설득에 30% 정도 영향을 미친다.

로고스(Logos)는 논리다. 내용, 공정성, 근거 제시하기다. 설득에 10% 정도 영향을 미친다. 에토스-파토스-로고스, 그리고 다시 상대방이 마음을 바꾸지 않도록 신뢰감을 형성해야 한다. 이것이 아리스토텔레스가 얘기하는 설득의 순환과정이다.

설득은 상대를 꺾고 마음을 움직이는 날카로운 비수가 아니라 내 뜻을 제대로 전달하여 이해시키고, 그렇게 하는 것이 상대에게도 도움이 되도록 돕는 협력이 되어야 한다.

2) 행복한 관계를 위한 마법의 비율, 5:1

어떻게 하면 설득의 60%를 차지하는 호감도를 높일 수 있을까? 이 부분을 연구한 학자가 있다.

존 고트먼 박사는 미국 매사추세츠공과대학(MIT)에서 수학을 전공한 뒤 심리학으로 박사학위를 받은 사회심리학자이다. 고트먼 교수는 행복한 관계를 유지하려면 긍정적인 말을 부정적인 말보다 다섯 배 정도 더 많이 해야 한다고 주장한다.

그는 700쌍 이상의 부부들을 관찰해 이 사실을 확인했다. 15분씩의 비디오 촬영을 통해 부부들의 대화 내용 및 태도를 분석한 결과 행복한 결혼생활과 이혼 여부를 결정짓는 변수를 찾아낸 것이다. 그것은 바로 부부간에 주고받는 긍정적인 대화와 부정적인 대화의 비율이었다.

금슬이 좋은 부부들은 비난이나 무시, 경멸과 같은 부정적인 발언이나 태도를 한 번 하거나 보였다면 격려나 칭찬과 같은 긍정적인 표현을 적어도 다섯 번 이상 하는 것으로 나타났다.

반면 긍정적인 상호작용과 부정적인 상호작용의 비율이 5:1 이하로 떨어지면 결혼생활에 금이 가기 시작해, 1:1에 가까우면 이혼에 이른다는 사실을 밝혀냈다.

노벨경제학상 수상자 다니엘 카네만은 "사람은 하루에 2만 번의 모멘트(moment 순간, 찰나)를 경험한다."고 했다. 즉 4초에 한 번씩 우리는 누군가에게 영향력을 행사하며 살고 있다는 얘기이다. 단, 이때의 반응은 긍정 또는 부정만 있을 뿐, 그 중간상태는 없다.

"행복한 관계를 유지하려면 긍정적인 말이나 행동을 부정적인 말이나 행동보다 다섯 배 정도 더 많이 해야 한다!"

존 고트먼 교수의 이 결론은 모든 인간관계에 접목될 수 있다. 호감, 신뢰감을 주어 상대방을 내편으로 만들 수 있는 기준이기도 하다.

한편, 상위 한계점도 존재한다. 긍정적인 상호작용과 부정적인 상호작용의 비율이 13:1 이상으로 올라가면 오히려 상황이 나빠진다는 것이다.

하지만 상위 한계점에 대해 걱정할 필요는 없다. 왜냐하면 대부분의 조직에서 긍정 대 부정의 비율이 놀라울 정도로 낮아서 상위 한계점을 걱정하기 보다는 현재 상태를 개선하는 것이 더 시급하기 때문이다.

칭찬을 잘 하지 못하는 사람들은 대개 칭찬을 듣고 자라지 못해서 그렇다. 긍정성을 끄집어내고 감성을 개발할 수 있는 좋은 도구로 칭찬게임을 소개한다.

3) 칭찬 게임

칭찬 게임은 '잘 보이기'보다 '잘 봐주기' 연습이다. 관심의 초점을 내게서 상대방에게로 옮겨보는 것이다. 방법은 2명~6명이 둥그렇게 앉아 1번 팀원에게 5개의 칭찬을 해준다. 칭찬 받는 사람이 아래 시트지에 내용을 받아 적는다. 돌아가며 팀원 모두 경험을 하고 나면, 한 명씩 칭찬하고 받았을 때의 느낌을 말한다.

칭찬 게임

여러분은 저의 거울입니다. 선물을 주십시오.

1)

2)

3)

4)

5)

여러분은 저의 거울이었습니다. 감사합니다.

'즉시, 공개적으로, 명사나 수치를 넣어서'는 칭찬의 3원칙이다. 질책의 3원칙도 있다. '짧게, 비공개적으로, 관찰 후' 하기이다.

입과 혀는 말을 만드는 기관이다. 말을 한다는 것은 하늘과 땅의 만남이고, 개념과 실제의 마주침이며, 마음과 몸의 충돌이다. 그래서 좋은 말을 하면 음양의 순환이 절로 이루어진다. 말과 소리가 내 주변의 인연 환경을 바꾸고 그것이 사람을 부르고 복을 부른다. 내 입으로 칭찬의 말, 사랑의 말, 감사의 말을 해야 하는 이유이다.

42. 칭찬의 기술

좋은 칭찬 한 마디에 두 달은 살 수 있다.(마크 트웨인/미국 소설가)

많은 사람들이 칭찬의 위력을 알지 못한다. 에모토 마사루의 사진집 〈물은 답을 알고 있다〉가 나왔을 때 사람들은 눈을 의심했다. 물을 연구하는 이 일본인 학자는 물에게 다양한 단어를 들려주고 그 모양의 변화를 사진에 담았다. 놀랍게도 "넌 정말 예뻐"라는 칭찬을 들려주었을 때 완벽한 아름다움을 보여준 물 분자가 "정말 못 생겼군"이라는 말을 했을 때는 일그러지고 비틀린 모습으로 추하게 변했다. 〈먹거리 X파일〉에서는 이영돈 PD가 에모토 마사루와 인터뷰하고, 책에 소개된 내용이 모두 사실임을 입증하는 내용을 실험을 통해 생생하게 보여주었다.

심리학자인 윌리엄 제임스는 인간에게 가장 깊은 욕구는 인정받고 싶은 욕구라고 말했다. 칭찬도 연습하고 훈련해야 더욱 세련되게 적재적소에서 구사할 수 있다. 칭찬의 기술을 배워보자.

1) 칭찬의 기술

먼저 칭찬의 기술 1단계는 바로 눈에 보이는 것을 칭찬하는 것이다. 상대방의 의상, 머리모양, 넥타이, 안경, 미소 등을 보면서 눈에 띄는 것을 칭찬해 준다.

칭찬을 하려고 하면 상대방을 관심을 가지고 보게 된다. 그러면 미리모양이 바뀌었는지, 의상이 어떤지, 얼굴 표정이 좋은지 쉽게 알 수 있다.

칭찬의 기술 1단계를 습관화하면 언제 어디서든 상대방을 편하게 칭찬할 수 있다. 그러면 2단계 칭찬을 함께 구사한다. 바로 단순히 의상이나 넥타이를 칭찬하는 것이 아니라 그것을 고른 상대방을 칭찬하는 것이다. 1단계

칭찬의 포인트는 내 눈에 보이는 점, 2단계는 마음속에 느껴지는 점을 말로 표현해보는 것이다.

2) 분위기 파악이 중요

칭찬이 오히려 무례함이 될 수도 있다. 언젠가 중소기업 최고경영자 (CEO)들을 대상으로 칭찬의 기술을 교육하면서 서로 마주보고 칭찬을 하는데, 한 대머리 사장님에게 파트너가 이렇게 말했다. "사장님, 오늘 날씨가 무척 더운데, 머리가 시원하시겠어요. 부럽습니다." 순간 대머리 사장님께서는 멋쩍은 웃음을 보였다. 칭찬도 잘못하면 무례함이 될 수 있다.

3) 칭찬 융단폭격

남아프리카 미개 부족의 하나인 바벰바족 사회에는 범죄 행위가 극히 드물다고 한다. 물론 순박하고 자연 속에서 오순도순 살아가기 때문에 큰 죄하고 할 것 까지 없지만 어쩌다 죄 짓는 사람이 생기면 기발한 방법으로 그 죄를 다스린다고 한다.

먼저 누군가 잘못을 저지르면 그를 마을 한복판 광장에 세운다. 마을 사람들은 하고 있는 일을 중단하고 광장에 모여 죄를 지은 사람 중심으로 빙 둘러선다. 그리고 한 사람씩 돌아가면서 큰 소리로 한마디씩 외친다. 내용은 죄 지은 사람이 과거해 했던 좋은 일이나 칭찬이어야 한다. 그때 죄지은 사람의 장점, 선행, 감사, 미담들이 하나씩 열거된다.

"넌 원래 착한 아이야", "작년에 비가 많이 왔을 때 떠내려가는 돼지를 잡아줘서 고마워", "넌 우리에게 너무나 소중해"

하지만 의도된 과장이나 농담은 일체 금지되며 심각하고 진지하게 칭찬

해야 한다. 칭찬이 한 바퀴 돌면 죄책감에 고개를 숙였던 사람이 서서히 참회의 눈물을 흘리기 시작한다. 이때 분위기는 절정에 달하고, 사람들은 한명씩 나가 껴안아주면서 위로와 격려로 죄를 용서해 준다. 행사가 끝나면 죄를 지었던 사람은 다시 죄를 짓지 않는다고 한다.

세상에 단죄하는 방법은 많지만 칭찬은 그 죄를 씻을 뿐만 아니라 용서하고 격려하는 강력한 방법이다. 죄를 짓는 것은 쉽지만 용서하기는 쉽지 않다.

4) 링컨에게 힘을 준 칭찬

뛰어난 리더, 설득의 대가들은 대개 장점 발견 전문가들이다. 링컨은 인류 역사상 뛰어난 리더 중 한 사람이다. 그런데 그는 불행히도 암살을 당했다. 미국 제16대 대통령 링컨이 암살당하던 날, 그의 호주머니에서 나온 유품 세 가지가 지금도 스미소니언박물관에 전시되어 있다. 유품은 손수건 한 장, 시골 소녀가 보내준 주머니칼 하나, 그리고 잘 오려서 접혀진 낡은 신문지 조각이 하나 나왔는데, 오려진 신문지에 적힌 내용은 다음과 같았다.

"에이브러햄 링컨은 역대 정치인들 가운데 최고라고 할 수 있다."

모 일간지의 신문 기자가 링컨을 칭찬해 놓은 기사를 오려서 품속에 넣고 다녔던 것이다. 말과 글은 머리에만 남겨지는 게 아니다. 가슴에도 새겨진다. 마음 깊숙이 꽂힌 언어는 지지 않는 꽃이다. 우리 그 꽃을 바라보며 위안을 얻기도 한다.

5) 인생은 날씨와 같다

링컨의 모습을 상상해 보라. 기분이 엉망이고 감정지수가 내려갈 때, 고

이접어 간직하고 있던 글귀를 꺼내어 읽어본다.

'그래 맞아. 난 이런 사람이야!'

남모르는 미소를 지으며 기분을 충전시킨 다음 다시 접어 품속에 넣는다.

인생은 날씨나 다름이 없다. 마음속에 해가 뜨기도 하고 흰 구름, 먹구름, 폭풍이 몰아칠 때도 있지 않는가?

인간은 감정의 동물이다. 남들이 볼 땐 단순한 흰 구름인 데도 스스로 감정의 골에 빠질 때가 있다. 당사자에겐 먹구름이다. '역시 나는 안 돼!'하며 최악의 선택을 할 수가 있다. 링컨이 했다면 우리도 가능하지 않을까?

작업을 하나 해 보라. 자신의 칭찬거리를 찾아 목록을 만드는 일이다. 이 것은 자신의 정체성이 되기도 한다. 사람은 관계가 익숙해지면 자기가 자 기를 대하듯 상대방을 대한다. 타인칭찬보다 우선할 일이 자기칭찬이다.

6) 자기칭찬 목록 견본

① 나는 소통 전문가로서 대한민국 명강사이다.

② 발표력 향상, 강의기법, 의사소통의 기술, 회의진행법 교육 전문가이 다.

③ 나는 매사에 호기심이 많다.

④ 나는 자투리 시간을 잘 이용한다.

⑤ 작은 일에 감사할 줄 안다.

⑥ 마음이 유연하여 화나 짜증을 내지 않는다.

⑦ 1주일에 네 번 이상 등산하며 건강을 잘 챙긴다.

⑧ 다양한 분야의 모임을 갖고 있어 사회적으로 건강하다.

⑨ 5년에 한 권 책을 펴내기 위해 노력한다.

⑩ 나에게는 늘 내편인 사랑하는 아내가 있다.

자기에게 다정한 한마디를 하는 것은 머지않아 좋은 감정으로 자라날 씨앗 하나를 심는 일이다. 나를 향한 나의 시선이 바뀌면 남을 향한 나의 시선이 바뀌고 마침내 나를 향한 남의 시선이 바뀐다. 나를 위한 응원, 자기 칭찬 목록을 책상 앞에 붙여놓거나 휴대전화 메모장에 보관하여 하루에 세 번씩만 꺼내어 보라. 소리 내어 읽으면 더욱 좋다.

장난 같은 평상시의 행동이 무의식에 저장되면 감정의 골짜기에 빠져서 기분이 엉망이 될 때 3만와트 이상의 자극으로 당신의 에너지를 충전시켜 줄 수 있을 것이다.

7) 나를 다독이는 '터치 테라피'

우리는 가슴이 답답할 때 손으로 가슴 한가운데를 주먹으로 쿵쿵 친다. 놀란 가슴을 달래기 위해서 가슴을 쓸어내린다. 가슴을 손바닥으로 '괜찮아' 하듯이 토닥거리기도 한다. 몸에서 취약한 부분을 손이 저절로 알아서 터치 하는 것이다.

느낌이란, 파동으로 존재하는 마음과 입자인 몸이 접촉하는 지점에서 일어나는 인지작용 반응이다. 사랑과 진심을 담은 손길이 닿아 접촉이 이루어진 그 접점에서 긍정의 '느낌'이 일어난다. 손가락으로 깍지를 끼거나, 자기포옹 등 몸의 어떤 부분과 다른 부분을 접촉하는 동작은 심리적인 안정감을 가져다준다.

자기 자신을 사랑하지 않는 사람은 남도 사랑할 수가 없다. 자신의 팔을 쓰다듬고 다독이며 말해보라.

"000, 오늘도 참 수고 많았어."

"그동안 살아오느라 애썼어."

"사랑해."

"축복해."

43. 귀인사회를 만들자

누구와 함께 살고 있는지 가르쳐다오. 그러면 네가 어떤 인간인지 알아낼 수 있다.(스페인 속담)

우리는 인생에서 많은 사람들을 만난다. 그 중엔 크게 성공한 사람, 잘 나가다가 망한 사람, 그런가 하면 악착같이 노력해도 왠지 형편이 피어나지 않는 사람도 있다. 도대체 성공과 실패를 가르는 결정적 요인은 무엇일까? 나는 그게 궁금했다. 그래서 찾아낸 답이 귀인이다.

귀인이란 나에게 행운을 열어주는 사람, 큰 도움을 주는 사람, 위기와 위험을 막아주는 사람이다. 이성계는 정도전을 만났기에 조선을 건국할 수 있었다. 빌게이츠는 초기에 스티브 잡스라는 귀인을 만났기 때문에 성공할 수 있었다. 큰일을 하던 작은 일을 하던 사람은 귀인을 만나야 성공할 수 있다. 귀인을 만나면 눈이 떠지고 귀가 열리고 마음이 넓어져 성공의 길이 열린다. 그렇다면 어떻게 해야 귀인을 만날 수 있을까?

인격을 갈고닦는 것이 그 지름길이다. 훌륭한 인격을 갖추면 주위에도 역시 인품 좋은 사람이 모이게 된다. 지식은 자기가 이만큼 배웠다고 자랑한다. 지혜는 자기가 이 이상 알지 못한다고 겸손해 한다. 겸손하면 인품 좋은 친구가 늘어나기 때문에 좋은 운을 부르게 된다는 이야기이다.

인격은 말에서 시작된다. 말을 늘리면 '마알'이 된다. 말은 '마음의 알맹이'의 준말이다. 말씀은 '마음 씀씀이'이다. 마음을 쓸 적에 말씀하신다고 한다.

마음 알맹이를 쓸 때 진짜 어른이 된다. 알맹이를 주면, 받은 사람은 그

알맹이를 받고 누군가에게 그 마음의 알맹이를 다시 쓸 수가 있다. 물론 껍데기를 받은 사람은 껍데기 밖에 줄게 없다. 신동엽 시인의 "껍데기는 가라"는 시도 있잖은가.

좋은 인품을 갖추면 좋은 만남이 늘어나서 운도 좋아진다. 결론은 귀인을 만나려면 먼저 스스로 귀인이 되려고 노력해야 한다는 점이다.

−지금 우리 사회에서 귀인은 누구일까?

−지금 나에게 귀인은 누구인가?

−나는 누구에게 귀인이 될 수 있을까?

−서로서로가 귀인이 되는 '귀인사회'를 위해 내가 할 수 있는 일은 무엇일까?

▶등대지기

등대지기는 2명 이상이 서로 등을 맞대고 앉은 상태에서 등을 밀면서 함께 일어나는 활동이다.

−신체조건이 비슷한 사람끼리 2명이 짝을 지어 서로 등을 대고 앉는다.

−진행자의 신호에 따라 동시에 서로 등을 밀면서 일어나도록 한다.

−오직 서로 미는 힘으로만 일어날 수 있다. 2명이 잘 되면 4명으로 확대해서 하도록 한다. 서로에게 귀인이 될 수 있음을 안다.

−안쪽으로 발바닥을 맞대고 앉아 서로 손을 잡고 일어나는 활동으로 응용이 가능하다.

44. 인성 가꾸기와 조하리의 창

누구나 자신의 성격에는 한계가 있다. 그 성격의 한계를 벗어나 향상되기는 어렵다. 그러나 인격은 노력으로 고칠 수 있다.(J. 몰리)

인성과 인성 가꾸기는 꽃과 꽃 가꾸기에 비유할 수 있다. 인성이 우리 모두 원하는 꽃이고, 인성 가꾸기가 꽃을 피우기 위해 물과 거름을 주는 일이다. 우리는 물과 거름을 꽃에 직접 주지 않는다. 뿌리에다 준다. 그렇다면 인성이란 꽃을 피우기 위해서 인성 가꾸기의 물과 거름은 어디에 뿌려야 할까?

인성의 뿌리는 자기조율, 관계조율, 그리고 공익조율을 할 수 있는 능력이다. 이 삼율을 실천할 수 있는 능력을 갖추어주는 게 효과적인 인성 가꾸기의 방법이다.

1) 인성교육의 삼율과 육행

굿 프로젝트(good project)는 미국의 심리학자 하워드 가드너가 동료 교수와 함께 다양한 분야에서 자신과 사회에 유익한 일을 하는 사람들의 가치, 생활습관, 선의 등을 가르치고 많은 사람들에게 전파하기 위한 연구 프로젝트이다.

지난 25년간의 연구 결과에 따르면, 장기적으로 성공하고 행복한 사람들의 공통점은 모두 세 가지이다. 그 첫 번째가 자신이 추구하는 일에 자신보다 더 큰 의미를 부여하는 것이다.

두 번째, 성공하고 행복한 사람들은 최소한 한두 명의 멘토가 있다. 아무리 성공하고 행복하고 싶다 해도 성공하고 행복한 사람을 보지 못한다면 그렇게 될 확률이 낮다. 그러나 내가 살아가고자 하는 그 방향, 내가 하고자하는 그 분야에서 성공하고 행복한 사람의 모습을 보고 배울 수 있다면 그렇게 될 확률이 훨씬 더 높아진다.

세 번째는 일과 사생활 사이의 조화이다. 가정에 소홀한 채 일에만 몰두해 온 사람의 말년은 행복할까? 아마 배우자와의 관계도 소원하고 자녀들에게도 외면당할 확률이 높다. 이 세 가지 공통점을 요약하면 의미, 멘토, 조화이다.

우리 동양사상에 '수신제가치국평천하(修身齊家治國平天下)'라는 개념이 있다. 수신이 자기조율이고, 제가가 관계조율이며, 치국이 공익조율이다. 그리고 난 다음에 평화가 있는 것이다. 모든 것에는 순서가 있다는 말이 여기에서도 확인된다.

※조벽 교수의 〈인성이 실력이다〉 중에서

2) 완벽한 사람(조하리의 창)

다음 낱말 중에 나를 설명한다고 생각되는 단어는 어떤 것인가?

〈친절한, 솔직한, 융통성 있는, 용기 있는, 차분한, 까다로운, 독립적인, 소심한, 관대한, 수줍어하는, 어리석은, 참을성 있는, 논리적인, 박식한, 활동적인, 독창적인〉

그리고 타인에게 나를 나타낸다고 생각되는 단어를 고르게 한다면 위 단어들 중 어떤 단어들이 거론될까? 그리고 이 두 영역의 단어들은 과연 몇 개나 일치할까?

위와 같은 방법으로 사람들과 관계하고 있는 자신을 이해하고 나아가 개인과 조직, 팀과 팀 간의 관계를 개선하는데 사용될 수 있는 소통방법을 연구한 학자가 있다. 미국의 심리학자인 조셉 러프트(Joseph Luft)와 해리 잉햄(Harry Ingham)이다. JW모델은 두 사람 이름의 앞부분을 합성하여 조하리의 창(Johari's Windows)이라 이름을 붙였고, 조하리의 창은 1955년 논문을 통해 발표되었다.

나를 표현한다고 생각하는 단어들을 고르고 타인에게도 나를 표현하는 단어를 고르게 하여, 일치하는 단어는 "열린 창"에, 나만 고른 단어는 "숨겨진 창"에, 상대만이 고른 단어는 "보이지 않는 창"에, 그 외 나머지 언급

되지 않은 단어는 "미지의 창"에 넣는 방법을 사용한다.

이 때 창의 넓이는 그 창에 들어간 단어의 수에 비례하며, 단어 수가 많은 곳이 나의 인간관계의 창이라고 할 수 있다.

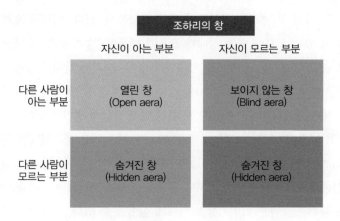

3) '조하리의 창' 이해와 활용

① 사람들이 처음 만났을 때에는 서로에 대한 정보가 전혀 없거나 상당히 적은 상태이다. 따라서 초기에는 "열린 창"의 범위를 넓혀 가는 것으로 기초를 닦는다. 이때, 본인이 상대에게 보여주는 정보 범위, 즉 얼마나 정직한 정보를 공개하느냐에 따라 상대가 공개하는 정보의 범위도 커진다. 따라서 각각의 창에 따라 상대와 나와의 관계가 어떻게 달라질 수 있는지를 보여준다.

"열린 창"에 대한 칭찬을 많이 하면, 서로가 아는 부분에 대해 반복하는 일종의 아부가 되기 쉽고, "열린 창"에 대한 비판이나 지적이 많으면 아픈 곳을 계속 찌르게 되어 사이가 벌어지기도 한다.

만약 어떤 사람이 대인관계가 그리 불편하지 않고 "열린 창"에 단어가 많이 들어가 있으면, 그는 자신을 잘 표현할 줄 알고 남의 이야기도 잘 들어줄 줄 알아 상대에게 호감과 친밀감을 주는 인기 있는 사람일 확률이 높다. 하지만 자칫 자신의 이야기가 너무 많아 경박스럽게 느껴질 수도 있으니 어느 정도로 자신을 공개할 것인지 그 영역을 정하는 고민이 필요하다.

② "숨겨진 창"에서는 다양한 오해가 발생할 수 있다. 이러한 오해는 내가 알고 있는 부분에 대해 상대가 모르기 때문에 "숨겨진 창"에 대한 지적이나 충고가 내게는 공격으로 이해되기 쉽다. 따라서 상대의 말을 잔소리로 인지하고 짜증이 날 수 있으며, 상대는 "숨겨진 창"에 대한 정보가 없음으로 내가 왜 화를 내고 있는지 알 수가 없어 갈등의 원인이 된다.

만약 남들이 나를 잘 모르고 가끔 오해도 받는다고 생각된다면 "숨겨진 창"의 영역이 넓을 것이다. 이들은 대체로 자신의 속내를 잘 드러내지 않는 신중형이어서 경청은 잘하고 수용적이긴 하나 자신의 이야기를 잘 하지 않아 자신과는 다른 이미지를 타인에게 심어줄 수 있다. 그래서 사람들 사이에서 자주 고독감을 느끼게 되는데 이들은 적절한 자기개방을 통하여 인간관계를 좀 더 깊고 넓게 할 필요가 있다.

③ 대인관계에서 가장 조심해야할 부분은 "보이지 않는 창"이다. 이는 '남은 아는데 나는 알지 못하는 나의 모습' 영역으로, 이 영역이 넓으면 자신의 기분이나 의견은 잘 표현하여 솔직하고 시원시원하고 자신감에 찬 사람처럼 보일 수 있지만, 다른 사람의 반응에는 무관심하거나 둔감할 수 있다. 그래서 다소 독선적이거나 독단적이어서 트러블메이커가 될 확률이 높다. 그러니 특히 이 영역이 넓을 때에는 '나는 그렇지 않은데 다른 사람은 나를 이렇게 이해하고 있었구나'라고 생각하고 남의 말에 귀를 기울이도록 노력해야한다.

조하리의 창에서 중요시하는 영역은 "보이지 않는 창"이다. 상대와 내가 서로에게 관심과 배려를 가지고 상대의 장점을 찾아 나선다면, 서로간의 관계는 더욱더 긴밀해질 수 있기 때문이다. 따라서 상대를 배려하고 관심을 가지고 다가가려는 마음가짐이 바람직한 의사소통의 열쇠이다.

하지만, 상대의 호감을 사기 위해 무조건적으로 상대의 "보이지 않는 창"을 주시하는 것은 인간관계에 오히려 해가 될 수 있다. "보이지 않는 창"이라고 생각한 부분이, 실은 상대의 "미지의 창"이나 "숨겨진 창"일수 있기 때문이다. "보이지 않는 창"에 다가가는 가장 좋은 방법은 상대의 말을 경청하고 행동을 이해하며 지속적인 관심을 갖는 노력이 필요하다.

④ 마지막으로 "미지의 창"은 '나도 모르고 너도 모르는 나의 모습'을 보여주는 것이다. 이 영역이 넓으면 인간관계에 소극적이며 혼자 있는 것을 좋아하고 지나치게 주관이 강하여 다소 부적응적인 삶을 살아갈 확률이 높다. "미지의 창"에서는 나와 상대가 아닌, 제3자나 전문가의 도움이 필요하다. 개인의 콤플렉스와 같은 무의식적인 문제로 인해 타인의 접근을 달가워하지 않기 때문이다. 당사자로서는 좀 더 적극적인 태도로 인간관계에 임하고, 삶에 대해 긍정적인 시각을 갖기 위한 노력이 필요하다.

▶세 가지 질문

1) 성공이란 낱말을 들으면 떠오르는 생각을 글이나 그림으로 나타내보라.

－내가 그 일을 더욱 잘하기 위해서 어떻게 해야 하는가?

－그 일을 하는 데 방해되는 일은 무엇인가?

2) 실패란 낱말을 들었을 때 떠오르는 생각을 글이나 그림으로 나타내어보라.

－어떤 부분에서 자꾸 실패하게 되는가?

－실패하지 않기 위해서 앞으로 어떻게 해야 하는가?

－어떤 종류의 일을 겁내고 두려워하는가?

－실패한 그 일을 성공하기 위해서 지금부터 고쳐야 할 점은 무엇인가?'

3) 자기 자신에게 자신감을 주는 한마디의 말은?

45. 인간적인 향기 만들기

말도 아름다운 꽃처럼 그 색깔을 지니고 있다.(E. 리스)

한국강사협회 세미나에서 협회 임원으로부터 '커뮤니케이션은 스킬인가?'라는 주제의 강의를 들은 적이 있다. 오래 전 일이지만 내용이 아직도 뇌리에 선명하다. 그 이유는 그 이후 나 자신에게 같은 질문을 자주 던지곤 하기 때문이다.

'커뮤니케이션은 스킬인가?'

필자의 생각은 마음 문이 닫히면 스킬이나 논리는 전혀 먹혀들지 않는다는 입장이다. 여러분은 어떤가?

평소의 우호적인 인간관계가 중요하다. 그렇다면 어떤 점에 신경을 써야할까?

첫째, 가르치려 들지 말라.

인간은 본능적으로 누군가에게 가르침 받는 걸 싫어한다. 셰익스피어도 "시계를 꺼내어 자랑하듯 학식을 꺼내 보이지 말라. 대신 누군가가 시간을 물어보면 조용히 시간만 알려주어라."라고 주언했다. 상대이 경청 태도가 갖춰지지 않은 상태에서 가르치려드는 일은 마음의 문을 닫게 할 뿐이다.

둘째, 좋은 면을 알려 주어라.

탈무드에서 허용하는 거짓말 두 가지가 있다.

"이미 사서 바꿀 수 없는 물건은 잘 샀다고 해주어라."

"이미 결혼해서 살고 있는 친구의 아내나 남편은 '예쁘다', '멋있다'고 말해 주어라."

있는 그대로, 진실을 알려주는 것이 반드시 말을 잘하는 것은 아니다. 눈치가 있어야한다. 이 세상의 모든 물질은 아무리 얇게 자르더라도 결국은 양면이 있는데, 사람도 마찬가지다. 부정적인 면, 긍정적인 면 중에 마음 문을 열게 하는 말, 호감을 주는 말, 그것은 상대방의 좋은 면을 거론하고 알려주는 것이다.

셋째, 나보다 불행한 사람에게 나의 행복을 말하지 말라.

"인간은 얄팍한 면이 있어서 타인의 불행을 자신의 행복으로 종종 착각한다. 하지만 그런 감정은 안도감이지 행복이 아니다. 얼마 못 가 증발하고 만다." 이기주의 〈언어의 온도〉에서 본 글이다. 행복한 사람은 불행한 사람의 입장을 생각하지 않는 경우가 많다. 그 대표적인 경우가 바로 나보다 불행한 사람에게 나의 행복을 말하는 것이다. 모든 사람의 행복은 다른 사람의 불행 위에 세워진다지만, 불행한 사람을 비웃지 말라. 자기의 행복이 영원한 것이라고 누가 장담할 것인가.

▶낱말 놀이

이 세상의 모든 언어(말)들이 사라지고 단 20개의 단어만이 남았다고 생각해보자.

오직 20개의 단어만 가지고 원하는 모든 것을 표현해야한다. 그 밖의 어떤 말도 사용할 수 없게 되었다. 과연 20개의 단어는 어떤 것들이기를 바라는가?

－20개의 낱말을 적어보자.

－적은 낱말들을 이용하여 최소한 다섯 문장 이상의 이야기를 만들어보자.

Chapter
04
위대한 자기발견

자기발견은 모든 진리를 탐구하는 첫걸음이다. 미국의 개신교 목사이자 저술가인 에이든 윌슨 토저는 자기발견을 위한 여섯 가지 질문을 제시했다.

첫째, 내가 가장 원하는 것이 무엇인가?

둘째, 내가 가장 많이 생각하는 것이 무엇인가?

셋째, 나는 내 돈을 어떻게 쓰는가?

넷째, 나는 여가를 어떻게 보내는가?

다섯째, 나는 어떤 사람들과 어울리는가?

여섯째, 나는 누구를 존경하고 어떤 것에 열광하는가?

46. 당신의 스토리는 무엇인가?

발견은 식별이고 선택이다.(앙리 푸앵카레/프랑스의 수학자)

춘천 아트마켓에서 '당신의 이야기를 삽니다'라는 세목으로 사람들의 관심을 끌어낸 가게가 있다. 이 가게의 흥미로운 점은 누군가의 이야기를 듣고 그 이야기가 마음에 들면 손님에게 이야기 값을 주는 것이다. 물론 손님들은 주제와 상관없이 자유롭게 이야기를 할 수 있다. 주인은 그 이야기가 들을 만한 가치가 있는지를 판단해서 좋다고 생각하면 이야기를 사는 것이다.

만약 당신이 아트마켓을 지나가다 이 가게에 들렀다고 생각해 보라. 그리고 당신의 이야기를 팔아보겠다는 마음을 먹었다면 당신은 어떤 이야기를 꺼낼 수 있는가? 아트마켓 주인의 마음을 사로잡을 당신만의 이야기가 떠오르는가?

우리는 사람들의 마음을 사로잡기 위해 유명디자이너가 만든 옷을 입는다. 헤어디자이너와 메이크업 디자이너가 추천해 주는 스타일로 화려하게 외모를 가꾸기도 한다. 하지만 정작 내면의 모습을 담아낼 수 있는 자신의 스토리를 가꾸는 데는 무관심하다.

스토리 디자인의 첫 번째는 쉽고 빠르게 전달되는 키워드(핵심 낱말)를 활용하는 것이다. 자신이 전하려는 이야기의 내용을 세 개의 단어로 정리해보라. 키워드는 스토리의 윤곽을 잡아줄 것이며 누구와도 쉽게 이야기를 나눌 수 있는 소통의 첫 단추가 될 것이다.

▶세 가지 질문
-인생의 터닝 포인트가 있다면?
-자신을 표현할 수 있는 세 가지 단어를 선택하여 이야기 해보라.
-천체물리학자 스티븐 호킹 박사에 의하면 우주에는 수백만 개의 은하

계가 있다고 한다. 당신에게 세 개의 각기 다른 별에서 직업을 자유롭게 선택하며 10년씩 살 수 있는 기회가 주어졌다고 가정하자. 각각 어떤 직업을 선택하여 살고 싶은가?

47. 다중지능 이야기

성공의 비결은 단 한 가지, 잘할 수 있는 일에 광적으로 집중하는 것이다.(톰 모나건/도미노 피자 창업자)

프랑스의 알프레도 비네가 처음 지능검사를 만든 이후 80여년이 지난 1983년, 하버드의 교육학 심리학 박사 하워드 가드너는 그의 저서 〈정신의 구조〉에서 다중지능 이론을 발표했다.

가드너는 지능을 '한 문화권 혹은 여러 문화권에서 가치 있게 인정되는 문제를 해결하고 산물을 창조하는 능력'이라고 정의하고, 인간에게는 9개의 지능이 있으며 이를 통해 인간의 다양한 잠재력을 파악하고자 했다.

▶9가지 다중지능

1) 언어지능 : 말이나 글을 통해 언어를 효과적으로 구사할 수 있는 능력으로 작가, 시인, 정치가, 웅변가, 언론인 등에게 요구되는 지능.

2) 논리수학지능 : 논리적, 수학적으로 사고하는 능력으로 일반적으로 우리가 알고 있는 IQ가 여기에 해당한다.

3) 음악지능 : 음악적 표현 형식을 지각하고 표현하는 능력을 말함. 적절한 상황에 맞는 소리나 음악을 찾는 능력 등도 해당이 된다.

4) 신체운동지능 : 자신의 모든 신체를 이용하여 생각이나 감정을 표현

하는 능력. 스포츠와 같이 격렬한 운동 외에도 균형, 민첩성, 손의 섬세한 움직임, 표현력 등을 모두 포괄하기 때문에 운동선수뿐만 아니라 행동예술이나, 극 배우 등도 이 지능이 뛰어난 류의 사람으로 분류된다.

5) 공간지능 : 시각적, 공간적 세계를 명확하게 지각하고 형태를 바꾸는 능력. 건축가, 예술가, 장식가, 발명가, 지리학자 등의 직종에 요구되는 지능이다.

6) 인간친화지능 : 타인이 가지는 기분, 의도, 동기, 감정 등을 지각하고 구분할 수 있는 능력. 정치가, 종교인, 마케터, 교사 등의 직종에 요구되는 지능이다.

7) 자기성찰지능 : 개인의 내적 측면에 대한 지식, 자기 자신의 상태나 감정을 파악하는 능력을 말한다. 소설가, 상담가, 임상학자 등과 같은 직종에 요구되는 지능이다.

8) 자연친화지능 : 자연의 세계에 흥미와 관심이 있으며 자연을 연구하는 능력. 동물이나 식물을 잘 키우는 경우가 많으며, 자연에서 발생하는 현상에 대한 분석능력이 뛰어나다. 과학자나 공학자, 동물이나 식물을 다루는 직업 분야 등에서 요구되는 지능으로 볼 수 있다.

9) 영성(실존)지능 : 인간 존재의 이유, 삶과 죽음의 문제, 희로애락, 인간의 본성 등 철학적이고 실존적인 사고를 할 수 있는 능력. 영성지능을 어릴 때부터 개발시키고 향상시켜 나가면 다른 여덟 가지 다중지능을 동시에 향상시키는데 큰 역할을 한다.

▶시사점

1) 개인에 따라 정도의 차이가 있을지언정 모든 인간은 9가지 지능을 모두 갖고 태어난다. 이 9가지 지능이 다양한 방식으로 합쳐져서 한 사람의 인간을 만든다.

2) 다중지능 영역에서 모든 지능이 골고루 발달하지만 그 중에서 1~3개 지능영역이 타인보다 더 발달하는 과정을 형성하며 가장 높은 지능이 발달하기 위해서는 다른 지능과 유기적이고 상호적으로 보완하면서 발달한다.

3) 교육과 훈련 등을 통해 누구나 9가지 지능을 일정한 수준까지 계발할 수가 있다.

▶세 가지 질문

-자신을 사물이나 꽃에 비유한다면?

-당신의 특별한 재능은 무엇인가?

-한 달 후에 지구의 종말이 온다고 가정하고 한 달 동안 꼭 하고 싶은 일 세 가지를 중요한 순서에 따라 말해보라.

48. 전략적 사고를 위한 SWOT 분석

위험은 자신이 무엇을 하는지 모르는 데서 온다.(워런 버핏/미국의 투자가)

SWOT는 강점(Strength), 약점(Weakness), 기회(Opportunity), 위협(Threat)의 머리글자를 모아 만든 단어로 경영 전략을 수립하기 위한 분석 도구이다. 이러한 분석을 통해 경영자는 회사가 처한 시장 상황에 대한 인식을 할 수 있으며 앞으로의 전략을 수립하기 위한 중요한 자료로 삼을 수 있다. 이것은 개인에게노 석용해볼 수 있다.

강점(S) : 다른 사람과 차별되는 우위의 내적 역량

약점(W) : 경쟁자들에 비해 부족한 내적 특성

기회(O) : 사건, 시간 및 장소의 혼합이 자신에게 중요한 이익을 주는 환경

위협(T) : 자신에게 중대한 손상을 주게 되는 환경이나 사건

즉, SWOT분석은 환경요인에 대하여 내부능력요인을 전개함으로써 전략적 대응을 모색하려는 최적의 기법이다.

1) SWOT분석 10배 활용을 위한 3단계

1단계 : 분석대상의 S, W, O, T를 각각 분석한다.

2단계(전략수립) : 내부환경분석(S, W)과 외부환경분석(O, T)을 참고하여 S/O, S/T, W/O, W/T의 영역별 전략을 세운다.

3단계(중심전략 선정) : 각 단계별 이동 전략을 수립하여, 어떻게 하면 단점을 회피하여 장점으로 갈 수 있는지 판단한다.

-목적을 분명히 하라(얻고자 하는 것은?)

-자기중심적보다 대응할 적(상황)과 그것의 특성을 먼저 고려

-다수 대안 탐색

-냉정하게 최적안 선택

2) SWOT분석 결과 전략수립 구조

내부역량 외부환경	강점(S)	약점(W)
기회(O)	SO(공격전략) 강점을 가지고 기회를 살리는 전략	WO(공격전략 및 포기전략) 약점을 보완하여 기회를 살리는 전략
위협(T)	ST(위협 최소화전략) 강점을 가지고 위협을 회피하거나 최소화하는 전략	WT(방어전략) 약점을 보완하면서 위협을 회피하거나 최소화하는 전략

–지금(요즘) 제일 고민되는 문제는?

–혼자만 만끽하는 즐거움이 있는가?

–후회 없는 인생을 위해 나에게는 장기 계획과 단기 계획이 있습니다.

49. 인맥 다이어트

중요한 질문은 "당신이 얼마나 바쁜가?"가 아니다. "당신이 무엇에 바쁜가"가 핵심 질문이다.(오프라 윈프리/미국 방송인)

소설가 김영하의 산문집 〈말하다〉가 최근 화제에 올랐다. 이 대목 때문이다.

"마흔이 넘어서 알게 된 사실 하나는 친구가 별로 중요하지 않다는 거예요. 잘못 생각했던 거죠. 친구를 덜 만났으면 내 인생이 더 풍요로웠을 것 같아요. 쓸데없는 술자리에 시간을 너무 많이 낭비했어요. 맞출 수 없는 변덕스럽고 복잡한 여러 친구의 성향과 각기 다른 성격, 이런 걸 맞춰주느라 시간을 너무 허비했어요. 차라리 그 시간에 책이나 읽을걸. 잠을 자거나 음악이나 들을걸. 그냥 거리를 걷든가……. 그보다는 자기 자신의 취향에 귀 기울이고 영혼을 좀 더 풍요롭게 만드는 게 더 중요한 거예요."

가장 큰 시간낭비 요인은 잘못된 인간관계이다. 형성하여 유지하는 일, 불행한 상태로 매년 살아가는 사람이 많다는 건 놀라운 일이다. 인간관계를 맺는 목적이 무엇인가? 더욱 행복해지기 위해서이다.

행복한 삶을 위해서 얼마나 많은 친구가 필요할까? 우리는 인간관계의 폭이 넓은 사람들, 흔히 말하는 마당발을 부러워한다. 하지만 은퇴 후에는 사회생활에서 쌓았던 폭넓은 인간관계가 오히려 경제적 부담을 초래할 수 있다.

1) 인간관계는 양보다 질이다

개인의 인간관계를 과학적으로 설명한 영국의 인류학자 로빈 던바의 '던바의 법칙'은 재미있는 시사점을 준다. 영장류를 대상으로 조사해봤더니, 정교한 사고를 담당하는 대뇌 영역인 신피질이 클수록 알고 지내는 친구가 많았다는 것이다.

던바는 인간의 신피질의 크기를 근거로 인간의 친분 관계는 150명이라고 추정했다. 실제 원시 부족들이 마을을 구성하는 주민의 수도 평균 150명이라는 사실을 발견했다. 한 사람이 제대로 사귈 수 있는 친구는 최대 150명이라는 것이다. 던바 교수는 소셜미디어를 통해 친구의 수가 수천 명이 되고, 그들과 자주 소통하더라도 안정적으로 관계를 유지할 수 있는 사람은 최대 150명이라고 주장한다. 150명은 '던바의 수'로도 불린다. 이 밖에도 어려움에 처했을 때 도움을 요청할 수 있는 완전 절친(절친한 친구)은 5명, 그다음 절친은 15명, 좋은 친구는 35명, 그냥 친구는 150명, 아는 사람은 500명, 알 것도 같은 사람 1500명이라고 한다. 예컨대 조선일보가 2017년 20~60대 성인 남녀 1038명을 조사한 결과, '진짜 친구는 몇 명인가'란 질문에 대해 5명 이하라고 대답한 비중이 69.4%로 압도적으로 많았다.

2) 친구도 구조조정이 필요해

법정스님은 〈홀로 사는 즐거움〉이라는 책에서 "고독과 고립은 다르다. 홀로 사는 사람은 고독할 수는 있어도 고립돼서는 안 된다. 모든 살아있는 존재는 관계 속에서 거듭거듭 형성되어 간다. 홀로 있을수록 함께 있으려면 '자기 관리'가 철저해야 한다"고 했다.

통상적으로 은퇴 후 노년기에 접어든 많은 사람이 사회와의 단절에 따른 두려움, 외로움, 우울감 등을 느낀다. 은퇴 전에 활발하게 사회생활을 해

왔다면 그 상실감은 더 크다. 조직과 사회생활에서 가졌던 부와 명예, 권위 중심의 사회적 관계가 감소하며 인간관계도 약화되기 때문이다. 이로 인해 은퇴 후 인간관계에 대한 준비를 미리 하지 않으면 이 같은 상실감은 견디기 어려울 수 있다.

3) 취미, 가치를 공유하라

한국고용정보원의 2016년 통계로 본 노동 동향 보고서에 따르면 주된 일자리에서의 퇴직 연령은 평균 49.1세였다. 20대 중후반에 직장 생활을 시작한다면 20여 년 이상 주된 일자리에서 가장 많은 시간과 인간관계가 이루어진다는 의미이다.

하지만 이런 직장이나 사업상의 인간관계는 가족 관계와는 다르다. 직장 동료, 사업상 인맥은 상하 관계로 엮여 있기 때문이다. 아무리 좋은 관계라도 직장이나 사업을 통해 맺어진 인간관계는 은퇴 후에는 지속되기 힘들 수 있다.

피상적인 관계보다는 동일한 취미, 가치관을 공유할 수 있는 진정한 친구 관계 형성이 필요하다. 평소에도 일과 관련된 만남과 대화뿐만 아니라 사적인 만남과 진정한 소통이 중요하다. 서로의 생각과 가치관을 공유할 수 있는 친구 관계가 형성돼야 은퇴 이후에도 만남이 지속될 수 있다.

노후에 고립되지 않는 삶을 위한 친구 관계는 한순간에 이루어지지 않는다. 은퇴 후에는 관계를 형성하는 것이 더더욱 어려울 수 있다. 따라서 은퇴 전부터 차근차근 친구의 양보다는 질에 집중하여 준비하는 것이 필요하다.

▶*세 가지 질문*

−나에게 친구란 (   )(이)다.

−가장 친한 친구를 자랑해보라.

－'나의 인맥'이라는 주제로 1분 동안 말해보라.

50. 기회를 붙잡는 법

발견의 기회는 준비된 사람에게만 온다.(루이 파스퇴르/프랑스 미생물 학자)

기회는 배를 타고 오지 않고 우리들 내부로부터 온다. 기회는 또 전혀 기회처럼 보이지 않고 불행이나 실패나 거부의 몸짓으로 변장해서 나타나기도 한다. 비관론자들은 모든 기회에 숨어 있는 문제를 보고, 낙관론자들은 모든 문제에 감추어져 있는 기회를 본다.

'성공'의 의미는 사람마다 다르다. 성공은 돈을 많이 벌어 부를 이루는 것일 수도 있고, 높은 지위에 오르는 것일 수도 있다. 성공은 그 의미가 무엇이든지 간에 기회를 통해서 얻어지는 결과물이다. 성공은 준비와 기회의 만남이다.

1) 기회를 붙잡는 법

① 문제의식 가지기

제임스 와트는 물이 끓는 주전자를 보며 증기엔진 개념을 생각해냈고, 아이작 뉴턴은 땅으로 떨어지는 사과를 보고 중력의 개념을 떠올렸다. 문제를 품고 느긋하게 바라보면 기회라는 고릴라가 나타난다. 고릴라가 어떤 모양으로, 어디에 숨어 있더라도 내 마음의 준비가 되어 있고, 해결책을 찾을 시간과 여유를 갖고 있다면 언제 어디서나 기회라는 고릴라를 볼 수 있을 것이다.

② 여러 가지 관점에서 보기

현재 수십억 달러 규모에 이르는 라스베이거스의 산업은 1940년대에 사막 한가운데에 있는 농장 몇 개를 우연히 발견한 몇 명의 사업가가 창조해낸 것이고, 3M의 포스트잇은 접착제의 용도를 다르게 생각했기 때문에 태어날 수 있었다. 마술은 마음속에 있다.

③ 질문 던지기

1948년 게오르게 데 마에스트랄(스위스 발명가)은 사냥개를 데리고 사냥을 다녀왔다. 그런데 옷에 도꼬마리 열매가 잔뜩 붙어 있었고, 현미경으로 관찰한 결과 옷감의 섬유질에 달라붙은 갈고리 모양을 발견해내 오늘날의 벨크로(찍찍이)가 탄생했다. 모든 것에 호기심을 갖고 질문을 던지는 태도가 중요하다.

2) 직장인 기회 포착 전략

① 멀티 플레이어(multi-player)가 되겠다는 마음가짐이 중요하다. 자기 전문 영역이 있다고 멀티플레이어가 되지 말라는 법은 없다. 고유 업무 이외의 영역에 지속적으로 관심을 갖고 대비하면 회사나 시장상황의 변화가 올 때 위기에서 벗어나거나 새로운 기회를 잡을 수 있다.

② 회사 밖에서의 활동에 시간을 투자하라. 취미 동호회도 좋고, 업무와 관련된 스터디그룹 활동도 좋다. 이를 통해 지식과 인맥을 넓히고 시장의 변화와 기회를 포착한다. 의외의 기회가 찾아 올 수도 있다. 질 민든 블로그 하나가 연예계 진출의 다리가 되거나 취업 기회를 가져다주는 것은 흔한 일이다.

③ 늘 눈과 귀를 열어놓아라. 정보는 무서운 경쟁력이다. 남들 다 아는

정보도 다른 시각에서 보거나 다른 정보와 조합해 새로운 정보를 만들 수 있다. 그리고 이것을 새로운 기회로 활용할 수도 있다. 성공의 씨앗은 누구나 갖고 있다. 썩지 않고 살아 있는 한 환경만 만들어지면 분명히 싹이 튼다.

3) 프랑스어 0세

태어나서 처음으로 프랑스어를 배운다. 그런 사람을 '프랑스어 0세'라고도 한다. 0세 아기의 성장은 빠르다. 그 속도에 놀라지 않는 사람이 없다. 우리들도 '무엇이든 0세부터'라는 생각을 갖는 것이 성장의 비결이다. 중국어 0세, 발표력 0세, 수영 0세, 독서 0세, 도전할 재료는 우리 주변에 얼마든지 있다.

▶세 가지 질문
－준비와 기회가 만나 성취감을 맛 본 경험이 있는가?
－삶이 즐겁다면 무엇이 당신을 즐겁게 하나?
－꼭 배워보고 싶은 공부, 되어보고 싶은 존재는?

51. 자신감 세 가지
자신감은 성공을 위한 제1의 비결이다.(에머슨/미국의 시인, 사상가)

영국 심리학자 버니스 앤드루스는 32세부터 56세까지 102명의 여성을 대상으로 7년에 걸친 추적조사를 실시했다. 조사 초기에는 자존감이 낮거나 우울하다고 진단받은 여성이 대상자 가운데 79%였는데, 7년 후 다시 조사한 결과 그중에서 고작 4%만 같은 진단을 받았다.

자기평가나 성격은 시간이 흐를수록 변화한다. '이대로 영원히'라는 것은 없다. 따라서 역경에 약하고 스스로 자신감이 부족하다고 해서 '나는 평생 이대로 일지도 몰라'라고 비관할 필요는 없다.

앤드루스 박사에 따르면 성격은 자신이 하는 일이나 인생의 어떤 사건으로 점점 변해간다. 원래 어둡던 사람이 밝게 바뀌는가 하면 소극적인 사람이 눈에 띄고 싶어 하는 성격으로 변하는 경우도 있다는 것이다.

1) 자신감 세 가지

① 경제적 자신감 : 돈만이 재산이 아니다. 지식, 건강, 재능, 시간, 의지, 아이디어, 가능성도 재산이다.

② 사회적 자신감 : 노는 물이 중요하다. 잘 둔 한 친구 열 이성 안 부럽다.

③ 심리적 자신감 : 해결할 수 있는 문제라면 걱정할 필요 없이 해결하면 된다. 만약 해결할 수 없는 문제라면 그도 걱정할 필요가 없다. 해결할 수 없으므로. 깡은 세상사람 누구나 존경하는 용기다. 용기만 있다면 천적도 협력자로 바꿀 수 있다.

2) 매일 자부심을 만드는 세 가지 열쇠

① 일정 시간 자신의 건강을 위해 투자하라. 운동은 신체적 건강을, 독서는 정신적 건강을 선물한다. 또한 자동차는 가장 훌륭한 움직이는 대학이다. 스마트 폰의 팟 캐스트(앱)는 참신하고, 기발하고 유익한 내용들이 가득 담긴 보물창고다.

② 어떤 이유로든 칭찬을 받았을 때, 그리고 일에 대한 대가를 받았을 때 항상 감사를 표시하라. 아첨하지도 말고 칭찬을 귀찮아하지도 말고 모든 것에 감사하라. 잘 받아들이는 능력, 이것은 자부심이 확고한 사람들의 특징이다.

③ 자신이 성공모델(멘토)로 삼을 수 있는 사람을 찾아내라. 그리고 그대로 따라하라. 보고 배워라. 특히 자신의 두려워하는 부분을 개선하는데 효과가 있다. 내가 두려워하는 것을 정복한 사람을 찾아내어 그를 통해 배우라.

3) 적극적인 사람이 될 수 있는 방법

① 맨 앞자리에 앉아라. '이 시간은 내 시간이다'라는 징표다.

② 열정적으로 박수 쳐라. 힘찬 박수는 내 기운부터 북돋운다.

③ 0.5초 먼저 인사하라. 악수는 또 하나의 언어다.

④ 25% 더 빨리 움직여라. 서울사람과 시골사람은 걸음걸이부터 다르다.

되돌아보면 지금까지의 인생이 눈 깜박할 사이에 흘러가지 않았는가. 앞으로도 그렇게 흘러갈 것이다. 기왕 살아갈 한 번의 삶이라면 적극적으로 사는 것이 중요하다. 자신감은 행동해야 생긴다. 영광의 순간을 살고 싶다면 과감해져야한다. 성공은 당신에게 오지 않는다. 당신이 성공에게 가는 것이다.

▶세 가지 질문

−살아오면서 가장 두려웠던 순간?

−외모 중 가장 자신 있는 부분은?

―스스로 가장 자신 있는 재능은?

52. 변화와 시간관리

당신이 아무것도 가진 게 없다면 당신에게 주어진 시간을 활용하라.
거기에 황금 같은 기회가 있다.(피터 드러커/경영학자)

1900년대까지는 지식의 축적이 매 세기마다 배로 늘어났다고 한다. 그리고 1945년 2차 세계대전이 끝났을 때에는 지식이 25년 만에 배로 늘었다. 오늘날 여러 연구기관의 조사에 따르면 현재의 지식의 양은 5년마다 배로 늘어난다고 한다. 그렇다면 안이한 상태에서 계속 현재의 위치를 계속 유지할 수 있을 것이라고 생각하는 사람들이 설 곳은 어디일까?

1) 혁신의 시작은 '창조적 파괴'

20세기 최고의 경제학자 중 한 명인 조셉 슘페터는 〈경제발전론〉에서 "혁신으로 낡은 것을 파괴하고, 기존의 것을 도태시켜야 새로운 게 창조된다. 이윤이란 '창조적 파괴'를 성공적으로 이끈 기업이 얻는 정당한 대가"라고 말했다. 혁신은 '새가 알을 깨고 나오는 것'에서부터 시작한다는 이야기이다.

하지만 국가와 기업, 모든 조직이나 개인의 흥망사를 보면 현실에 안주해 '창조적 파괴'를 하지 못한 사례가 많다. 과거의 성공과 영광에 심취해 변화를 거부하는 것이다. 1975년 코닥의 젊은 엔지니어 스티브 세손은 세계 최초로 디지털카메라를 개발한다. 사진을 필름이 아닌 카세트에 기록하고 이를 텔레비전 이미지로 출력하는 기술이었다. 카메라 무게만 3kg이 넘어 상용화하기엔 어려움이 있었지만 필름을 쓰지 않는 매우 혁신적인 카메라였다.

하지만 세손의 연구 결과를 보고받은 당시 경영진은 시큰둥한 반응을 보인다. 무겁고 기괴한 카메라를 누가 쓰겠냐는 거였다. 특히 필름 시장의 독점업체인 코닥 입장에서 필름이 없는 카메라는 제 살 깎아 먹기라는 생각이 많았다. 3년 후 경영진은 다시 '2010년 디지털카메라 시대가 열린다'는 보고를 받았지만 묵살하고 만다. '카메라=필름'이란 고정관념을 깨지 못했던 것이었다.

그 때문일까. 지금 세계시장에선 익숙했던 개념을 벗어던지는 새로운 시도들이 많이 이뤄지고 있다. 대표적인 게 알리바바이다. 인터넷 상거래업체인 알리바바는 자율주행차 사업에도 손대고 있다. 자율주행 시스템에 필요한 AI 개발에 투자를 시작했다. 마윈 회장은 "미래의 자율주행차는 최고의 인터넷 공간"이 될 거라고 말한다. 머지않아 저절로 움직이는 자동차 안에서 쇼핑하고 영화도 보는 삶이 펼쳐질 거란 이야기다. 즉 '자동차=교통'이란 개념을 벗어던지고 '자동차=인터넷'이라는 새로운 정의를 내린 것이다.

생전의 존 F. 케네디는 "삶의 가장 큰 법칙 중 하나는 변화다. 어제와 오늘만 생각하는 사람은 미래를 놓친다"고 말했다. 혁신은 창조적 파괴에서 나온다는 것, 4차 혁명시대에 우리가 꼭 잊지 말아야 할 교훈이다.

2) 변화의 계기

인류의 가장 위대한 발견은 '자신의 마음가짐을 바꾸면, 인생을 바꿀 수 있다.'는 것을 깨닫게 된 것이라 한다. 하지만 변화가 쉽지는 않다. 이유가 있다.

우리의 뇌는 몸 전체질량의 약 2%에 불과하다. 하지만 뇌로 몸속 혈류량의 1/4이나 되는 혈액이 흘러들어간다. 아무 일도 하지 않고 가만히 누워 있어도 우리 몸 중 2%의 뇌가 에너지의 25% 이상을 사용한다. 따라서 했던 대로 하고, 알고 있는 지식만을 활용하려는 습관, 타성이 구조화되어 있는 것이다. 변화를 싫어할 수밖에 없는 인체시스템이다.

사람이 변할 때가 있다.

첫째, 절박하면 변한다.

둘째, 의미를 생각할 때 변한다.

셋째, 재미를 붙일 때 변한다.

역사학자 아놀드 토인비도 "역사적 성공의 절반은 죽을지도 모른다는 위기의식에서 비롯되었고, 역사적 실패의 절반은 찬란했던 시절에 대한 기억에서 비롯되었다."고 하지 않았던가. 변화는 감정의 문제이다. 하지 않던 일을 하면 불쾌감정이 든다. 익숙하게 하던 일을 하면 편안하고 쾌감정이 유지된다.

작심삼일도 7번을 반복하면 21일이 훌쩍 지나간다. 이 정도의 기간이 지나면 불쾌감정이 엷어지면서 쾌감정으로 바뀌고, 우리는 이것을 습관이 바뀌었다고 말한다.

습관은 제2의 천성으로 제1의 천성을 파괴한다. 어떤 일을 시작하고자 마음먹었으면 미친 실행력이 필요하다. 의미하나 붙들고 서두르거나 뒤돌아보지 말고 최소한 21일 동안만 계속해보라.

3) 우선순위를 정하라

짧은 인생은 시간의 허비로 인해 더욱더 짧아진다. 시간을 지혜롭게 사용하는 방법 중의 하나가 일의 우선순위를 정해 처리하는 것이다.

어느 날, 경영상담 전문가인 아이비 리가 카네기 강철회사를 찾아와 CEO인 찰스 슈왑을 만나게 되었다.

"시간을 잘 사용하는 방법을 알려주면 그에 합당한 사례를 하지요."

그 말을 들은 리는 백지에 다음과 같은 내용을 써 주었다.

"그 날 해야 할 일을 적어놓고 그 중요도에 따라 일련번호를 매기십시오. 그런 다음 1번의 일부터 시작하여 그 일이 끝날 때까지는 그 일에만 전념하십시오. 1번의 일이 끝난 뒤에 2번의 일을 하십시오. 이때, 전체적인 계획에 차질이 생기더라도 반드시 우선순위에 따라 일을 처리해야 합니다. 이것을 습관화하는 것이 바로 시간관리의 비결입니다."

이것을 스스로 실천하고 또한 부하직원들에게도 적용한 슈왑은 3주일 후에 리에게 2만5천 달러의 사례금을 보냈다. 당시의 가치로 볼 때 그야말로 어마어마한 액수를 사례금으로 보냈던 것이다.

우리가 하루 동안 해야 할 수많은 일 중에서 정말로 중요한 것은 20%에 불과하다. 그러므로 하찮은 일에 끌려 다니지 말고 하루 일과 중에서 중요한 일에 우선순위를 두고 살아보라.

4) 삶을 변화시킬 수 있는 3가지 방법

-내 삶을 향상시키기 위해 무엇을 더하거나 덜해야 하는가?

-내 삶을 향상시키기 위해 지금 하고 있지 않은 무엇을 시작해야 하는가?

-내 인생과 목표에 가장 중요한 일을 더할 수 있는 시간을 확보하고 싶다면 내가 완전히 중단해야할 일은 무엇인가?

53. 개인 브랜드 성공 전략

타인을 감동시키려면 먼저 자기가 감동하지 않으면 안 된다.(장프랑수아 밀레/프랑스 화가)

평생직장이 사라진 요즘, 나 자신을 브랜드화 하는 것은 갈수록 경쟁이 치열해지는 현대를 살아가는 핵심이다. 더 이상 직장은 우리 생활을 보장해주는 대안이 아니다.

20대를 만나면, 들어갈 직장이 없다고 한다.

30대를 만나면, 이 길이 나의 길이 아니라고 한다.

40대를 만나면, 직장 다닐 날이 얼마 안 남았다고 한다.

배가 목적지를 향해 제대로 항해를 하려면 필수적으로 두 가지가 필요하다. 하나는 나침반이고, 또 하나는 나의 위치 정보이다.

우리가 인생을 살아가려면 역시 두 가지가 있어야한다. 하나는 인생의 비전이고, 또 하나는 나에 대한 정보이다. 비전이 없으면 나아갈 수 없고, 내가 누구인지 모르면 방향을 잡을 수 없기 때문이다.

1) 어떻게 브랜딩 하여야 하는가?

① 나의 존재이유를 밝혀라.

개인 브랜드란 자신의 경쟁적 우위점을 찾아서 정의하고 이것을 자신의 고객들에게 간단명료하게 정립하여 전파, 유지, 관리하는 작업을 의미한다.

② 나의 고객을 설정하라.

브랜드의 효율성을 높이기 위해 나의 고객을 분류하고 이들에게 어떻게 대응해야하는지를 정해야한다.

③ 고객의 기대를 뛰어넘는 성과를 내라.

고객은 소비자만이 아니다. 담당자의 제1고객은 어쩌면 담당팀장일 수 있다. 담당팀장을 만족시켜야 기안이 통과되고, 기안이 통과되어야 소비자에게 다가갈 수 있다.

④ 강점을 극대화하여 핵심 경쟁력으로 승화시켜라.

2) 나의 브랜드를 만들기 위해

① 자신을 설명하는 슬로건을 만들어라.

② 개인 홈페이지나 SNS 소통창구를 만들어라.

③ 자신의 전문분야를 정리하라.

④ 모은 정보를 새로운 관점으로 해석해서 책을 써라.

3) 나의 브랜드 경쟁력을 높이기 위해

① 미래를 위해 큰 그림을 그려라.

② 급한 일보다 중요한 일에 매진하라.

③ 노력할수록 운이 따른다.

④ 자신에게 긍정적인 예언을 하라.

▶세 가지 질문

−자신의 경쟁적 우위점을 꼽는다면?

−자신의 알리는 카피를 만들어 보라.

−개인 브랜드의 비전을 제시하여 보라.

54. 걱정을 없애는 방법

걱정한다고 걱정이 없어지면 걱정이 없겠네.(티베트 속담)

"우리가 하는 걱정의 40%는 절대 현실로 일어나지 않는다. 걱정의 30%는 이미 일어난 일에 대한 것이고, 걱정의 22%는 사소한 고민이다. 걱정의 4%는 우리 힘으로는 어쩔 도리가 없는 일에 대한 것이고, 나머지 4%는 우리가 바꿔 놓을 수 있는 일에 대한 것이다."

어니 젤린스키의 〈모르고 사는 즐거움〉 중에 나오는 말이다. 따지고 보면 걱정의 96%는 우리가 통제할 수 없는 것들이라는 얘기다.

인간의 마음은 동물원의 원숭이처럼 잠시도 가만히 있지를 못한다. 오만가지 잡념으로 가득차서 현재에 머물지를 못한다. 과거에 대한 후회, 미래에 대한 걱정을 없애는 방법은 없을까?

1) 잡념에서 벗어나는 방법

첫째, 하루 단위로 살기

지나간 것은 지나가게 하라. 그렇지 못할 때 과거에 대한 집착과 미래에 대한 불안이 현재를 잠식해버린다. 어제 먹은 음식이 아직도 위장에 고스란히 남아있다면 어떻게 될까? 감정 역시 마찬가지이다. 잉여가 쌓이면 상처가 된다. 상처는 사건이 아니라 사건에 대한 기억이다. 정확히는 사건을 해석하는 마음이다. '내일은 없다'라는 마음으로 오늘만 생각하며 산다. 하루만 무사히 넘겼으면 OK한다.

둘째, 최악을 받아들이기

떠오르는 걱정을 종이에 모두 적어본다. 경영분석에 'Mini-Max 후회분석'이라는 것이 있다. 최대의 후회를 최소화시키는 방법이다. 종이 왼편에 걱정을 적고, 오른 편에 최악의 경우를 써본다. 최악의 경우를 받아들이면 걱정은 봄눈 녹듯 사라지는 것을 경험할 수 있다. 지폐는 구겨지거나 더럽혀져도 본래의 가치는 변하지 않는다. 인간도 마찬가지다. 나 자신을 포기하지 말자. 떠오르는 걱정을 종이에 적어보는 것만으로도 상당부분의 걱정이 소멸될 수 있다.

셋째, STOP 방법

후회와 걱정이 몰려올 때 마음속으로 "STOP!"을 외치는 것이다. 이것 하나만으로도 대단한 효력이 있다. 우리가 어릴 적 하던 '얼음놀이'를 생각하면 된다. 석가는 '위빠사나'라는 간단한 명상법을 제시했다. 그냥 호흡을 들이 마시고 잠깐 멈춘 다음 다시 호흡을 내쉰다. 그리고 호흡한 수를 세라. 이것 하나만으로도 모든 잡념에서 벗어날 수 있다. 지금 여기에 머물 수 있다. 기적같이 마음의 평화를 찾을 수 있다.

넷째, 단호한 결단

모든 후회와 걱정은 우유부단에서 온다. 우유부단은 내가 내린 결정에 대해 책임지려는 태도가 약할 때 나타난다. 완벽은 신이나 기계의 영역이다. 죽기 아니면 까무러치기이다. "죽으면 죽으리라!"라는 뱃심이 필요하다. 단호한 결단은 후회와 걱정에서 해방되는 탁월한 해독제이다.

2) 걱정 없애는 5가지 방법

다음은 하버드의대 임상심리학과 로널드 시걸 교수가 제안한 걱정 없애는 다섯 가지 방법이다.

① 당신과 당신의 생각은 다르다. 때때로 생각은 순전히 스스로 기만한다. 당신이 생각한다고 그게 진짜가 아니다.

② 관찰하라, 판단하지 말고. 생각을 끊으려 들지 말고 인정해라. 대신

그 생각들이 둥둥 떠다니게 둬라. 괜히 치고받고 하지 마라.

③ 정신을 흩뜨리지 말고 주위에 녹아들어라. 스마트 폰만 들여다보지 말고 당신 주위의 세계로 곧장 들어가라. 감각에 집중해라. 커피를 마실 때는 향을 음미하고 식사를 할 때는 맛에 집중해라. 기차가 연착했다고 짜증내는 대신 사람들을 관찰하고, 당신이 앉아 있는 의자의 감각에 의식을 가져가보는 게 어떨까.

④ 나쁜 생각엔 '나쁜 생각'이라는 딱지를 붙여 놔라. 나쁜 생각을 인정해라. 나쁜 생각도 만만한 존재는 아니라서 되받아 칠 것이다. 주눅 들기보다 여유를 갖고 나쁜 생각을 조롱하는 이름을 붙여줘라. 이런 '마음 챙김'(매 순간 순간의 알아차림)은 항우울제 만큼의 효과가 있다는 연구도 있다. 이런 훈련을 계속해온 사람들은 약을 끊어도 될 정도라고 한다.

⑤ 그래서 결국, 감각으로 돌아와라. 당신 주위의 세계에 온 정신을 집중해라. 사물만 말하는 게 아니다. 사람에게도 관심을 기울여라. 계속된 훈련보다 사람을 더 빨리 성장시키는 건 없다. 세상에 쉬운 일은 없다. 이해를 했으면 실행하길.

▶*세 가지 질문*
　-자신의 연령대를 기준으로 '00대에 꼭 해 야 할 세 가지'를 만들어 보라.
　-평생 가장 후회하는 것은?
　-내 심장을 뛰게 하는 것은 무엇인가?

55. 죽음의 5단계
　　우리들이 천국을 방문했을 때 신이 제일 먼저 물어보는 것은, "할

수 있었는데 하지 않은 일은 무엇인가? 배울 수 있었는데 배우지 않은 것은 무엇인가?"이다.(유태인의 격언)

우리 중 죽지 않고 영원히 살 수 있는 사람이 있을까? 과연 우리 중 얼마나 많은 사람이 '언젠가는 죽는다'는 생각을 하고 하루를 살아갈까?

끝날 것 같지 않던 삶의 여정도 추억으로 돌아가는 시간이 있다. 죽음에 대해서 우리가 명백하게 아는 것은 다음 다섯 가지다.

"누구나 죽는다. 순서가 없다. 아무 것도 가져가지 못한다. 대신할 수 없다. 경험할 수 없다."

또 하나 분명한 사실은 우리는 절대 젊어지지 않는다. 오늘이 나의 최고의 날이다(Today is the best day of my life).

1) 죽음을 염두에 둔 삶이 행복하다

필리프 아리에스가 쓴 〈죽음의 역사〉에 따르면 죽음을 금기시하게 된 건 20세기 초 급격한 산업사회에 돌입한 미국에서 시작했다. 풍요에 대한 열망이 커질수록 삶은 칭송받고, 죽음은 저주받는다.

'싸나톨로지(Thanatology, 죽음학)'는 1903년, 메치니코프가 노인학을 연구하면서 처음으로 사용했던 개념이다. 죽음을 삶의 일부분으로 받아들여 두려운 죽음이 아닌 자신의 삶을 완성시키는 마무리로써 웰다잉(Well-dying)으로 이끈다는 것이다.

북미와 유럽에서 인기를 끈 책 〈내가 내일 죽는다면〉에 따르면 죽음을 염두에 두고 살아가는 것은 삶에 활기를 준다. '데스 클리닝'이란 죽음을 대비해 살면서 미리미리 물건을 버리거나 기부하는 것을 말한다. 때로는 죽음이 삶을 다독일 수도 있다.

"잘 보낸 하루가 행복한 잠을 가져오듯이, 잘 산 인생은 행복한 죽음을 가져 온다."

르네상스 화가 레오나르도 다빈치의 조언이다. 품위 있게 생을 마감하는 일은 죽는 사람 자신이 자아 존중감을 확보할 수 있는 마지막 기회이며, 남은 사람들에게도 자신의 삶을 되돌아보는 성찰의 기회를 제공할 것이다.

2) 죽음의 5단계

죽음의 5단계는 퀴블러 로스가 1968년 〈죽음의 순간〉이라는 책을 통해 발표한 내용이다. 이는 수백 명의 말기 암 환자를 대상으로 한 임상연구 결과로 시한부 인생의 환자를 이해하는데 좋은 것으로 평가받고 있다.

죽음을 앞에 둔 환자의 심리는 5단계로 나누어져 있으며, 부정→분노→협상→우울→수용을 거치게 되며, DABDA라고 한다.

① 제1단계 : 부정(Denial)

죽음의 선고를 부정하며, 자신에게 이런 일이 일어났다는 것을 부인한다. 모든 사람들은 무의식중에 '나는 죽지 않는다'는 본능적인 신념을 가지고 있고, 이 때문에 자신의 죽음을 부인하는 현상이 나타난다. "믿을 수 없다."고 치료를 거부하거나, "진단이 잘못되었다."고 하면서 다른 병원을 찾으려 하기도 한다.

대처법 : 환자가 현실적인 견해를 갖도록 시간적 여유를 주어야 한다.

② 제2단계 : 분노(Anger)

결국 환자는 현실이 바뀌지 않자 주변에 대한 분노를 표출한다. "왜 하필 나에게" 이런 일이 일어났는지 분노한다. 자신이나 가족, 병원 직원 등에게 분노를 터트린다. 신을 저주하거나 화를 내고 짜증을 내는 등의 일이 많다.

대처법 : 분노에 반응을 하면 환자도 더욱 심한 분노를 한다. 분노를 표현하고 자신이 아직 가치 있는 인간으로, 존경과 이해와 관심을 받고 있다는 것을 느끼도록 해준다. 즉, 환자를 편안하게 해줘야 한다.

③ 제3단계 : 협상(Bargaining)

죽음 앞에서 신이나 절대자에게 죽음을 연기하려고 협상을 시도한다. 선행을 하거나, 신에게 헌신을 맹세하기도 한다. 장기기증 의사를 나타내는 경우, 비합리적이고 미성숙한 환상에 빠지는 경우도 있다.

대처법 : 다음 단계로 넘어가는 정상적인 과정이다. 타협 단계는 짧다. 현실을 받아들이도록 도움을 주어야 한다.

④ 제4단계 : 우울(Depression)

신체적으로 쇠약해지고 희망이 없음을 알고 깊은 우울증에 빠진다. 극도의 상실감과 남아 있는 가족에 대한 걱정, 삶에 대한 회한으로 괴로워하게 된다.

대처법 : 슬픔에 젖도록 그냥 놔두거나, 옆에서 귀 기울여 들어준다.

⑤제5단계 : 수용(Acceptance)

더 이상 분노하거나 우울해하지 않고 담담하게 죽음을 받아들인다. 지치고 쇠약해져서 감정이 무디어진다. 가족과 추억을 이야기 하거나, 지나간 감정을 교류하기도 한다. 혹은 마지막까지 의미 있는 일을 하려고 노력한다.

3) 미국 천문학자의 유언

죄송하지만 죽음 앞에 서 봐도 저의 신념엔 변화가 없습니다. 나는 이제 소멸합니다. 내 육체와 내 영혼 모두 태어나기 전의 무(無)로 돌아갑니다. 묘비에서 저를 기릴 필요 없습니다. 저는 어디에도 없습니다. 다만, 제가 문득 기억날 땐 하늘을 바라보세요.(칼 세이건)

4) 5분 유언장

1970년대 후지산 위를 비행하던 여객기가 기상악화로 추락해 승객 전원이 사망한 사건이 있었다. 그런데 사망자를 수습하던 중 한 남자의 옷에서 나온 수첩이 사회적으로 큰 이슈가 됐었다. 비행기가 추락하는 5분간의 그 짧은 시간에도 당시의 급박한 상황과 가족들에게 남기는 글을 적은 메모가 발견된 것이다.

당신이 그 상황의 주인공이 되어보라. 갑자기 비행기가 좌우로 흔들리고 사람들이 웅성거리기 시작한다. 기내방송도 영어와 중국어 한국어를 섞어가며 숨 가쁘게 흘러나온다. 비행기가 추락하고 있는 급박한 상황이다. 비행기에 이상이 생겨 바퀴도 못 내리고 산등성이에 동체착륙을 한다는 것이었다. 이 순간 떠오르는 사람들이 있을 것이다. 자~ 이제 정확히 5분의 시간을 여러분께 주겠다. 시간이 없으니 지금부터 5분 동안 가족에게 남기는 말을 용지에 적도록 한다. 시작!

▶세 가지 질문
-기억에 남는 죽음이 있는가?

-떠나는 날, 나는 세상에 어떤 기억으로 남을까?

-나의 드림 리스트는?

56. 당신의 행복지수는?

자기가 행복하다고 생각하는 사람이 가장 행복하다.(아리스토텔레스/철학자)

미국 인구조사국에 따르면 2018년 1월 기준, 지구에는 76억의 사람이 살고 있다. 만일 지구를 100명이 사는 마을로 축소시키면 어떻게 될까? 이케다 가요코의 〈세계가 만일 100명의 마을이라면〉의 내용을 발췌하여 옮겨보고자 한다.

1) 세계가 만일 100명의 마을이라면

100명중 52명은 여자이고 48명이 남자이다. 30명은 아이들이고 70명이 어른들이다. 어른들 가운데 7명은 노인이다. 90명은 이성애자이고 10명이 동성애자이다.

61명은 아시아 사람이고, 13명이 아프리카 사람, 13명은 남북 아메리카 사람, 12명이 유럽사람, 나머지 1명은 남태평양 지역 사람이다.

33명이 기독교, 19명이 이슬람교, 13명이 힌두교, 6명이 불교를 믿고 있다. 5명은 나무나 바위 같은 모든 자연에 영혼이 깃들어 있다고 믿고 있다. 24명은 또 다른 종교를 믿고 있거나 아니면 아무 것도 믿지 않고 있다.

17명은 중국어로 말하고, 9명은 영어를, 8명은 힌디어와 우르두어를, 6명은 스페인어를, 6명은 러시아어를, 4명은 아랍어로 말한다. 이들을 모두 합해도 마을 사람들의 겨우 절반밖에 안 된다. 나머지 반은 벵골어, 포르투갈어, 인도네시아어, 일본어, 독일어, 프랑스어, 한국어 등 다양한 언어로 말을 한다.

마을에 사는 사람들 100명 중 20명은 영양실조이고 1명은 굶어죽기 직전이다. 그러나 15명은 비만이다. 이 마을의 모든 부 중 6명이 59%를 가졌고, 그들은 모두 미국 사람들이다. 74명이 39%를, 20명이 겨우 2%만 나눠가졌다.

75명은 먹을 양식을 비축해 놓았고, 비와 이슬을 피할 집이 있다. 하지만 나머지 25명은 그렇지 못하다. 17명은 깨끗하고 안전한 물을 마실 수 없다. 은행에 예금이 있고, 지갑에 돈이 들어있고, 집안 어딘가에 잔돈이 굴러다니는 사람은 마을에서 가장 부유한 8명안에 드는 한 사람이다. 자가용을 소유한 자는 100명 중 7명안에 드는 사람이다.

마을 사람들 중 1명은 대학교육을 받았고 2명은 컴퓨터를 가지고 있다. 그러나 14명은 글도 읽지 못한다.

만일 당신이 어떤 괴롭힘이나 체포와 고문, 죽음을 두려워하지 않고, 자신의 신념과 양심에 따라 움직이고 말할 수 있다면 그렇지 못한 48명보다 축복 받았다.

만일 당신이 공습이나 폭격, 지뢰로 인해 다치거나 죽고 무장단체의 강간이나 납치를 두려워하지 않는다면 그렇지 않은 20명보다 축복 받았다.

1년 동안 마을에서는 1명이 죽는다. 그러나 2명의 아기가 새로이 태어나므로 마을 사람은 내년에 101명으로 늘어날 것이다.

2) 행복을 결정짓는 3요소

긍정심리학의 신진학자인 소냐 류보머스키 교수는 그의 저서 〈How to be happy〉에서 행복을 결정짓는 요소를 다음 세 가지로 들었다.

① 돈이나 건강, 사랑 10%

② 유전적 설정값 50%

③ 의도적 활동 40%

결론은 행복도 연습이 필요하다는 것이다. 류보머스키 교수는 '의도적 활동'의 구체적인 방법으로 선행, 인간관계, 감사, 명상, 운동 등을 꼽았다.

3) 온전한 행복은 어디에서 오는가?

① 인생에는 정답이 없다. 자기가 선택한 대로 사는 것뿐이다. 그런데 우리가 이럴까 저럴까 망설이는 것은 선택에 대한 책임을 지고 싶지 않기 때문이다.

② 열등감과 우월감은 뿌리가 같다. 모두 삶의 기준을 타인에 두고 있다는 공통점이 있다. 인생을 살 때 자신의 능력이 100이라면 바깥에 알릴 때는 아무리 많아도 80쯤만 알리는 게 좋다. 이것이 인생을 편안하게 사는 길이다. 만약에 내 능력이 100인데 바깥에 50으로 알려져 있으면 나를 욕하는 사람이 별로 없다.

③ 어떤 삶을 살고 있더라도 당신은 행복해질 권리가 있다. 그러나 남의 불행 위에 내 행복을 쌓지는 마라. 진정으로 기쁨과 행복을 맛보려면 삶의 보람을 찾아야 한다. 힘들다고 불행한 건 아니다. 보람이 있으면 몸은 힘들어도 마음은 행복하다. 내 시간을 주체적으로 활용하고 남에게도 도움이 될 때 자긍심과 보람이 생겨서 저절로 행복해진다. 꽃은 벌에게 꿀을 주고, 벌은 꽃가루를 옮겨 꽃이 열매를 맺게 해준다. 이렇게 너도 좋고 나도 좋은 삶을 살아야 한다.

　　※법륜 스님의 〈행복〉 중에서

▶네 가지 질문
–행복이란 무엇이라고 생각하는가?
–10점 만점의 점수로 나타낸다면 당신의 행복지수는 얼마인가? 그리고

그 이유는?

　-당신의 인생 음악은?(영화, 책, 명언)

　-10년 후 자신의 모습을 그려본다면?

57. 자존감을 높이는 방법

낮은 자존감은 계속 브레이크를 밟으며 운전하는 것과 같다.(맥스웰
몰츠/의학박사, 심리학자)

　자존감에는 세 가지 기본 축이 있어서 사람들마다 자존감의 의미를 달리 해석하기도 한다. 세 가지란 자기 효능감, 자기 조절감, 자기 안정감이다.

　우선 '자기 효능감'은 자신이 얼마나 쓸모 있는 사람인지 느끼는 것을 의미하는데, 우리 사회는 이 축을 지나치게 강조한다. 사회에서 알아주는 직업을 갖거나 직장에서 능력을 인정받으면 당연히 자존감이 높을 것이라고 생각하는 게 대표적인 예다.

　두 번째 '자기 조절감'은 자기 마음대로 하고 싶은 본능을 의미한다. 이것이 충족돼야 자존감도 높아진다. 서울에서 손꼽히는 학교에서 공부하고 이른바 명문 대학까지 나온 사람이라면 그렇지 않은 사람보다 자존감이 당연히 높을 거라고 여기기 쉽다. 하지만 시골에서 자유롭게 뛰놀며 자란 사람보다 자존감이 떨어지는 경우도 얼마든지 있다. 자기 조절감이 부족한 경우다.

　세 번째 '자기 안정감'은 자존감의 바탕이 된다. 가진 것은 별로 없어도 자존감이 높은 사람들이 있다. 이들은 안전하고 편안함을 느끼는 능력이 다른 사람들보다 뛰어나다. 트라우마가 해결되지 않았거나 애정결핍이 지속되는데 안전하다고 느낄 사람은 없다. 당연히 자존감이 떨어진다. 혼자 있는 것을 유난히 힘들어하는 사람이 있는데, 혼자서는 안정감을 느끼지 못하기 때문이다.

※윤홍균의 〈자존감 수업〉 중에서

1) 자존감을 높이는 방법

자아의 모습에는 세 가지, 타인에게 보여 지고 싶은 자아와 타인에게 보여 지는 자아, 그리고 내가 나를 보는 자아가 있다. 타인에게 보이는 내가 아닌, 내가 바라보는 나를 키워야만 스스로 행복해 질 가능성이 많아진다. 그래야 자존감도 높아진다. 자존감이 높아진다는 것은 타인의 시선에서 자유로워진다는 것이다.

① '지금 여기'에 집중하기

우울한 기분을 털어내고 기분이 즉각적으로 나아질 수 있는 가장 쉽고 빠른 방법이 있다. 그건 바로 '지금'이라는 시간과 '여기'라는 공간에 온전히 집중하는 것이다. 우울한 사람은 과거에 살고, 불안한 사람은 미래에 살고, 평안한 사람은 현재에 산다.

② 자신의 힘으로 성취하라

성취감을 느끼기 위한 전제는 무엇이든 스스로 시도해보는 것이다. 성취감은 자존감을 길러주며 스스로 해낸 자기 자신이 대견하고 자랑스럽게 느껴진다. 또한 그 기분을 맛보기 위해 애쓰게 되면서 선순환이 이루어진다.

③ 주변인과 긍정적인 상호작용을 하라

삶의 행복은 다른 사람들과의 관계를 적절히 맺고 더불어 잘 살아가는 능력에 있다. 상호작용을 위해서는 교류의 본능을 깨워야 한다. 소리 나는 곳을 향해 고개를 돌리고, 다른 사람의 표정을 읽고, 감정을 교류하는 것이다. 누군가의 부름에 답하고, 때로 도움을 요청하는 적극성이 필요하다.

④ 남을 도와라

남을 도우면서 더 도움을 받는 사람은 오히려 내 자신이다. 동물이건 사람이건 누군가에게 도움이 된다는 그 사실만으로 나의 자존감이 올라간다. 자존감은 스트레스로부터 자유로울 수 있는 뼈대가 되고, 자존감이 올라가면 타인의 시선과 평가로부터 자유로워질 수 있다.

휴지 줍기, 노약자 돕기, 액수의 다소를 떠나 기부하기, 잘 아는 사이가 아니라도 먼저 인사하기, 공중건물을 출입할 때 뒷사람을 위해 문을 열고 기다려 주는 일 등 나열 하려면 한정이 없다. 내면의 힘은 보이지 않아도 갈고 닦을수록 점점 강력해진다. 내면이 강해질수록 세상의 유치한 기준에 구애받지 않고 살아갈 수 있다. 저마다 일일일선에 힘쓴다면 개인의 자존감을 넘어 우리 사회도 밝아질 것이다.

2) '척'만 해도 행복해진다

웨이크 포레스트 대학교의 심리학 교수인 윌리엄 플리슨은 지난 10년 동안 '왜 어떤 사람은 내성적이고 어떤 사람은 외향적인가' 그리고 '두 유형 사이에 큰 차이점은 무엇인가?'에 대해 연구했다.

사람들이 자신의 행동과 감정을 한 시간, 하루, 일주일 단위로 기록하게 한 그는 연구를 통해 외향적인 사람도 때로 내성적으로 행동하고, 내성적인 사람도 때로 외향적으로 행동한다는 결론을 내렸다. 다시 말해 내향성과 외향성은 그리 고정된 특성이 아니라는 것이다.

소위 외향적인 사람들은 내성적인 사람들에 비해 자신을 '수다스러운', '적극적인', '활동적인', '자기주장이 강한' 사람이라고 평가하는 경우가 더 많았다. 그리고 외향적인 사람은 내성적인 사람보다 더 행복하다는 결론에 이르렀다.

플리슨은 한걸음 더 나아가 내성적인 사람도 외향적인 사람처럼 행동하면 행복해질 수 있는지에 대해서 의문을 가졌던 것 같다. 그의 연구 논문의 부제가 그것을 증명한다.

'외향적인 사람처럼 행동하는 것이 외향적인 사람이 되는 것만큼 좋을까?'

무슨 뜻인지 알겠는가? 그는 실제로 그렇게 될 때까지 그런 척할 수 있는지를 실험했다. 그는 47명을 소그룹으로 나누고 각 그룹에게 무작위로 내성적 또는 외향적으로 행동하라고 지시했다. 그리고 10분간 그룹 토의를 시켰다. 10분이 끝나고 참가자들은 자신의 행동과 기분을 평가한 후 이번엔 다시 반대 성향으로 그룹 토의에 참가하라고 시켰다. 그 결과는 거의 모두가 외향적으로 행동할 때 더 행복해 했다. 윌리엄 플리슨 교수의 조언이다.

"사람들에게 외향적으로 행동하라고 해보십시오. 10분 후면 그들은 아주 즐거운 한때를 보내고 있을 겁니다."

그런데 플리슨은 자신의 연구 결과가 사람들이 본연의 자아와 다르게 행동하도록 권장하는 것이라는 생각에 찜찜함을 느꼈다. 페이크(Fake 가짜, 모조품)가 정신 건강에 해로울 것이라 예상한 것이다. 그래서 그는 추가 연구를 했고, 내놓은 결과는 다음과 같다.

"내성적인 사람이 외향적으로 행동할 때 그것은 '페이크'가 아니었습니다. 모든 참가자들이 외향적인 사람의 역할을 할 때 그것이 좀 더 자신의 본모습이라고 말했습니다. 내성적인 사람들도 말입니다."

심지어 내성적인 사람들은 외향적으로 행동하는 것을 어려워하지도 않았다. 외향적으로 행동한다고 해서 피곤해지거나 걱정이 늘지 않았던 것이다. 플리슨은 이렇게 결론 내렸다.

"내성적인 사람이 덜 수줍고, 덜 침울하고, 자기주장을 더하고, 더 활동적으로 행동할 때 더 진정한 모습이 된다. 진정성이 결코 덜해지는 것이 아니다."

어떤가? 여전히 가식적인 삶에 부정적이기만 한가? 때론 될 때까지 '척'하면서 살아가라는 조언은 꽤 실용적이며, 일상에 많은 도움이 된다.

3) 감나무의 자존감

첫째, 장수한다. 둘째, 잎이 무성하고 그늘이 두텁다. 셋째, 새가 집을 짓지 않는다. 넷째, 벌레가 붙지 않는다. 다섯째, 서리 낀 잎을 즐길 수 있다. 여섯째, 좋은 열매가 열린다. 일곱째, 낙엽이 엽차로 만들어진다.

▶세 가지 질문
-자존감 높이기 실행 항목을 선택한다면?
-'척'해 본 경험을 말해보라.
-당신은 00(직업)으로써 뛰어난 '무엇'이 있는가?

58. 한 줄의 기적, 감사일기

핵심 습관을 바꾸면 그 밖의 모든 것을 바꾸는 것은 시간문제일 뿐이다.(찰스 두히그의 '습관의 힘' 중)

미국 맥클러 박사가 동료 연구자와 실험을 했다. 그는 캘리포니아 신문에 지원자를 모집하는 광고를 냈다. 300명을 모집하여 100명씩 세 그룹으로 나누고, 과제를 내 주었다.

첫 번째 그룹에게 말했다.

"오늘 일어난 일을 모두 적으시오."

두 번째 그룹에게 말했다.

"오늘 기분 나빴던 일을 모두 적으시오."

세 번째 그룹에게 말했다.

"오늘 감사했던 일을 모두 적으시오."

실험 기간으로 정한 3주가 지났다. 행복감을 가장 크게 느낀 사람들은 몇 번째 그룹이었을까?

그 날의 감사했던 일을 적어나갔던 세 번째 그룹이었다. 실험기간 동안 스트레스를 거의 받지 않았으며, 아픈 사람도 없었다. 모두 활기가 넘쳤을 뿐만 아니라 밝은 표정으로 사람들을 대했다. 반대로 3주 동안 매일 기분 나빴던 일을 적은 두 번째 그룹은 다른 때보다 친구들과 많이 다투었고, 애인과 헤어지기도 했으며, 위장병이 생긴 사람도 있었다. 물론 표정도 나빠졌다.

다음은 맥클러 박사의 실험 결과 발표 내용이다.

"감사하는 사람은 스트레스를 잘 받지 않는다. 다른 사람보다 행복하다고 느끼며, 힘이 넘치고 병에 대한 면역력이 생긴다. 그리고 다른 사람에게도 기쁨을 준다."

1) 한 줄의 기적, 감사일기

오프라 윈프리는 감사 일기를 10년 넘게 써오면서 감사일기의 효과와 기적을 체험한 대표적인 인물로 알려져 있다. 그녀가 직접 쓴 유일한 책 〈내가 확실히 아는 것들〉에서 그녀는 다음과 같은 말을 했다.

"항상 감사한 마음을 가지기는 쉽지 않다. 하지만 당신이 가장 덜 감사할 때가 바로 감사함이 가져다 줄 선물을 가장 필요로 할 때다. 감사하게 되면 내가 처한 상황을 객관적으로 멀리서 바라보게 된다. 그뿐만 아니라 어떤 상황이라도 바꿀 수 있다. 감사한 마음을 가지면 당신의 주파수가 변하고 부정적 에너지가 긍정적 에너지로 바뀐다. 감사하는 것이야말로 당신의 일상을 바꿀 수 있는 가장 빠르고 쉬우며 강력한 방법이라고 나는 확신한다."

2) 감사일기, 어떻게 시작하지?

원칙 1. 한 줄이라도 좋으니 매일 써라.

원칙 2. 주변의 모든 일을 감사하라.

원칙 3. 무엇이 왜 감사한지를 구체적으로 작성하라.

▶세 가지 질문

−오늘 감사한 일 5가지를 말해보라.

−당신에게 인생에 남겨진 시간이 사흘이라면 당신은 그 사흘을 어떻게 보내겠는가?

−나는 왜 운이 좋은가?

59. 의식의 레벨

이집트에선 천국에 들어가려면 두 가지 질문에 답해야 한다. '인생에서 기쁨을 얻었는가?', '남에게 기쁨을 주었는가?'(영화 '버킷 리

스트' 중에서)

인간의 지능, 감성 등은 모두 같지가 않다. 그것을 수치적으로 나타낸 것이 IQ, EQ와 같은 지수이다. 그리고 이 지수들은 산술적인 값이 아니라 대수(log, 수학 함수의 일종)값이다.

마찬가지로 의식에도 레벨이 있고, 그 지수 역시 대수값이다. 따라서 수준 300은 150의 두 배가 아니라, 150의 10승을 의미한다. 그러므로 아주 작은 레벨의 차이도 실제로는 엄청난 의식의 차이를 말하는 것이다.

인간정신의 진화에 관한 전문가인 데이비드 호킨스는 20여 년에 걸친 인간의 의식수준을 측정한 연구 끝에 사람들이 가진 태도와 감정의 수준을 숫자로 제시했다.

의식수준이 199이하의 사람은 개인이든 사회든 파괴적인 삶을 산다. 그러나 200이상의 사람은 긍정적이며 생산적인 삶을 살아간다. 단 1의 차이로도 삶은 엄청난 차이를 나타낸다.

예수와 석가모니의 의식레벨은 1000룩스(만점), 마하트마 간디는 700룩스, 아인슈타인과 뉴턴, 프로이트는 499룩스라고 한다.

200이하의 수준에 기본적으로 깔려 있는 삶의 태도는 '살아남기'이고, 200이상은 새로운 시도를 하고 파란만장한 인생을 긍정적으로 전환시켜 주는 레벨이다. 600은 인간의 선과 깨달음 추구가 삶의 기본적인 목표가 되는 수준이다. 당신의 의식레벨은 얼마인가? 당신의 의식이 머물러 있는 곳은?

▶**가슴 속 언어**

1) 마더 테레사 : 봉사, 기쁨, 성실, 소망, 사랑, 승리, 환희, 기대감, 헌신, 근면, 인류애

	의식의 밝기 (Lux)	의식 수준 (레벨)	감정	행동	말	비고
POWER 긍정적인 에너지 ↑	700~1000	깨달음	언어 이전	순수 의식	말로 형언할 수 없음	참나 (GOD)
	600	평화	하나	인류 공헌	우리는 모두 하나입니다.	환하게 비춤
	540	기쁨	감사	축복	무심코 웃음이 납니다. 감사합니다.	고요함 충만함
	500	사랑	존경	공존	우리 같이해요. 사랑합니다.	하나 (세계인구 4%)
	400	이성	이해	통찰력	널 진심으로 이해한다. 해결 방법을 찾아보자.	합리적
	350	포용	책임감	용서	그럴 수 있어. 그것도 좋은 거야.	초월
	310	자발성	낙관	친절	제가 할게요. 무엇을 도와드릴까요?	결의, 소망
	250	중용	신뢰	유연함	양쪽 얘길 다 들어보자. 서로 다르잖아.	풀어줌
200	**200**	**용기**	**긍정**	**힘을 주는**	**못하는 게 없네. 넌 잘할 수 있어. 최선을 다하면 되는 거야.**	**힘을 불어 넣어줌**
↓ **FORCE** 부정적인 에너지	175	자존심	경멸	과장	질 수 없어. 내가 최고야. 왕년에는 잘했는데……	허세
	150	분노	미움	공격	똑바로 해! 보기도 싫어. 콱 그냥~	적대적
	125	욕망	갈망	집착	저것을 꼭 내 것으로 해야지. 이번엔 꼭 등을 해야 해.	구속
	100	두려움	근심	회피	이유~ 이것을 어떻게 하지? 난 잘 못해. 난 싫어. 너나 해.	위축
	75	슬픔	후회	낙담	그 때 좀 더 잘할 걸. 내 신세가 이게 뭐야?	한탄
	50	무기력	절망	포기	난 이제 더 이상 못해. 에이~ 될 대로 되라지.	자포자기
	30	죄의식	비난	학대	니 때문에 이렇게 났잖아. 병신 같은 놈. 난 정말 왜 이럴까?	파괴
	20	수치심	굴욕	잔인함	비참하다. 쪽팔려. 차라리 없어져버릴까? 없애버릴까?	지우려 들기

2) 히틀러 : 불안, 분노, 걱정, 절망, 바퀴벌레, 경멸, 독재, 잔인함, 공포, 유대인, 살인, 슬픔, 쟁취, 두려움

3) 다음 중 당신의 가슴속엔 어떤 단어가?

명품, 우울증, 쇼핑, 노후, 술, 담배, 부모봉양, 사춘기, 대인관계, 불임, 조울증, 가정폭력, 대출, 여행, 외모, 행복, 가족건강, 성적, 스트레스, 건강, 직장 내 문제, 승진, 이사, 이혼, 불면증, 피부, 골프, 자녀교육, 부부갈등, 자동차, 대학진로, 사업, 성격, 출산, 성형, 결혼, 육아, 출산, 다이어트

60. 가상 인터뷰

당신 자신이 되어라. 그러면 당신보다 더 나은 적격자가 어디 있겠는가.(벤저민 프랭클린/미국 건국의 아버지)

끝을 상상해보면 어떻게 시작해야 좋을지 알 수 있다. 필자는 〈바로 써먹는 스피치 교과서〉가 3개월째 주간 베스트셀러를 기록하고 있다는 상상을 하며 가상 인터뷰를 해 본 적이 있다.

당신이 지금 고민하고 있는 과제는 무엇인가? 그 목표를 이루었다고 생각해보라. 워낙 잘되어서 당신은 유명 언론사와 인터뷰를 하게 된다. 그 상황을 상상하다 보면 목표를 이루는 방법에 대한 힌트를 얻게 될 수도 있다.

가상 인터뷰는 10분 정도면 충분하다. 지금 당신 앞에 놓인 과제를 훌륭히 달성했을 때의 시점을 상상해 보라. 그때 기분이 어떨지 마음껏 상상의 나래를 펼친다. 이제 방송사의 유명 리포터가 등장하고, 카메라가 돌아가기 시작한다.

리포터는 당신에게 다음과 같은 7가지 질문을 던질 것이다. 실제로 인터뷰에 응하는 것처럼 대답하면서 녹음한다. 다음 질문으로 넘어갈 때마다 '난 그토록 염원하던 목표를 이루고 이 인터뷰를 하는 거야'라는 점을 거듭 상기해야 한다. 준비되었다면 이제 시작해보자.

1) 목표를 이루고 나니 가장 좋은 점은 무엇인가요?

2) 목표를 향해 꾸준히 달릴 수 있었던 특별한 이유가 있나요? 이것이 왜 중요하다고 생각했나요?(어떤 점에서 중요했나요?)

3) 이 목표를 이루기 위해 가장 먼저 한 일은 무엇인지요?

4) 초반에 어떤 어려움에 부딪혔나요? 그 문제를 어떻게 이겨냈나요?

5) 이렇게 성공하기까지 도움을 준 사람이 있는지요?

6) 목표에 도달하도록 힘을 북돋아준 가장 큰 요소는 무엇입니까?

7) 같은 목표를 향해 첫발을 내딛는 사람에게 어떤 조언을 하고 싶은가요?

C h a p t e r
05
리더십 베이직(basic)

아이젠하워 미국 대통령에게 친구가 리더십이 뭐냐고 물었다. 아이젠하워 대통령은 실을 책상 위에 갖다 놓고 "당겨보라"고 했다. 그러자 실이 팽팽해졌다. 이번엔 "이걸 한번 밀어보라"고 했다. 아무리 해도 실은 밀리지 않았다. 아이젠하워 대통령은 리더십은 자기가 앞장서서 솔선수범하고 자기희생을 하는 데서 나온다는 것을 보여주었던 것이다.

성과를 내는 리더들은 무엇이 다른가? 특별한 재능, 뛰어난 지식, 압도적인 카리스마가 아닌 리더 자신의 내면에서 그 답을 찾아야 한다. 리더십은 모양에 있지 않고 기능과 능력에 있기 때문이다. 이 장에서는 나로부터 시작해서 주변, 조직의 변화를 만드는 리더십의 스킬을 학습할 것이다.

61. 성공의 법칙

당신이 마음속에 그린 것을 생생하게 상상하고 간절히 바라며 깊이 믿고 열의를 다해 행동하면 그것이 무슨 일이든 반드시 현실로 이루어진다.(폴 마이어/동기부여가)

성공이란 무엇일까?

생명보험 세일즈맨으로 성공하여 자기계발 산업의 개척자로 알려져 있는 SMI의 설립자 폴 마이어는 성공을 "미리 설정한 가치 있는 목표를 점진적으로 실현해 가는 과정"으로 정의하였다.

성공이란 결국 자기만족이다. 그렇다면 잠시 하던 일을 멈추고, 자신이 이루고자 하는 성공을 정의해 보라. 어쩌면 '성공에 대해 자신만의 철학을 갖게 되는 것'을 또 다른 의미에서의 성공이라 말해도 좋을 것이다.

1) 자아 이미지부터 바꿔라

개인의 모든 활동, 감정, 행동 능력은 자신이 만들어낸 이러한 자아 이미지와 항상 일치하게 되기 때문에 우리는 의식적인 노력이나 의지를 동원하여도 자아 이미지에 반하는 행동은 결코 할 수 없다. 이것은 이를 악물고 풀기 어려운 문제를 해결하려고 아무리 노력을 해도 실패하는 것과 같은 이치이다. 그러므로 자아 이미지를 잘 관리하는 것이 무엇보다 중요하다.

2) 모든 자기혁신은 자아이미지를 바꾸는 것에서 출발한다

자아 이미지를 강화하고 자유롭게 만드는 방법을 발견하면 아래 그림과 같이 점선은 바깥쪽으로 이동하게 되고 잠재능력도 최대한 발휘할 수 있게 된다.

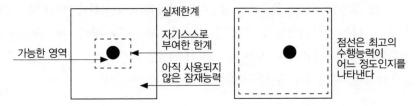

'뚱뚱한' 자아 이미지를 가지고 있는 사람이 있다고 하자. 그런 사람은 달고 칼로리 높은 식품을 끊지 못하며, 항상 운동할 시간이 부족하다는 핑계 때문에 아무리 의식적으로 노력한다고 해도 체중을 감량하거나 조절할 수 없게 된다. 또한 자신을 '실패한 인간'으로 간주하는 사람은 아무리 좋은 의도나 강한 의지를 가지고 있다 하더라도, 그리고 설사 기회가 주어진다 하더라도 실패하게 될 것이다. 이처럼 자아 이미지는 우리의 전체적인 인격과 행동, 심지어는 환경을 형성하는 밑바탕이 된다.

그러나 자아 이미지에 있어서 가장 중요한 진실은, 변할 수 있다는 것이다. 누구나 자아 이미지의 변화를 통해 새로운 인생을 시작할 수 있다.

3) 열등하다는 것은 존재하지 않는다

열등감이란 본인을 남보다 못하거나 무가치한 인간으로 낮추어 평가하는 감정이다. 최소한 전 세계 인구 중 95퍼센트의 사람들이 열등감으로 인해서 고통 받고 있으며, 그들에게 있어 열등감은 자아 이미지를 부정적으로 갖게 하고 성공과 행복한 삶을 가로막는 심각한 장애가 되고 있다.

열등감은 한 가지 이유에서 나온다. 다른 사람들을 기준으로 자신을 판단하여 '나는 아무개처럼 되어야 해' 또는 '나는 그 밖의 다른 사람처럼 되어야 해'와 같이 완전히 잘못된 생각을 근거로 스스로에게 최면을 걸기 때문에 일어난다. 이런 오류를 범하지 않으려면 모든 사람에게 공통적으로 적용되는 고정된 기준이 존재하지 않는다는 사실을 알아야 한다. 나는 나다워지고 너는 너다워지는 것, 그렇게 서로 다르되 완성을 향해 나아가는 것이 진정한 아름다움이다. '모든 사람'은 각 개인들로 구성되어 있으며 얼굴이 다르듯, 이 세상에 똑같은 사람은 한 사람도 없는 것이다.

▶세 가지 질문
- 내가 진정으로 원하는 것이 무엇인가?
- 나는 언제, 무엇을 하고 있을 때 행복한가?
- 누군가에게 큰 기쁨을 준 경험이 있다면?

62. 목표설정 3단계
운은 계획에서 비롯된다.(브랜치 리키/미국 메이저 리그 타자)

대개 꿈이 꿈으로 끝나고 마는 경우의 진행표는 이렇다. 변화가 찾아왔을 때 기회로 연결하지 못하고, 기회가 왔을 때 준비가 되어 있지 않다.

목표가 막연하다. 프로야구 선수 역시 '안타치면 좋겠다. 1군에 가면 좋겠다. 연봉 많이 받으면 좋겠다', 그건 바람이지 목표가 아니다.

그 다음엔 목표를 이뤄내기 위한 시간 관리가 중요하다. 스케줄을 내가 이떻게 활용할 섯인가, 짜인 스케줄 안에서 내 시간을 어떻게 집중해서 쓰느냐가 중요하다.

"꿈을 날짜와 함께 적어놓으면 그것은 목표가 되고, 목표를 잘게 나누면 그것은 계획이 되며, 그 계획을 실행에 옮기면 꿈은 실현되는 것이다."

캘리포니아 광고회사인 워크스마트사의 창립자 그레그 S. 레잇의 조언이다. 인생에서 원하는 것을 얻기 위한 첫 번째 조건은 내가 원하는 것을 정확히 아는 것이다. 지금부터 마음을 편안하게 하고 다음 세 가지를 한 단계씩 기록해보라.

1) 목표설정 3단계

1단계 : 5년이나 10년, 또는 마음속에 나름의 기간을 정한다. 그리고 그때까지 하고 싶은 일을 생각하여 적어본다. 장애나 벽이 전혀 없다고 가정하는 게 중요하다.

씨앗의 공통점은 작다는 것이다. 마음 속 어린아이를 끄집어내도록 하라. 0.1%라도 씨앗이 있으면 그냥 적는다. 기한을 정한 그 때까지 하고 싶은 공부, 여행하고 싶은 곳, 모으고 싶은 돈의 금액, 살고 싶은 집의 장소와 형태, 미혼이라면 배우자의 모습을 상상하여 적는다. 갖고 싶은 자동차, 공부하고 싶은 분야나 그 수준, 오르고 싶은 지위, 하고 싶은 일 등을 자유롭게 적는다.(5분 정도)

2단계 : 지금까지 적어 놓은 내용들을 살펴본다. 이 모든 희망사항들이 100% 이루어진다고 상상하는 게 중요하다. 리스트를 보면 가슴을 뛰게 하는 몇 가지 항목이 있을 것이다.

'이것만 해낼 수 있다면, 이 일만 이루어진다면 내 인생이 180도 달라질 수 있는데……'라고 생각되는, 가장 눈에 띄고 가슴을 뛰게 하는 것이 1번이 된다. 가슴 뛰는 순서대로 2번, 3번 순서로 번호를 매긴다.

3단계 : 적어 놓은 글 아래 부분에 길게 경계선을 긋고 새로운 기분으로 1번을 옮겨 적는다.

결국은 나의 일이다. 바라는 것은 이루어지고, 이루어지지 않을 것은 바라지도 않는다. 선택한 1번이 마음속에 열매를 맺을 수 있는 능력이고, 그

씨앗조차 없었다면 결코 문자화되지 않았을 것이다. 그렇다면 1번을 이루기 위해 내가 해야 할 일이 있을 것이다. 하나하나 생각하여 나열한다. 행동계획 과정에서 누군가의 도움이 필요하다면 그 사람 이름을, 기관의 도움이 필요하다면 기관의 이름을 적는다.

돈을 모으는 일이라면 연간, 월간 금액을 적고, 지금의 능력으로 한계가 있다면 새로운 아이디어를 낸다. 어학공부를 하는 일이라면 하루 몇 시간씩, 어떻게, 하루 중 언제 시간을 낼 것인지 계획한다. 사소한 것까지도 적는 게 중요하다.

모두 적었다 싶으면 할 일의 우선순위를 정해 번호를 매긴다. 정리과정에서 처음에는 생각하지 못했던 새로운 아이디어가 떠오를 수도 있다. 이렇게 해서 현재 나를 가장 가슴 뛰게 하는 1번의 구체적인 실행 계획이 세워졌다.

오늘의 식사는 내일로 미루지 않으면서 오늘 할 일은 내일로 미루는 사람이 많다. 이제 남은 건 행동이다.

2) 슬로건 만들기

슬로건은 스코틀랜드에서 위급할 때 집합신호로 외치는 소리였다. 슬로건은 일반대중의 마음을 움직일 수 있게 구성한 짧은 문장으로서 개인에게는 자신이 어떠한 사람인지 명료하게 정의해준다.

글로 뭔가를 쓴다는 것은 적어놓은 글귀가 시신경을 타고 뇌를 자극하게 하는 효과가 있다. 그러면서 행동하게 만든다. 1960년대 초에 처음 만들어진 NASA의 슬로건은 지금까지 많은 사람들이 인정하는 걸작으로 알려져 있다.

"우리는 20년 내에 인류를 달나라에 보낸다."

이렇게 알기 쉬운 슬로건으로 NASA는 건물의 청소부들에게도 자기들이 무엇을 위해서 청소하고 있는가를 알게 했다. 그들이 걸레를 든 두 손에는 정성이 깃들게 되었다.

구약성서에 보면 "묵시(vision)를 기록하여 판에 명백히 새기되 달려가면서도 읽을 수 있게 하라. 지체 않고 정녕 응하리라"라고 했다. 여기서 '묵시'란 사명이나 비전, 목표를 말하는 것이고, 달려가면서도 읽을 수 있게 하라는 말은 어디에서나 쉽게 눈에 들어오도록 그것을 게시하라는 말이다. 왜? 그래야 매 순간 덜 중요한 2번에 시간을 낭비하기보다 중요한 1번에 집중할 수 있게 되니까.

하고 싶은 일을 찾았으면 한 문장으로 정리해보라.

3) 목표를 못 적는 이유

① 하다가 안 될까봐

② 남들이 뭐라 할까봐

③ 계획 세워 해 봤는데 한 번도 제대로 된 적이 없어서

하지만 누구도 목표를 세워 처음부터 100% 달성된 사람은 없다. 진행과정에서 정했던 목표를 수정할 수 있다. 정하지 않고 가기보다 정하고 움직이는 경우가 항상 더 낫다. 목표가 있어야 행동이 생기기 때문이다.

4) 욕망을 무너뜨리는 3요소

① 자기비하 : "배우지 못했어요", "경험이 부족해요" 등의 부정적인 자기비하

② 안전병 : 현재의 자리가 안전하다고 말하는 사람들은 안전무기를 사

용하여 자신의 꿈을 죽이고 있는 것

　③ 가족에 대한 책임 : 10년 전이라면 모르겠지만, 지금은 딸린 식구가 있어서…

▶세 가지 질문
-개인 목표와 관련하여 하고 싶은 말
-목표설정 과정을 함께하며 느낀 점이나 하고 싶은 말이 있다면?
-좋아하는 낱말 세 개를 적어보라. 낱말을 이어가며 이야기를 해보라.

63. 시간관리 습관
짬을 이용하지 못하는 사람은 항상 짬이 없다.(유럽 속담)

　시간관리는 당사자의 성격이나 가족의 생활습관 등과 밀접한 관련이 있다. 시간관리를 잘 못하는 사람들의 특징은 우선 흥미 없는 일은 질질 끈다. 둘째, 계속 공부(일)만 하거나 놀기만 한다. 셋째, 충동적으로 일을 결정하곤 한다. 넷째, 주변의 부탁 등을 거절하지 못한다. 다섯째, 계획을 세우지 않고 즉흥적으로 결정한다. 나쁜 습관만 가지고 있는 것이다.

　성공은 흩어진 힘을 한 방향으로 집중시키는 과정이다. 시간관리를 잘하기 위한 핵심 포인트로는 우선 '균형 잡힌 목표 설정하기'를 꼽을 수 있다. 둘째는 '목표 설정을 위한 우선순위 정하기'이고, 셋째는 '자신노 보르는 시간도둑 잡기'이다.

1) 시간관리의 장점

① 자신이 수행한 일에 대한 자부심과 만족감이 커진다.

② 점차 더 어려운 일이나 과제도 잘 처리할 수 있는 능력이 생긴다.

③ 목표의식과 추진력, 리더십이 향상된다.

2) 15분 활용의 기술

일상생활 곳곳에 숨어 있는 15분 활용의 기술! 하루 24시간 중 15분이라는 시간은 매우 짧아 보인다. 그러나 우리가 무수히 낭비하고 마는 틈새 시간 중에서도 15분은 하나의 일을 마무리 지을 수 있는 시간이다. 우리의 인생은 그러한 15분 활용의 결과물이라도 해도 과언이 아니다.

① 아침 15분, 뇌의 워밍업에 활용하라

아침생활을 15분 단위로 나누어서 실행한다. 15분 전에 일어나고, 15분 동안 아침식사를 하고 15분 동안 뇌를 워밍업하는 등 이것을 반복하다보면 자신만의 아침 리듬이 생긴다. 만족스런 아침으로 하루를 열게 되니 긍정적인 마음을 가지게 된다.

이처럼 아무 생각 없이 보내는 시간을 효과적으로 활용하는 순간, 우리는 굉장히 득을 본 듯한 기분을 느끼거나 자신이 다른 사람들보다 한 걸음 앞서가고 있다고 느끼게 된다.

② 15분만 일한다는 생각으로 시작하라

시간관리를 잘 못하는 사람들에게는 몇 가지의 공통점이 있다. 그 중 하나만 이야기해보면, 그들은 다음 작업을 시작해야 할 때 몸과 마음을 잘 전환시키지 못한다. ON도 아니고 OFF도 아닌 어중간한 상태에서 시간을 흘려버리고 만다. 게다가 그렇게 허비하고 마는 시간이 꽤 많음에도 본인은 그런 사실을 전혀 깨닫지 못하는 경우가 허다하다. 일을 시작하자고 마음을 먹기까지 15분, 그리고 자신의 리듬을 만드는 데 15분, 이처럼 '이제 슬슬 해야겠다'고 생각하는 사이 벌써 30분이라는 시간을 낭비하고 있을 가능성이 크다. '정각 00시에'라는 생각을 할 필요는 없다. 처음부터 아예 15분만 일한다는 생각으로 시작하라. 시계는 현재 시각을 확인하는 도구일 뿐 출발하라는 신호를 알려주지 않는다는 사실을 명심하자.

③ 어떤 약속이든 15분 전에 도착한다

15분 먼저 약속장소에 도착하면 정서적 여유를 가질 수 있다. 또한 상대방 보다 우위의 자리를 차지하게 된다. 기다리게 했다는 미안함에 상대방은 무리한 부탁이라도 들어주게 된다. 아울러 상대방이 먼저와 있으면 사과의 말이나 필요 없는 변명을 늘어놓아야 하지만, 먼저 도착했다면 밝게 인사만 하면 된다.

④ 15분을 활용하여 회의나 미팅시간에 발언 할 내용을 정리해보자

회의에서 하는 발언은 업무 능력을 평가하는 중요한 잣대가 된다. 침묵으로 일관하는 사람은 말할 것도 없고, 즉석에서 생각나는 대로 이야기하는 사람도 결코 좋은 평가를 받을 수 없다. 15분을 투자하여 자신이 발언하고 싶은 내용을 정리하자. 주제에 적합한 분석이나 제안, 논리 전개 방법 등을 메모해두는 것이다. 15분에 숨겨진 엄청난 가능성에 수복하자. 15분은 마법의 시간이다.

※와다 히데키의 〈1일 15분 활용의 기술〉 중에서

▶세 가지 질문

-이 글을 읽고 나서 느낀 점이 있다면?

-멈춰 서서 무언가를 자세히 들여다본 적이 있는가?

-무엇인가를 모으거나 수집한 경험이 있는가?

64. 문제해결 기법

어떤 문제도 지속적인 생각의 공격을 버텨내지 못한다.(볼테르/프랑스 작가, 사상가)

문제란 현재 상태와 기대치 간의 인식된 차이를 말한다. 문제의 유형은 과거형, 현재형, 미래형 등 세 가지로 나눌 수 있다. 과거형 문제를 해결하기 위해선 논리적 사고가, 현재 발생한 문제일 경우엔 관찰력이, 미래형 문제엔 상상력과 창의성이 필요할 것이다.

인생은 문제해결 과정이다. 회사에서는 품질문제, 자재문제, 노사문제, 안전문제 등 문제가 없는 날이 없다. 가정에서도 자녀들의 학업문제, 건강문제, 취업문제, 가족 간의 문제도 상존한다.

▶문제 해결 능력 없는 우리나라 성인들

경제협력개발기구(OECD) 자료의 한국 성인 역량을 보면 읽기(16위), 쓰기(14위), 수리(11위), 정보통신기술(ICT) 스킬 활용도(17위) 면에서 조사 대상 33개국 중 우수한 편이었다. 하지만 유독 '미래 경쟁력'이라는 문제 해결 스킬의 활용도는 29위로 최하위권이다. 특히 이를 집중 활용해야 할 고숙련, 전문직 분야의 성인들이 다른 나라 비슷한 직종의 성인들과 큰 격차를 보인다. 왜 문제 해결 스킬이 제대로 활용되지 못하는가? 원인은 개인과 직장, 노동시장의 구조적 문제에서 찾을 수 있다. 우선 문제 해결 스킬에 필요한 전문지식을 습득하고 이를 주기적으로 업데이트하려는 개인적 노력이 부족하다. 일자리 학습을 경험한 우리나라 직장인 비율은 OECD 평균(20.8%)의 절반에도 미치지 못하고(9.7%) 근로자 3명 중 2명은 일자리에서 새로운 것을 배울 필요성을 느끼지 못한다. 개인의 낮은 학습 열의가 문제 해결 스킬의 축적 및 활용 부진과 무관치 않다는 얘기다.(중앙일보 2017. 07. 13)

1) 문제해결 프로세스

문제정의(문제 인식, 문제의 명확한 기술)→원인분석(자료 수집, 자료 분석, 원인 규명)→해결안 도출(대안 개발, 대안 평가, 해결안 도출)→실행(실행계획 수립, 실행)→평가(평가, 해결안 수정)

2) 완벽한 결정을 위한 4단계 모델

1단계 : 무엇을 바라는지 알아야(목표)

2단계 : 가능한 대안들을 모두 찾는다.

3단계 : 필요한 정보 모아서 각각의 대안을 선택한다.

4단계 : 벌어질 수 있는 일을 나열하고 그 결과를 예측해본다. 목표에 가장 부합하는 대안을 선택한다.

3) 삶의 지혜, 마인드 스토밍(mind storming)

브레인스토밍은 집단이 아이디어를 내는 것, 마인드 스토밍은 개인이 아이디어를 내는 것이다. 지금 해결하거나 성취하고 싶은 목표가 있는가?

① 자신의 현재 상황에서 실천 가능한 답을 얻기 위한 현실적인 질문을 던진다.

(지금 내가 하는 일을 효율적으로 해서 성공하는 방법은?, 내게 맞는 장사를 찾으려면? 내 이름으로 책을 펴내려면?)

② 질문에 대한 답을 20개 이상 적어본다.

개인적이고, 긍정적이고, 즉각 활용할 수 있는 실현가능한 현실적이고 구체적인 답을 생각해 낸다. 한 번 적은 것은 수정하거나 지우지 말고 시간을 두고 추가하여 적어나간다.

③ 선택한 아이디어는 우선순위를 정하여 당장 실행해 본다.

4) 심각한 상황 극복하기

1단계, 현실을 인정하라.

2단계, 문제점들을 종이에 적어라.

3단계, 가장 쉽고 할 수 있는 해결책부터 풀어나가라.

송곳이론이 있다. 할 일이 여러 개가 있을 때 가장 중요한 일 하나만을 골라서 전력으로 그것을 해결하라는 것이다. 해결방안이 안보이고 원인조차 파악이 어려운 일을 당할 때는 먼저 일을 어렵게 만드는 몇 개의 요인을 찾아낸다. 그 중에서 문제해결이 가장 쉬워 보이는 한 가지 요인을 선택해 다른 모든 일을 포기하고 그 요인만 송곳같이 뚫으면 된다는 것이다. 송곳이론이란 한 가지 일에 실마리가 풀리고 나면 나머지 일들이 쉽게 해결될 수 있다는 얘기이다.

▶세 가지 질문

-현재 당신이 안고 있는 가장 큰 문제는?

−살아오면서 가장 힘들었던 일과 대처법?

−다른 사람들과 공유하고 싶은 정보가 있다면?

65. 자기암시를 위한 주문

집중력은 자신감과 갈망이 결합하여 생긴다.(아놀드 파머/미국 골프 선수)

사람의 무의식은 비판 기능이 없다고 한다. 의식은 생각, 무의식은 마음이다. 마음은 밭이다. 따라서 생각을 비판 없이 수용해 버리는 특징이 있다. 자기암시는 자신의 무의식속에 원하는 마음을 주입하는 것을 말한다.

리우올림픽에서 '할 수 있다', '할 수 있다'를 외쳐 펜싱 경기에서 드라마같은 대역전극을 보여준 연습벌레 박상영 선수, '이 경기장에서 내가 최고다'라는 자기암시를 통해서 마음속의 두려움을 극복하고 세계최고의 축구스타가 된 박지성 선수, 피겨 여왕 김연아 선수도 경기를 앞두고 메이크업을 하기 전에 '나는 침착하게 잘한다.'라는 자기암시문을 외우면서 승리에 대한 확신을 키웠다고 한다.

1) 플라시보 효과 vs 노시보 효과

잘 될 거라고 생각하면 잘되고(플라시보 효과), 안 될 거라고 생각하면 안 된다.(노시보 효과)

'플라시보 효과'(placebo effect)는 가짜 약이 효과를 내는 경우를 뜻한다. 소화가 잘 안 되는 사람에게 아무 효능이 없는 알약을 소화제라고 주면 그것을 먹고 실제 소화 불량이 해결되는 것이다. 이와 정반대의 말 '노시보 효과'(nocebo effect)는 라틴어로 '나는 상처를 입게 될 것이다'라는 의미이다. 노시보 효과는 플라시보 효과보다 5배 이상 강력한 작용을 한다고 한다.

자기암시를 하려면 반복의 효과를 이해해야 한다. 반복이라는 것은 처음에는 의식적으로 노력을 하지만, 습관이 되면서 어느 순간에는 무의식적인 암시가 통하게 되기 때문이다.

언어가 생각을 바꾸고, 생각이 마음을 바꾸고, 마음이 행동을 바꾸고, 행동이 성격을 바꾸고, 성격이 습관을 바꾸고, 습관이 운명을 바꾼다.

2) 자기암시 방법

① 1인칭으로 사용한다

박찬호와 같은 경우에는 '나는 빅리거가 된다'라는 암시를 하였다. 왜냐하면 승리하고 성공하는 주체가 내가 되어야 하기 때문이다. 단지 자신의 바람을 말하는 것을 넘어서 그것을 달성하는 주체가 내가 된다는 강력한 암시를 했을 때 보다 더 효과적이다.

'공부를 잘하고 싶다'가 아니라 '나는 성적이 ~만큼 향상된다'와 같이 모든 암시문은 나는 이라는 말을 사용하면 좋을 것이다.

② 시제는 현재형으로 사용한다

'나는 사장이 될 것이다'와 '나는 이미 사장이다'라는 말은 느낌이 다르다. 현재형을 사용했을 때 그것이 단지 바람이 아닌 실제처럼 무의식이 인식하게 된다. 먼 미래에 목표를 달성하는 것이 아니라, 그것을 내가 지금 달성한 것 같은 암시문을 만들면 마음속의 자신감이 좀 더 커질 것이다. 왜냐하면 누구라도 힘든 일은 자신도 모르게 미루는 습관이 되어 있기 때문에 현재형을 사용하면 미루기보다는 당장 행동으로 옮기게 될 확률이 높다.

③ 절대 긍정으로 사용한다

자기암시에 '실수'나 '불안'의 단어가 사용되면 그것이 습관이 되면서 잠재의식 속에 각인이 될 수도 있다. 2018 평창올림픽 피겨스케이팅 남자 싱글 프리스케이팅에 출전한 차준환 선수. 그는 처음 도전하는 올림픽 무대에서의 프리스케이팅 각오에 대해 "실수가 나오더라도 벌떡 일어나서 끝까지 경기를 이어 나가겠다"고 하였다. 차 선수는 프리스케이팅 8번의 점프 과제 중 쿼드러플(4회전) 살코에서 정말로 넘어졌고 벌떡 일어났다. 경기 후 그는 "실수가 아쉬웠지만 끝까지 최선을 다했다"고 말했다. 이 대회에서 자신의 최고점을 기록하긴 했지만 만약 차준환 선수가 '실수가 나오더라도 벌떡 일어나서'→'즐거운 마음으로 최선을 다해서'라고 했으면 어땠을까.

④ 절대적으로 자기를 확신하고 믿어 준다

'내가 될까?'라는 의심은 들 수 있다. 하지만 다행히 사람에게는 자기합리화 기술이 있다. 실전연습을 거듭하다 보면 '문제 상황이 될 때 이렇게 한다'라는 방법이 찾아지고, 마음이 받아들인다. 미소와 함께 찾아오는 자기 확신이 든다면 무의식에서 받아들인 걸로 이해하면 된다.

자기암시를 하려면 나의 목표나 소원이 달성될 때까지 한 번의 의심도 없이 끝까지 믿어주고 달려가 주는 것이 중요하다. 때에 따라 이것은 그냥 믿어주는 수밖에 없다. 왜냐하면 그 모든 것이 나를 위한 것이고 나의 소중한 목표를 달성하는 것이기 때문이다.

⑤ 긍정적인 상상을 자주 하라

긍정적인 사람은 수시로 긍정적인 생각을 자신에게 주입하는 사람이다. 특히 상상은 단지 생각의 차원이지만 그것은 잠재의식과의 대화를 이끌어주는 핵심 열쇠가 된다.

우리의 운명은 지금 내가 상상하는 대로 만들어진다고 해도 과언이 아니다. 아침에 눈을 뜰 때 1분만이라도 오늘도 살아 있음에 감사해보자. 저녁에 잠을 자기 전에 1분만이라도 긍정적으로 자신을 이미지화 해보자. 꾸준한 긍정의 연습은 결코 사라지지 않는다. 우리의 무의식은 그것을 기억하게 될 것이고, 나중에 힘든 상황이나 어려운 처지에 봉착하면 생각지도 않는 강력한 잠재의식을 발현해주게 될 것이다.

▶세 가지 질문
–나만의 자기암시문을 만들어본다면?

–자신의 롤 모델은 누구인가.

–초능력이 생긴다면?

66. 분임토의 잘하기

우리는 영웅을 찾기보다 좋은 생각을 찾아야 한다.(노엄 촘스키/미국 언어학자)

☐ 토의 : 문제를 해결하거나 새로운 일을 기획할 때, 다양한 의견과 아이디어를 모으는 과정

☐ 토론 : 뭔가를 결정할 때 자기주장을 관철시키거나, 더 나은 대안을 찾는 과정

□ 분임토의 : 집단연구활동으로, 공통된 하나의 과제를 놓고 모든 구성원이 상호 접촉하면서 최선의 방안을 모색해 나가는 문제해결 방법

분임토의 분위기는 사안에 대한 문제의식과 동기에서 비롯된다. 지금부터 분임토의를 잘하기 위해 알아야 할 사항을 살펴보도록 하자.

1) 분임의 구성
-분임별 10명 내외의 인원
-임원 : 분임장, 발표자, 서기

2) 각자의 임무

직 책	임 무
분임장	-분임반 토의의 주제 선정 및 분임활동의 진행 -분임원 개인별로 임무를 부여하고 그 결과를 발표하게 한다 -발표된 의견의 정리 및 토의결과 보고서 작성 제출
서 기	-발표된 내용, 정리된 의견을 요약하여 토의록에 기록 -기록시에는 결정된 사항을 객관성 있게 기록해야 하고 주관성이나 임의성이 기재되어서는 안 된다
분임원	-분임토의에 참석 -각자 맡은 역할을 충실히 이행

3) 분임토의 진행순서
① 문제의 제기(주제 선정의 동기)
-무엇을 연구 대상으로 할 것인가?
-제기된 문제는 타당성, 객관성이 있는 것인가?

② 현황분석

-제기된 문제에 대한 현황은 어떠한가?

(현지 확인, 각종자료, 수집, 관계자 면담 등)

-현황 분석은 타당성, 객관성, 현실성이 있는가?

③ 문제점 도출

-과제에 대한 문제점 파악

-현장에서 직접 겪은 문제점을 도출해야 한다

④ 대안의 제시

-문제점을 해결하기 위한 방법(방안)을 모색

-대안은 구체적, 실현가능성, 타당성, 현실성이 있어야 한다

⑤ 실천의지

-채택된 대안에 대한 결의

4) 분임토의 진행방식

진행 4단계 : 맞이-의견을 끌어낸다(의견 도출과 토론)-결론으로 이끈다-마무리 한다

① 관심사 열거법 : 분임원 각자의 생각이나 공동관심사를 발표

② 희망사항 열거법 : 분임원들이 "이렇게 되었으면 좋겠다"는 희망사항을 제시함으로써 관련된 문제점을 파악

③ 결점 열거법 : 대상에 대한 문제점을 열거하여 이에 대한 해결책을 모색함으로써 주제를 부각시킴

④ 브레인 스토밍 : 참가자가 편안한 분위기에서 고정관념을 없애고 자유롭게 생각이나 아이디어를 생산하는 기법

5) 토의 주제

-우리나라 교육의 발전방안

-우리 도시 방문객 유치 방안

-저 출산 문제 해결 방안

-시각장애인에게 파란색을 설명한다면?

6) 토의내용 기록

발언자	발언 요지	적요

참석자 명단	임원(분임장, 발표자, 서기) 참석자
① 토의 주제	
② 현상파악 및 문제점	문제점이 무엇인가, 원인이나 이유를 진단한다.
③ 개선방안 및 추진방법	즉시 실천 가능한 구체방안과 당장은 어렵지만 향후 방향도 제시한다.
④ 추진 시 문제점 및 전제조건(생략가능)	예상되는 문제점이나 반발, 실패 가능성 등을 언급한다.
⑤ 중요한 소수의견 및 기타의견	특이한 의견, 기발한 아이디어, 기타의견을 기재

▶공감과 나눔

1) 다리 건너기 게임

3명~50명까지도 가능한 브레인스토밍 체험 놀이이다. 이쪽에서 저쪽으로 가기 위해 다리를 건너야 한다. 그런데 같은 방법으로는 건널 수 없다. 다리를 건너기 전에 어떤 방법으로 건널지 방법만 큰 소리로 외친 다음 그냥 걸어서 건너면 된다. 단, 한 번 사용했던 방법은 안 된다. 중복되는 방법이 나오면 먼저 건너간 사람들이 이를 알려준다. 그러면 다시 되돌아 와 새로운 방법으로 건너면 된다. 지금부터 자신만의 방법으로 다리를 건너보라.

2) 영상을 통한 마음 나눔

유튜브 검색창에서 다음 제목으로 검색하여 시청하고 난 뒤, 느낌과 교훈을 토의하라.

① EBS 다큐프라임-EBS Docuprime_인간의 두 얼굴 제2부, 사소한 것의 기적_#003(10:37)

② EBS 왜 우리는 대학에 가는가 5부_오바마 기자회견장(02:53)

③ Lead India-The Tree(02:31)

④ 닉 부이치치의 감동적인 일생(04:05)

⑤ 가끔 나는 내가 장애인인 것을 감사한다. 나는 대부분 다 해낼 수 있다.(05:40)

⑥ 창백한 푸른 점-우리가 서로에게 친절해야 하는 이유 (03:44)

67. 토론 스킬

남과 토론할 때 화를 낸다면 진리를 위하여 다툰 것이 아니라 자기 자신을 위하여 다투는 것이다.(토머스 칼라일/영국의 평론가, 역사가)

토론은 왜 할까?

토론은 훈련과 협력을 통한 말하기이다. 토론을 하면 시야가 넓어지고, 별로 쓰지 않았던 뇌의 기능을 발휘하게 된다.

토론에는 사실토론, 가치토론, 정책토론이 있다. 사실토론은 입증을 통해 사실 여부를 가려내는 것으로 법정을 생각하면 된다. 검사와 변호사가 쟁점에 대해 토론하고 판사나 배심원들이 결론을 내린다. 따라서 토론자들이 놓치는 가장 중요한 점은, 설득의 대상은 상대방이 아니라 토론을 지켜보는 재판관(배심원)과 청중이라는 사실이다.

가치토론은 말 그대로 어떤 것이 옳은가에 대한 가치를 토론하는 것인데, 결론이 나기 어렵다는 함정이 있다.

가장 많이 사용되는 토론의 종류는 정책토론이라 할 수 있다. 논제는 '～해야 한다'라는 형태로 만들어지며, 찬성과 반대로 승패가 나누어지기 때문에 토론의 주제는 공정하고 명료한 긍정문이어야 한다.

토론을 잘하기 위해서는 창의적 사고와 논리성을 갖춘 자기표현 능력이 필요하다. 좋은 훈련법은 토론에 자주 참여하기, 평소 시사이슈 챙겨보기이다. 배경지식이 없으면 주장을 세우기가 어렵기 때문이다.

1) 토론 진행 방법

정책토론은 말하는 방법(하드웨어)과 말하는 내용(소프트웨어)을 동시에 훈련할 수 있다.

토론의 진행은 대개 '입론(2분씩 각각 주장 펼치기)→반론(1분씩 교차 주장 및 토론)→최종 변론(2분씩 각각 주장 다지기)'으로 이루어진다.

2) 토론 주제

-담배 가격, 현재보다 두 배 인상해야 한다
-대학의 기부금 입학제도, 허용해야 한다

-학교 내 체벌, 허용해야 한다

-양성평등을 위해 여자도 군대에 가야 한다

-대한민국의 병역제도를 모병제로 바꿔야 한다

-북한 식량 지원, 인도적 차원에서 조건 없이 이루어져야 한다

-사형제도는 폐지해야 한다

-동성부부, 법적 인정해야 한다

-방송3사의 TV 중간광고, 허용해야 한다

-통일에 대한 찬반

-초등 한자교육, 필요하다

-길거리 흡연, 규제해야 한다

68. 협상의 기술

장점을 생각하면서 협상에 임하면 자신감이 생기고, 약점을 생각하면서 협상에 임하면 소심해진다. 이성교제도 이와 같다.(김철호/대한민국 기업인)

협상은 서로에게 도움이 되는 결론을 위한 것이지, 누군가를 아작 내기 위한 것이 아니다. 따라서 협상을 할 때는 현명한 합의점, 효율적인 방식, 협상자 간의 관계 개선 등 세 가지 목표를 추구해야 한다. 협상을 할 때는 크게 4가지 상황이 발생할 수 있다.

  1) 동등한 상황에서의 협상

  2) 상대가 힘이 센 경우의 협상

  3) 상대가 협상을 피하는 경우

  4) 상대가 꼼수를 부릴 때

▶협상의 원칙

1) 사람과 문제를 분리하라

우리가 협상하는 대상은 알파고가 아니라 사람이다. 거래 내용이라는 '사실'과 인간관계라는 '감정'이 뒤섞일 때 협상에 문제가 발생한다. 항상 '사람'이 아니라 '문제'에 맞서야 한다.

－인식 : 상대방의 입장 되어보기, 비난 않기, 상대방의 체면과 몫을 반영하기

－감정 : 핵심 관심사 알기, 감정은 정당한 것, 상대방이 감정을 드러내도록 하기

－의사소통 : 경청, 상대가 이해할 수 있게 말하기, 필요한 말만 하기

2) 입장이 아닌 이해관계에 집중하라

상반된 입장 뒤에 서로 일치하는 이해관계도 존재할 수 있다. 입장을 떠나 이해관계에 집중해야 한다.

－이해관계를 파악하려면 : '왜 그렇게 행동할까' '왜 그렇게 행동하지 않을까'

－이해관계에 대해 대화하기 : 이해관계에 대해 솔직하게 드러내기, 상대방 입장 인정, 구체적이고 융통성 있게, 문제는 강경하게, 말은 부드럽게

3) 상호 이익이 되는 옵션(대안)을 개발하라

－대안을 찾는데 방해되는 것 : 성급한 판단, 한 가지 해답만 존재한다고 생각하는 태도, 누군가는 손해를 보아야 한다는 생각, 서로의 문제는 각자 알아서 할 일이라는 생각

－대안 찾기에 도움 되는 것 : 대안의 폭을 넓힌다, 서로에게 이익이 되

는 것을 찾는다(서로 다른 이해관계 조합해보기, 상대방의 선호 파악), 상대의 결정을 쉽게 해준다(상대방의 어떤 처지를 고려해야 하는가, 협박은 적절치 않다)

4)객관적 기준을 사용할 것을 주장하라

의지에 근거한 결정에는 대가가 따른다. 객관적 기준은 공정한 절차에 따라 만들어진다.

하지만 항상 동등한 상황에서 협상이 일어나지는 않는다. 상대방이 힘이 셀 때는 어떻게 해야 할까?

◇ 상대가 힘이 센 경우의 협상

상대방이 더 우세한 상황에서 협상을 해야 하는 경우 스스로의 배트나를 찾아야 한다. 배트나(BATNA)란 협상이 결렬되었을 때 대신 취할 수 있는 최상의 대안이다.

거절해야 할 협상으로부터 자신을 보호하고, 가지고 있는 패를 최대한 이용해야 한다. 양보해서 안 되는 부분은 무엇인지, 스스로가 어떤 대안들을 가지고 있는지 알아야 한다.

◇ 상대가 협상을 피하는 경우

상대방이 응하지 않으면 어떻게 할 것인가? 상대가 협상을 피하고 공격을 해올 때가 있다. 이 때는 무술선수처럼 상대방의 공격을 피해서 그것이 비껴가도록 한다. 또한 상대의 공격을 실제적인 문제로 향하도록 유도해야 한다.

◇ 상대가 꼼수를 부릴 때

상대방이 술수를 쓴다면 어떻게 해야 하는가? 상대가 협상을 할 때 고의

적으로 사기를 치거나(허위사실, 수상쩍은 의도), 심리전을 펴거나(스트레스 주기, 인신공격, 악인이나 착한사람 연기를 하며 구슬리기), 입장 차이를 이용해 압력을 가하기(협상 거부, 요구수준 계속 올리기, 강경파 동료 활용, 하든지 말든지 하며 의도적으로 지연)를 할 수 있다. 이에 대한 문제도 염두에 두고 대처방안을 마련해야 할 것이다.

협상의 3요소는 힘, 정보, 시간이다.

1) 힘

협상을 하려면 우선 힘이 있어야 한다. 만일 상대방이 원하는 것을 주거나 또는 어떤 방법으로든 상대방에게 영향을 주는 힘이 없다면 누구도 진정으로 당신과 협상하려고 하지 않을 것이다.

2) 정보

협상 테이블에서는 정보를 많이 가진 쪽이 힘을 가진다. 따라서 협상을 하기 전에 필요한 정보를 획득해야 한다. 주제에 대해서 좋은 의견을 줄 수 있는 사람이라면 누구에게나 의견을 물어라. 상대방이 얻고자 하는 것이 무엇인지를 최대한 알아내라. 상대방에 관해서 조사해 보라. 가능하다면 상대방의 욕구와 기분까지도 밝혀내라. 협상과 관련된 여러 가지 사실을 세세한 부분까지 알아내면 알아낼수록 협상결과는 당신이 의도한대로 될 가능성이 높아진다.

3) 시간

서두르는 사람보다는 느긋한 사람이 협상에 성공한다는 것을 명심하라.

중요한 사항을 충동적으로 결정해서는 안 된다. 경영학에 20:80법칙 있다면 협상학에는 10:90법칙이 있다. 협상의 마지막 10%시간에 90%의 합의가 이루어진다는 뜻. 마지막에 핵심을 찌르는 한 마디, 결정타를 준비하자.

협상은 지식이 아니라 지혜를 겨루는 것이다. 지혜는 전략에서 나온다. 전략은 지피지기. 상대의 입장에서 숨은 이해관계를 파악하고 주고받아야 한다. 상황파악, 유연성, 진정성을 갖고 임하라.

어떤 협상 상황에서라도 그 과정을 통해 배우고 성장하도록 노력해야겠다. 전투에서는 패배하더라도 전쟁에서는 승리해야 하니까.

◇ 성공하는 협상을 위한 3가지

1) 요구에 얽매이지 말고 욕구를 찾아라.

2) 양쪽 모두를 만족시키는 창조적인 대안을 찾아라.

3) 배트나를 마련하라.

◇ 협상게임(별표 카드 많이 갖기)

1) 목적

협상에서 중요한 것은 '누가 옳은가'의 문제가 아니라, '양측이 모두 받아들일만한 것이 무엇인가'가 가장 중요한 문제이다. 자신들이 가진 것을 나누었을 때 제로섬(Zero-sum)이 아니라 윈-윈(win-win)이 가능하며, 궁극적으로 문제해결을 위해 귀와 입, 종국에는 마음을 여는 나눔의 자세를 배운다.

2) 준비물

깍지 않은 연필 1자루, 연필깎이, 종이카드 20장

3) 진행 순서

　-세 팀으로 나누어 팀장을 선출한 뒤 팀장은 연필, 연필깎이, 종이카드 10장 중 한 가지를 선택한다.

　-주어진 자원을 활용하여 물리력 없이 협의와 협상을 통해 각각의 종이 카드에 하나의 별표시가 되어 있는 종이카드를 가능하면 많이 획득한 팀이 이기는 것이다.

　-이를 위해서 각 팀은 '어떻게 하면 종이카드에 하나의 별표시가 되어 있는 종이카드를 가능하면 많이 획득할 수 있는가'에 대한 협상전략을 수립하여 게임에 임하게 된다.

　-각 팀은 내부 협의-다른 팀과 협상(두 팀만 별도로 만나는 것도 가능) 과정을 두 번 할 수 있으며, 각각 제한 시간을 두도록 한다.

　-대표자는 중간에 교체가 가능

　-1차 협상, 2차 협상을 할 수 있다.

4) 소요시간

　내부 전략회의 3분→협상 3분→2차 내부전략 3분→최종협상 5분→Feed Back

69. 효율적인 회의진행 기법

인간은 설코 합리석이지 않다. 의사결정을 유도하는 테크닉을 발휘 하라.(케이웃 첸/행동경제학, 실험경제학 전문가)

1) 로버트 회의규칙

회의규칙의 역사는 1258년 영국의 헨리 3세 때 초보적 단계로 생성된 이후 수백 년을 거쳐 발전되어 왔다. 현재 전 세계 많은 나라의 단체나 기관에서 쓰이는 회의규칙은 1876년 미국인 헨리 로버트(Henry M. Robert)가 제정한 로버트식 회의규칙이다. 대한민국 국회도 로버트식 회의 규칙의 채택을 명문으로 정해놓고 있다. 지금부터 이해가 필요한 몇 가지 원칙들에 대해 알아보도록 하자.

첫째, 정족수의 원칙

전체 구성원 가운데 일정한 수 이상이 모이면 회의를 열 수 있고, 어떤 안건을 결정할 수도 있다. 이 때 그 일정한 수를 '정족수'라 한다. 정족수에는 의사정족수와 의결정족수 두 가지로 구분된다.

① 의사정족수

회의에 참석할 전체 인원 가운데 일정한 수가 모이면(성원) 회의를 열 수 있게 한다.(개회)

이것을 '의사정족수' 또는 '회의 정족수'라 한다.

회의를 시작할 때에는 회의를 할 수 있는 인원이 되는지 안 되는지 확인해야 하며, 대개는 전체회의 구성원(재적) 절반을 초과하는 수가 참석하면 회의를 열 수 있도록 정하고 있다.

그러나 3분의 1이상이 모이면 열 수 있도록 좀 쉽게 정하고 있는 경우도 있고, 회원이 많을 때에는 4분의 1정도로 정하고 있는 경우도 있다. 그러나 구성원의 수가 일정치 않거나 너무 많아 성원시키기가 어려운 경우에는 법 또는 규정으로 의사 정족수를 미리 정해 놓기도 한다. 이것을 법정정족수라 한다. 의사정족수는 회의를 시작해서 끝날 때까지 계속 유지 되어야 한다는 것을 잊어서는 안 된다.

② 의결정족수

의결정족수란 회의에 오른 안건에 대해 토론을 마치고 최종적으로 결정할 때 필요한 최소한의 인원수를 말한다. 대부분의 경우에는 재적인원 과반수의 찬성으로 의결한다는 규정을 두고 있다.

다만 가부 동수일 때는 임원 선출 등 중요 안건을 제외하고는 의장으로 하여금 그 결정권을 행사하게 하는 경우가 많다.

둘째, 과반수 또는 다수결의 원칙

과반수란 2분의 1을 초과한 수를 의미한다.

① 재석과반수결

회원이 50명인 단체에서 전원 참석했을 경우 의결을 할 수 있는 수는 최소한 26명이다. 이 경우 26명에서부터 50명까지의 숫자를 과반수라 한다. 일반 의안을 표결하려면 구성원 과반수의 사람이 참석하고 있어야 하며, 가결은 참석하고 있는 사람의 과반수가 찬성하여야 한다. 예를 들면 26명이 참석하고 있을 때 가결되려면 최소한 14명의 찬성을 얻어야 하고 41명이 참석하고 있을 때 가결되려면 적어도 21명의 찬성을 얻어야 한다는 뜻이다.

② 재적과반수결

전체 회원이 50명일 때 그 2분의 1선인 25명 더하기 1 즉, 26명 이상을 재적과반수라 하고 이 숫자의 찬성으로 의결되는 것을 재적과반수 찬성 의결이라고 한다.

만일 50명중 26명의 참석으로 회의를 열고 있을 때에도 재적의 과반수는 26명이므로 26명 전원이 찬성하여야 의결된다는 뜻이다.

③ 종다수결

임시의장 선거 때나 선거에서의 결선 투표 때 주로 사용된다. 종다수에 의한 가결에서는 과반수의 원칙을 적용하지 않고 양쪽을 비교하여 많은 쪽으로 결정한다는 것이 특색이다.

극단적인 예로 50명의 회원을 가진 단체에서 투표결과 찬성2표, 반대1표일 때에도 찬성 2표로 결정되는 것을 종다수결이라 한다.

2) 회의의 진행 순서

개회선언→국민의례→의장인사→전 회의록 승인→보고사항→의안 채택 보고→의안 심의(제안 설명, 질의응답, 찬반 토론 및 수정, 표결)→폐회선언

3) 회의 용어

회의 용어는 여러 가지가 있지만 대체로 다음과 같은 용어만 익혀두면 회의진행에 도움이 될 것이다.

① 개회 : 회의의 시작

② 회기 : 개회부터 폐회까지의 기간

③ 동의(動議) : 어떤 의견을 일정한 형식을 갖추어 회의의 의제로 제출하는 것

④ 재청 : 동의가 제출되었을 때에 그 동의를 공식적으로 성립시키도록 찬성하는 것(일반적으로 재청이 없으면 제출된 동의는 성립되지 못한다.)

⑤ 의제, 의안, 안건 : 회의에서 다루어야 할 과제(문제)

⑥ 의사일정 : 개회부터 폐회 때까지 의안을 포함한 순서를 말하며 줄여서 일정이라고도 한다.

⑦ 제안 설명 : 동의자 또는 의안의 제출자가 그 제안 이유를 설명하는 것으로 간단명료하게 배경, 과정, 효과에 대하여 설명한다.

⑧ 질의응답 : 제출된 의안 또는 동의의 제안 설명에 대해 의문이 되는 부분의 설명을 요구하고 이에 응답하는 것이다. 이것은 찬반 토론과는 구별되는 단계로 찬반의 뜻을 표현해서는 안 되며, 의문점을 질문하고 설명하는 것에 그쳐야 한다.

⑨ 토론 : 의안에 대하여 찬성과 반대의 의견을 발표하는 것으로 이를 통해 참석자는 장단점에 대해 비교 분석할 수 있는 기회를 갖게 된다. 따라서 이 과정에서 수정, 정리, 통합 과정을 거쳐 가장 좋은 의견으로 만들어진다. 찬반 토론은 번갈아 발언권을 갖도록 한다.

⑩ 표결 : 안건의 토론과정이 끝나면 최종적으로 그 안건의 내용을 결정하는 과정을 말한다. 표결에는 우선순위에 따른 절차가 있으며, 표결방법으로는 만장일치(다른 의견 유무를 물어 이의가 없을 때), 거수, 기립, 투표(기명. 무기명), 호명 등이 있다.

⑪ 폐회 : 회의의 끝.

☐ 의사진행발언 : 의사진행발언이란, "의장은 규칙을 준수하고 공정한 회의를 진행하라."와 같이 회의진행 규칙, 분위기, 환경과 관련하여 발언하는 것을 말한다.

☐ 긴급동의 : 긴급을 요하는 안건이 있을 때, 그것을 의사일정에 추가시키려는 동의다. 삽입하는 시기는 '의인채댁 보고' 때나, '하나의 안건이 통과되고 다음 안건으로 넘어가기 전의 사이', '안건이 다 다뤄지고 난 다음'이다. 의장이 필요하다고 인정할 때나 회원의 발의로 과반수가 찬성할 때 추가안건을 넣을 수 있다.

70. 명강사 명강의

나는 라파엘로(르네상스 시대 화가) 처럼 그림을 그리기 위해 4년이라는 시간을 소비했다. 그러나 아이처럼 그림을 그리기 위해 평생을 소비했다.(파블로 피카소/스페인 화가)

'교육하다(Educate)'는 말은 라틴어의 'Educo(욕망)' 즉, '안에서부터 끄집어 낸다'는 말에서 파생되었다. 이것은 '사용의 원리를 통해 성장을 도모한다'는 뜻이다.

교육의 목적은 문제해결이다. 개인이나 조직에 실제로 이익이 돌아가지 않는 한 교육은 제대로 되었다고 할 수 없다. 따라서 재미있고, 니즈에 맞는, 마음을 움직이는 강의가 되어야할 것이다.

명 강의란 '재미+유익=행동변화'로 정리할 수 있다. 이를 위한 세 가지 조건이 있다.

① 개인적인 자원 : 이미지, 지식, 경험

② 구성 프로세스 : 내용 구성, 진행 순서

③ 퍼포먼스 표현법 : 연기력, 표현력

학습자 입장이 되어보면 벽돌처럼 튀는 강의가 있고, 스펀지처럼 흡수되는 강의가 있다.

세뇌원리는 모든 학습의 기본이다. 감동하면 뇌에 회로가 생기기 시작한다. 즐거움이 배움의 바탕이 되어야 한다. 따라서 강사는 교육을 준비하면서 스스로에게 다음 세 가지 질문을 던져보아야 할 것이다.

–듣는 사람이 즐거워할까?

–듣는 사람에게 신선한 정보일까?

–납득하고 감동하여 행동변화를 일으킬까?

1) 목표 기술문을 작성한다

목표(Objective)란 학습자가 학습을 성공적으로 마친 후 보이는 행위를 기술한 것이다. 의도하는 결과를 달성하기까지의 수단이 아닌, 의도하는 결과 그 자체를 의미한다. 교육에 대한 목표나 기대치가 선명할수록 교육의 성과는 높아진다.

① 시간 배정 : 정해진 시간

② 내용 : 전달할 메시지

③ 방법 : 전달 방법

④ 원하는 결과 : 교육을 통해 얻고자 하는 결과

다음은 위 4가지 항목에 맞추어 기술한 예이다.

_____ 동안에(시간) _____ 을(내용) _____ 해서(전달 방법) 학습자들에게 _____ 을 (원하는 결과) 할 수 있도록 한다.

▷ *"2시간 동안 사회구성원으로서 필요한 '말하기'의 핵심기술을 전달하여 공석이나 사석에서 자기표현 기회가 왔을 때 자연스럽게 나설 수 있는 소통의 리더가 될 수 있도록 한다."*

아래의 4가지 항목에 맞추어 기술하는 방법도 있다.

① A(Audience) 누가?(대상자를 정확히 정함)

② B(Behavior) 어떤 행동을?(목표 달성시에 바라는 행동을 행위동사로 표현하는 것)

③ C(Condition) 어떤 조건이나 상황에서?(바람직한 행동이 발생하는 조건이나 상황을 묘사함)

④ D(Degree) 어느 정도의 수준으로?(바람직한 행동의 수준을 묘사)

위의 A, B, C, D에 맞춰 작성한 '비서교육과정 타이핑과목'의 목표를 예

로 들어보면

▷ *"본 과정을 마치면 전문비서교육생은 워드프로세서로 문서작성을 할 때, 1분에 오타 3자 이내 300자 이상을 입력할 수 있다."*

2) 녹음, 녹화하여 관찰하기

좋아서 배운 지식은 남에게 베풀었을 때 비로소 빛을 발한다. 그러나 베풂도 스킬이 중요하다. 자신의 모습이나 목소리를 녹화하거나 녹음하여 점검해 본 적이 있는가? 이 방법은 남에게 피드백을 10번 듣는 것보다 효과적이다. 자기 자신을 객관적으로 살펴볼 수 있기 때문이다. 점검할 사항을 알아본다.

① 강의에 열의가 느껴지는가?

열의가 있는 강사의 몸동작에는 생동감이 있고, 말 한 마디 한 마디에 자신이 있어 보인다. 강의는 팽팽하게 진행되고, 메시지가 확실하다. 자신의 강의 모습을 보면서 열의가 느껴지는지 관찰해 보라. 인생도 최선을 다했을 때 참맛을 느낄 수 있듯이 강의도 그와 같다.

② 시간을 의미 있게 보냈는가?

연속극이나 영화를 보면 가끔 시간 때우는 장면이 나오는 데 시청자는 이를 단번에 알아챈다. 이 땐 김이 새고 뭔가 당한 듯한 기분이 든다. 강의라고 해서 크게 다를 것이 없다.

거꾸로 약속된 강의 시간을 넘기는 경우도 시간을 허비하는 예이다. 강의는 아무쪼록 제 시간 안에 끝내야 효과적이다.

③ 말의 속도가 적절한가?

-강의를 처음에는 느긋하게 하다가 끝에 가서 급하게 마무리 짓지는 않는가?

-강의의 결론이 대부분 끝머리에 나오지는 않는가?

강의는 오히려 끝나가면서 여유 있게 진행해야 한다. 강의를 그때그때 상황에 따라 융통성 있게 조절하지 못하고 처음 준비한 그대로 이행할 때 마무리를 급하게 지어야 하는 불상사가 생긴다. 전달할 내용에 욕심을 부리면 음식처럼 체하기 십상, 따라서 5분 정도 일찍 끝낸다는 생각으로 진행하여 질문을 받는 시간으로 활용하도록 한다.

3) 좋은 강의를 위한 꿀 팁

① 강의 내용의 구성

1단계, 왜(Why?)로 동기유발

2단계, 무엇(What?)으로 학습 목표 제시

3단계, 어떻게(How?)로 학습 전개

4단계, 정리 및 요약

② 80대 20법칙

80대 20법칙이 있다. 학습자들의 80%는 잘 듣고, 20%는 졸거나 장난치기 바쁘다는 것이다. 이 법칙은 웬만해서는 깨지지 않는다. 보통 학습인원이 40명이라고 했을 경우 32명은 꽤나 열심히 듣고 나머지 8명은 딴전을 피우거나 집중이 잘 안 되는데, 이는 매우 정상적인 현상이기도 하다.

10명의 학습자 가운데 집중하지 못하는 2명을 밖으로 내보내면 나머지 8명 중에서도 80대 20법칙이 적용되어 1, 2명은 산만해진다. 강사가 연예인이나 유명인이 아니라면 거의 고정된 법칙이다.

여기서 알아둘 점은 학습에 집중하지 못하는 20%는 특정인에게 고정되어 있지 않고 대부분 불특정 다수에게 잠깐, 때론 긴 시간동안 움직인다는 사실이다. 오랜 시간동안 앉아 있어야 하는 학습자들 입장에서 온전히 집중하는 것은 퍽 어려운 일이라는 사실을 인정해야 한다.

강사가 잘 안 듣는 20%에 신경을 쓰다보면 잘 듣던 80%도 동화되어 버릴 우려가 있다. 성공적인 강의를 위해서는 20%는 적절히 무시하고 내 얘기에 귀를 기울이는 80%에 집중하여야 한다. 열정을 쏟다보면 20%가 합류될 확률이 높기 때문이다.

③ 강의내용이 기억에 남는 비율

-읽기 10%

-듣기 26%

-보기 30%

-보기와 듣기 50%

-보기와 말하기 70%

-말하기와 행동하기 90%

-가르치기 99%

'말하기'엔 질문하기, 대답하기, 발표하기가 있고, '행동하기'의 예로는 퀴즈, 과제 풀어보기, 실험하기, 모둠활동 등이 있다. '가르치기'는 큰 강의실이라도 옆 사람과 짝을 지어 들었던 내용을 요약해 서로 전달해보는 '교사게임'이 있다.

④ 말의 양을 반으로 줄여라

'내가 무엇을 할까?' 대신 '학습자들이 무엇을 하게끔 할까?'를 고민해야 할 필요가 있다. "학습자들은 너무 수동적이다."라고 비판하기 전에 과연 내가 그들을 그렇게 만들고 있지는 않은가 살펴볼 필요가 있다.

강사의 말을 줄이기 위해서는 역할의 변화가 필요하다. 강사 중심보다는 학습자 중심으로, 결과보다는 과정중심으로, 지식 전달자보다는 지식 조정자로, 실천가보다는 조력가로, 교과중심보다는 융합과 통합의 강의가 되어야 한다.

⑤ '...다, ...까, ...죠' 어법을 활용하라

이 세상의 모든 분야에는 그 분야에 맞는 어법들이 있기 마련이며 적절한 어법의 사용이 그 분야의 전문가로 인정받을 수 있는 요소가 된다는 것은 모두 다 아는 사실일 것이다.

예를 들어, 뉴스 앵커는 전달하고자 하는 내용을 정확히 전달하기위해 또박또박한 발음과 기복이 없는 톤으로 말하는데, 그 말의 끝은 꼭 '...다'로 끝나는 것을 알 수 있다.

정중하고 바른 느낌을 주기 위함이며 전달하고자 하는 메시지를 간단명료하게 요약을 하여 전달하려는 것이다. 그런데 같은 뉴스라고 하더라도 기자들과 앵커들은 말하는 톤과 느낌이 확연히 다르다는 것을 알 수 있다.

기자는 현장 상황을 좀 더 실제적으로 표현하기 위해 앵커보다 좀 더 활기찬 목소리로 톤을 한톤 높여 보도를 하는데 반해, 앵커는 시청자들이 부담 없이 들을 수 있는 안정된 톤으로 뉴스를 진행한다. 이렇듯 각 분야의 어법은 그 분야의 특성에 맞추어 매우 다양하며 강의를 하는 데도 예외는 아니다.

강의를 하는 데 있어 가장 적절한 어법이라 한다면 바로 '...다', '...까', '...죠' 어법이라 할 수 있다.

'그렇습니다', '그렇지 않습니까', '그렇다고 할 수 있겠죠' 등과 같은 어법들이다.

이러한 '...다, ...까, ...죠' 어법은 강의의 품격을 높일 수 있을 뿐만 아니라, 청중에게 목소리를 높여 열변을 토할 때에도 청중의 마음을 정중하게(?) 자극할 수 있다.

⑥ 강사는 학자다

강사가 강의를 할 때 누군가는 땀을 흘린다. 강단에 서기 전에 강사가 흘렸든지, 아니면 강의 내용을 이해 못하는 학습자들이 땀을 흘리든지.

많은 사람들이 하나를 알면 하나를 가르칠 수 있다고 착각한다. 하지만 가르치다보면 알게 된다. 100을 알아야 1을 제대로 가르칠 수 있다는 것을.

강사는 학자라는 말 이면에는 잘 가르치기 위해선 지속적으로 배우고, 지식을 숙성시키고, 메모하고, 배우는 일에 모범을 보여야한다는 것이다. 가르치는 자의 성숙은 곧 배우는 자의 성장이기 때문이다.

이해하기 쉽다는 말은 대단히 중요하다. 높은 산의 정상을 향해 여러 갈래의 길을 다녀 본 사람만이 가장 쉽고 편안한 길을 발견해낼 수 있기 때문이다. 이 때 중요하지 않은 부분은 과감하게 생략하고, "이 산의 정상으로 가는 길은 바로 이 길이다."라고 설명이 가능하다. 설득력이 높아진다.

반면에 지식이 짧거나 얕은 사람은 사소한 부분에 지나치게 얽매이고, 불필요한 주변정보까지 전달한다. 기억에 남는 것은 결국 한 마디인데, 그 한 마디를 제대로 짚어주질 못하는 것이다.

4) 강풍법

※김성학의 〈강의를 풍요롭게 하는 방법〉 중에서

① 거리두기

학습 시작과 종료 시 진행하여, 변화의 정도를 가늠해볼 수 있는 놀이이다.

–시작 : 학습 주제에 대한 마음의 거리를 실제의 거리로 표현하게 한다.

–마무리 : 움직이면 그만큼의 '교육효과'로 간주할 수 있다.

–나눔 : 움직이고 난 다음 이유를 설명한다.

② 모서리 게임

(모든 참가자가, 서로의 차이를 비교할 수 있고, 이해할 수 있는 기법)

하나의 명제를 정해 경우의 수를 떠올린 다음, 끼리끼리 상호토의를 한다음 대표자가 발표한다. 사례를 제시한다.

–명제 : 효과적인 의사소통을 위해서 가장 중요한 것은?

–경우의 수 : 입/귀/눈(눈치)/손과 발

–상호토의 : 4팀으로 나누어 토의와 메모 후, 각 팀이 모서리에 선다.

–발표 : 90초 동안 각 팀 대표가 이유를 발표하고, 팀원이 의견을 보충한다.

–발표를 듣고 다른 팀에서 옮겨 올 수 있다. 자리를 옮긴 이유를 말한다.

③ 벌집

–2명~4명이 짝을 지어 궁금한 내용(학습 주제관련)에 대한 질문을 만든다.

–질문 리스트를 모아 학습자들의 니즈를 파악한다.

−학습 목표가 분명한 문제해결 교육이 될 수 있다.

−토의나 토론 주제 정하기, 논리개발에도 활용할 수 있다.

5) 교육 명언

① 교육은 배운 것이 잊혔을 때 살아남는 것이다.(B. F. 스키너/심리학자)

② 내가 배운 바에 따르면 사람들은 당신이 말한 것은 잊어버린다. 사람들은 당신이 한 행동도 잊는다. 하지만 그들에게 어떤 감정을 느끼게 하면, 그것은 절대 잊지 않는다.(마야 안젤루/미국 시인)

③ 최고의 스승은 지식이 뛰어난 사람이 아니다. 자신이 배울 수 있는 능력을 가지고 있다는 사실을 학습자 스스로 믿게 하는 자이다.(노만 코지슨)

□ 한 교육청 근무자에게 배운 한 마디 : "교실은 틀리라고 있는 곳입니다."

□ 유명대학 한 교수의 가르침 : "교육이란 칭찬하는 일입니다."

6) 강의평가 도구

① 강의 평가문항

평가항목	배점	평가문항	평가점수 (낮음 ↔ 높음)				
교수 학습 활동	15	1. 강의 주제와 내용이 일치하는 강의였다.	①	②	③	④	⑤
	10	2. 강의교안(PPT)이 알아보기 쉽게 정리되었다.	①	②	③	④	⑤
	15	3. 전체적인 설명이 이해하기 쉬운 강의였다.	①	②	③	④	⑤
	10	4. 시간배분이 적절하였다.	①	②	③	④	⑤
	10	5. 강의 분야에 대한 지식이 풍부한 느낌이다.	①	②	③	④	⑤
	10	6. 질문 및 피드백 등의 소통이 활발한 강의였다.	①	②	③	④	⑤
만족도	10	7. 다른 사람에게도 추천하고 싶은 강의였다.	①	②	③	④	⑤
성취도	20	8. 본 강의가 향후 살아가는데 큰 도움이 될 것 같다.	①	②	③	④	⑤
개방형	–	9. 본 과목(해당과목)에 바라는 점					
배점 합계	100						

② 강의 평가점수 산출 방법

항 목	산 출 방 법
평가항목의 평가등급별 점수	1등급 : 90점 이상 ~ 100점 이하 2등급 : 80점 이상 ~ 90점 이하 3등급 : 70점 이상 ~ 80점 이하 4등급 : 70점 이하
기타 제어조건	산하위 5% 점수범위 제외
평가점수 기재	소수점 둘째자리 까지 표기(소수점 셋째자리에서 반올림)

▶세 가지 질문
-내 삶에서 최고의 강의는?

－유튜브에서 추천하고 싶은 강의는?

－주제를 하나 정해 3~5분 동안 강의를 해보라.

71. 역할연기(役割演技, role playing) 훈련

들은 것은 잊어버리고, 본 것은 기억하고, 직접 해 본 것은 이해한다.(공자)

역할연기 또는 롤플레잉은 1923년 정신의학자인 야콥. L. 모레노가 개발한 사이코드라마 심리극에서 발전했다. 특정한 역할을 시험적으로 연기해 보면서 문제점을 파악하거나 바람직한 역할행동을 개발하는 방법이다.

이 기법은 언제 유용할까?

구성원들이 자신의 감정, 태도, 의견, 속내 표현 꺼리는 상황이나 자신들의 동기나 욕구, 장애요인, 적용 등에 대해 깊이 파헤칠 필요가 있고 집단 구성원들의 감정을 완화시킬 필요가 있을 때에 활용해 볼 수 있다.

연기 후에는 각각의 입장에서 소감과 문제점, 대책 등에 대해 토의하고 검토하며 자신과 타인을 이해하게 된다. 이 기법은 고객응대, 전화응대, 면접, 세일즈 등에서 주로 활용되고 있다.

1) RP의 장점

어떤 역할을 맡으면서 말하고 듣는 입장에 서게 되므로 자신의 태도에 대해 반성하고 상대방의 관점을 생각할 수 있다. 자기의 버릇을 알 수 있고, 감수성 개발과 발표력, 문제해결력 향상에 도움이 된다.

내가 머리로 알고 있는 것(생각하는 것)과 실제로 행동하는 것의 차이를 인식할 수 있으며 실제 상황과 가까워서 현실감 있는 학습 가능하다. 타인의 연기에 대한 관찰을 통해 기발한 아이디어나 영감을 얻을 수도 있다.

역할연기 활동이 단순한 놀이나 장난이 되지 않으려면 RP를 통한 명확한 목표가 있어야 한다. 진행자의 역할도 중요하다. 자유로운 분위기 속에서도 목표와 방향을 제시할 수 있어야 한다.

2) 진행과정

역할연기활동은 다음의 단계를 거친다.

-구성원의 그룹편성(한 팀에 3인~5인)

-팀별 토의를 통한 주제 및 상황결정(문제 파악, 등장인물, 시나리오, 필요소품, 연기규칙)

-연기할 역할 설정(ex. 고객과 점원)

-연기될 조건 설정(ex. 언제, 누가, 장소, 구체적 상황)

-필요한 소도구의 준비(ex. 실제 장소와 상황을 나타날 수 있도록 실제적 소도구)

-연기 작전표의 작성(ex. 어떤 흐름, 어떤 공격법으로 하는가 라는 작전메모, 불만고객의 작전표 등)

-음성연기 시뮬레이션

-연기

-소감 및 질의응답과 피드백

72. 코칭 리더십

유능한 사람 뒤에는 항상 다른 유능한 사람이 있다.(중국 속담)

코칭은 인재개발기법의 하나로서, 코치와 코칭을 받는 사람이 파트너를 이루어 스스로 목표를 설정하고 달성하며, 성장할 수 있도록 지원하는 과정이다. 코칭이 필요할 때는 문제해결, 업무환경 적응, 더 높은 성과나 자신감이 필요할 때 등 다양하다.

훌륭한 코치의 Golden Key word로는 달성 가능한 목표를 제시할 것, 구체적 방법을 제안할 것, 지속적인 코칭과 피드백, 애정 어린 지킴 등을 꼽을 수 있다.

코칭에는 3가지 철학이 담겨 있다. 모든 사람에게 무한한 가능성이 있고, 그 사람에게 필요한 해답은 그 사람 내부에 있으며, 해답을 찾기 위해선 파트너가 필요하다는 것이다.

1) 용어 이해

① 멘토링 : 풍부한 경험과 지혜를 겸비한 사람이 1:1로 지도와 조언을 하는 것

② 컨설팅 : 전문적인 지식을 가진 사람이 상담을 하거나 의견을 제시함

③ 카운슬링 : 심리적인 문제나 고민이 있는 사람에게 도움을 주는 활동. 해결책을 카운슬러가 갖고 있다.

④ 티칭 : 주로 지식을 전달하고 가르치는 것

⑤ 코칭 : 스스로 목표를 설정하여 달성하고 성장할 수 있도록 지원하는 과정

2) 코칭 대화 모델

1단계		2단계	3단계	4단계		5단계
초점 맞추기	현재	가능성 발견	실행 계획 수립	장애 요소 제거	목표	마무리
		← Gap 줄이기 →				

단계	주요 내용	세 부 내 용
1	초점 맞추기	* 달성하고 싶은 목표는? * 가장 중요하고 시급한 것은?
2	가능성 발견	* 현재의 상태에서 원하는 상태로 가려면 무엇을 할 수 있을까? * 어떤 시도를 해보았고 그 결과는 어땠는가?
3	실행계획 수립	* 실천할 계획을 함께 세워 본다. * 우선 실행해야 할 목표, 중간 목표를 세운다면?
4	장애요소 제거	* 걸림돌이 있다면 어떤 것인가? * 누군가의 도움을 받아야할 부분이 있다면?
5	마무리	* 오늘 무엇을 배웠는가? * 행동하기로 약속한 것은 무엇인가? * 마무리하면서 생각나는 것이 있다면 무엇인가?

3) 다음에 제시된 단어들은 뭔가 행동해야 하고, 이루어야 할 단어들이다. 책 제목들이며 리더십과 코칭에서 중요하게 다뤄지는 덕목들이기도 하다. 낱말의 개념을 조사하여 설명해보라. 나에게 있는 것과 없는 것은 무엇인가?

마음력, 유머력, 집중력, 창의력, 부자력, 돌파력, 밸런스, 리더십, 자신감, 청소력, 친밀함, 행복감, 실행력, 행동력, 기획력, 공부력, 사교성, 타이밍, 초의식, 지두력, 간파력, 질문력, 평상심, 배려심, 변인력, 사교력, 자존감

−만났던 사람(만나지 못했던 사람) 중에 가장 존경하는 인물과 그 이유?
−봉사 경험, 중재 경험, 리더십을 발휘했던 경험이 있다면?
−누군가의 삶에 영향을 준 적이 있다면?

73. 비즈니스 매너

매너는 지식에 광채를 나게 하고, 처신을 원활하게 해준다.(필립 체
스터필드/영국의 정치가, 문학자)

좋은 매너는 복을 부른다. 비즈니스 매너의 핵심은 상대를 존중하고 배려하는 마음이다. 여기서 에티켓과 매너의 차이가 확연히 구분된다.

에티켓이 장소와 상황에 따라 같은 룰이 적용되는 '공공의 룰'이라면 매너는 그때그때 달라질 수 있다. 차에 탈 때 여성이 먼저 타는 건 에티켓이지만 여성이 짧은 치마를 입었다면 남성이 먼저 타는 게 '매너'인 식이다. 매너와 관련한 '핑거볼' 얘기는 세계적으로 유명하다.

영국의 엘리자베스 여왕이 중국의 고위 관리와의 만찬 석상에서 손을 닦으라고 나온 물을 중국 관리가 마시자 엘리자베스 여왕이 그가 무안하지 않도록 자신도 따라 마셨다는 일화다. 매너는 테크닉이 아니라 마음가짐이다. 기본적으로 갖춰야 할 매너는 다음과 같다.

1) 인사 매너

인사는 인간관계의 시작이자 예절의 기본이다. 정중한 인사는 '존경 받는다'는 느낌을 주지만 성의가 없으면 '무시당했다'는 느낌을 주기 쉽다. 인사의 3대 요소는 인사말, 마음가짐, 행동(인사법)이다. 목례(가벼운 눈인사), 15도(좁은 장소에서의 약례), 30도(일반적 상황), 45도(정중례) 인사가 있다.

2) 악수 매너

① 윗사람이 먼저 청한다.
② 상대의 얼굴을 주시하면서 웃는 얼굴로 한다.
③ 손을 너무 세게 쥐거나 손끝만으로 하지 않는다.
④ 악수를 청하면 반드시 일어선다.

3) 소개 매너

지위가 낮은 사람을 높은 사람에게 먼저, 나이가 어린 사람을 많은 사람에게 먼저, 후배를 선배에게 먼저 소개하도록 한다.

4) 명함 매너

맞교환 시 일어서서 왼손으로 받고 오른손으로 건네는데 자신의 이름이 상대방을 향하도록 한다. 명함을 건네는 순서는 손아랫사람이 손윗사람에게 먼저 건네고 상사와 함께라면 상사가 먼저 건넨 뒤 건넨다. 명함에 있는 정보는 이해하고 확인하는 게 좋다. 어려운 한자는 즉시 물어보고, 명함에 쓰인 정보에 관해 이야기를 나누면서 상대에 대한 관심을 표현한다.

5) 이름 기억 매너

예전에 만난 사람의 얼굴과 이름을 기억하지 못해 난감한 적이 있을 것이다. 모든 기억술의 핵심은 두 가지다. 첫째, 기억은 시각 이미지를 좋아한다. 눈에서 뇌로 전해지는 신경이 귀에서 뇌로 전해지는 신경보다 더 크기 때문이다. 둘째, 기존 정보에 새로운 것을 연결해 의미(이야기)를 부여한다. 이미지만으로 기억하기 어렵거나 마땅히 연결되는 이름이 없다면 유사발음 기억법을 활용해도 좋다. 예를 들어 '이순진'이라면 '이순진은 참 순진해', '김영철'은 '김장철 동생' 같은 식이다.

6) 상석을 찾아라

일반적으로 회사 응접실 등에서 상석은 출입문에서 가장 먼 자리다. 창문이 있는 경우 경치가 좋은 자리나 전망을 볼 수 있는 자리가 상석이 되기도 한다. 식당에 갔을 때는 좋은 그림이 보이는 좌석이나 웨이터가 가장 먼저 의자를 빼주는 곳이 상석일 때도 있다.

자동차 상석의 위치도 알아두면 좋다. 운전기사가 따로 있을 때는 운전사의 대각선 뒷좌석이 최상석, 그 옆이 상석, 그 다음이 조수석이다. 운전사 외에 4명이 탈 때는 뒷좌석 가운데가 말석이다. 자가용 차주가 직접 운전할 때는 운전자의 옆 좌석에 나란히 앉는 게 예의다. 운전자의 배우자와 함께 탈 경우에는 배우자를 조수석으로 안내한다.

▶세 가지 질문

-누군가의 매너에 감동을 받은 경험이 있다면?

-인간관계에서 가장 중요하게 생각하는 것은?

-타임지가 당신을 올해의 인물로 선정했다. 왜일까?

74. 실행력도 스킬이다

망설이는 호랑이는 벌보다 못하다.(사마천/중국 역사가)

실행력은 타고난 자질이 아니라 배우고 연습하면 누구나 개발할 수 있는 일종의 기술(skill)이다. 실행력이 부족한 것은 의지력의 문제가 아니라 방법을 배우지 못했기 때문이다.

1) 그냥 시작하라

어떤 일을 실행해야겠다고 생각하고 가장 힘든 단계인 시작을 하였을 때, 시작 후 20분만 버텨라. 그러면 자동, 관성, 적응, 가속도 법칙에 의해 그 일을 끝마치게 된다. 잊지 마라. 시작하고 20분간은 실행에 온 에너지를 집중하고 최선 다하라. 그러면 나머지 실행의 시간은 아주 편안할 것이다.

2) 퇴로를 차단하라

저축을 하겠다고 다짐했는데 왜 카드빚을 지게 될까? 카드를 갖고 다니기 때문이다. 하지 않겠다던 음주운전을 왜 다시 하게 될까? 자동차 열쇠를 갖고 술을 마시기 때문이다.

소설 〈레 미제라블〉과 〈노트르담의 꼽추〉의 저자이자 19세기 프랑스 최고의 작가 빅토르 위고는 글을 쓸 때면 하인에게 옷을 몽땅 벗어주며 해가 진 다음에 가져오라고 했다. 놀고 싶은 유혹을 차단해 글을 쓸 수밖에 없도록 자신을 속박하기 위한 것이었다. 퇴로를 차단하라. 딴 생각을 할 수 없다.

3) 실행력을 높이는 방법 4가지

① 목표 쪼개기

고기 집에서 맛있게 고기를 먹으려면 적당히 굽다가 한 입 크기로 잘게 잘라야 한다. 잘게 잘라야지만 먹기가 쉽기 때문이다. 우리의 계획도 마찬가지. 실행해야 할 목표가 정해지고 나면 그에 따른 범위, 일정, 목표까지도 잘게 나누어야 한다.

② 이득 상상하기

목표를 향해 움직이려면 자극과 에너지가 필요하다. 이 자극이 바로 동기부여(Motivation)이다. 그리고 그 동기부여는 누군가가 시키는 것보다는 스스로 만들어내는 것이 더 강한 힘을 발휘한다. 실행의 결과가 나에게 어떠한 이득을 줄 것인지를 생각해 보라.

③ 실행 점검표 만들기

당초 계획했던 목표를 미루는 상황은 누구에게나 나타날 수 있다. 하지만 실행 점검표만 제대로 활용하더라도 목표에 따른 일을 진행하는 것이 훨씬 수월해질 수 있다. 실행 목표를 세운 후, 목표에 부합하는 실천행동을 수립했다면 실행 점검표를 만들어서 지속적으로, 주기적으로 점검을 해야 한다.

④ 역순으로 일정 수립

일반적으로 일정을 수립할 때, 대부분 순방향으로 일정을 세운다. 하지만 '지금으로부터 11월말, 12월말까지'라고 하면 여유가 많은 것처럼 느껴져 바로 지금부터 실행을 하지 않을 수 있다.

따라서 목표 완료 시점부터 거꾸로 계산해 일정을 짜는 것이 실행력을 높이는 데 도움이 된다. 마감일을 정해 놓고 거꾸로 계획표를 세우면 각각의 단계에 필요한 시간을 산정해서 매주 진행 업무 예측이 가능하여 실행력을 높일 수 있는 것이다.

▶네 가지 질문

–오늘이 마지막이라면 어떻게 살 것이며, 무엇을 할 것인가?

–묘비명에 새기고 싶은 글이 있다면?

–살면서 가장 잘한 일은?

–인간을 바꾸는 방법은 세 가지 뿐이다. 시간을 달리 쓰는 것, 사는 곳을 바꾸는 것, 새로운 사람을 사귀는 것이다. 이 세 가지 방법이 아니면 인간은 바뀌지 않는다. '새로운 결심만 하는 것'은 무의미한 행위다.(오마에 겐이치, '난문쾌답'에서) 세 가지 중 바꾸고 싶은 것이 있다면?

75. 마음열기 게임

가장 높은 산은 문턱이다.(덴마크 속담)

당신은 강사이다. 당신은 프로그램 진행자나 행사 사회자이다. 당신 앞에 앉아 있는 참석자들은 서로 어울리지 못하고 어색해 한다. 어떻게 하겠는가?

관계는 재미에서 시작된다. 다양한 장소에서 활용할 수 있는 미음열기 세임을 비상의 무기로 갖춰보라. 사람들 앞에 나서는 일이 즐거워질 것이다.

1) 친밀감 형성 게임

두 사람이 서로 마주앉아 왼손 엄지손가락을 세우고 나머지 네 손가락을 오므려 걸어 잡는다. 오른 손으로 가위바위보를 한다. 이긴 사람은 "이겼다!", 진 사람은 "졌다!"고 각각 외치며 상대방 손등을 세게 때린다. 결과를 외치고 동시에 상대방 손등을 때리는 것이다. 손등을 세게 때려 주면 허리 튼튼, 요통 예방에 최고다.

2) 언행불일치

2인 1조로 마주 보고하는 게임이다. 5아래 숫자를 말하되 자신이 말로 외치는 숫자와 자신이 낸 손가락 숫자가 불일치하도록 주고받는 게임이다.

3) 멍멍이랑 놉시다

2인 1조로 마주앉는다. 두 손을 서로 맞잡고 위아래로 흔들며 "멍멍이랑 놉시다. 멍멍이랑 놉시다"하고 함께 말한 다음, 두 손을 펴서 상대방과 한 번 마주치며 "멍!", 각자 박수치며 "짝!", 두 손을 펴서 상대방과 두 번 마주치며 "멍멍!", 각자 두 번 박수치며 "짝짝!", 두 손을 펴서 상대방과 세 번 마주치며 "멍멍멍!", 각자 세 번 박수치며 "짝짝짝!"을 외친다. 이런 방법으로 열 번까지 간 다음, 마지막 동작은 서로 껴안으며 "사랑합니다!"라고 한다. 리듬을 맞출 수 있으면 성공하는 친목게임이다.

4) 합산 가위바위보

2명 이상 7명까지도 가능한 게임이다. 가위를 2로, 바위를 0으로, 보를 5로 약속한다. "가위 바위 보!"하면서 동시에 손을 내어 합산한 숫자를 먼저 외치는 사람이 이기는 게임이다. 큰 수에서 작은 수를 빼기, 곱하기도 가능하다.

5) 지는 가위바위보 게임

-1번(공격)과 2번(수비)을 정한다.

-둘이 마주보고, 함께 "가위바위보"를 외치며 1번이 먼저 가위바위보 중 하나를 낸다. 2번 수비는 1초 안에 1번에게 지는 가위바위보를 내면서 낸 모양을 외친다. 예를 들어 1번이 '보'를 내면 2번은 재빨리 '바위'를 내면서 "바위"를 외쳐야 한다.

-승리의 조건/2번이 1번의 공격에 잘 방어하면 2번이 이기고, 그렇지 않으면 1번이 이긴다.

-지는 가위바위보를 하면서 수비하는 2번은 반드시 큰 소리로 말하며 내야한다. 손 모양과 말소리가 달라도 지게 된다.

-3회씩 공격하고 순서를 바꾸어 진행한 다음, 느낀 점을 말해보도록 한다.

※생각보다 지는 것이 어렵다. 이기기 위한 교육을 받아와서 당연히 이기기만을 원하기 때문이다. 이 때문에 갈등이 일어난다. 때로는 지는 것이 이길 때도 있다.

6) 동문서답

두 사람이 마주 앉아 한 사람이 먼저 말하면 상대방은 전혀 다른 말을 해야 한다.

"안녕하세요?"-"영화 보러 가야지."하는 식이다. 질문에 연상되는 대답을 하면 게임을 지게 된다.

"식사는 하셨나요?"라고 묻는데, "빵을 먹고 싶다."라든가, "아, 배고

파."처럼 조금이라도 비슷한 내용의 대답을 하게 되면 동문서답이라고 할 수 없을 것이다.

파트너는 서로 다른 곳을 볼 수 없다. 상대방의 얼굴을 쳐다보며 대화 한다.

7) 전파견문록

2명~20명 정도가 할 수 있는 게임이다. 두 팀으로 나누어 한 팀에게 일반 단어(시사성이 있는 단어도 좋다)를 제시한다. 단어를 받은 팀이 번갈아 가며 상대편에게 힌트를 준다. 상대편은 질문을 할 수 있다. 힌트를 줄 때 상대편이 오답을 하도록 유도하되, 반드시 답과 연관이 있어야 한다. 어느 정도 질문과 답변이 오가고 나면 잠깐 회의시간을 갖도록 한다. 결과가 나오면 역할을 바꾸어 3문제 중 많이 맞힌 팀을 가린다.

8) 하늘 땅 게임

둘이 주먹을 쥐고 상대방과 주먹으로 탑을 쌓도록 한다.

-진행자가 "하늘"하면 제일 아래에 있는 사람의 주먹을 제일 위로 올린다.

-진행자가 "땅"하면 제일 위에 있는 사람의 주먹을 제일 아래로 내린다.

-진행자가 "덮어!"하면, 각자 자신의 제일 아래에 있는 손을 펴서 제일 위로 올린 사람이 이긴다.

-둘이 짝이 맞지 않으면 셋이 할 수도 있다.

-하늘, 하늘, 땅, 땅, 덮지마~

9) 새 날아 둥지 날아

−세 명씩 짝을 지어 한 팀이 된다.

−한 팀에서 두 명은 양쪽에서 손을 마주 잡고, 한 사람은 그 안에 들어간다.

−진행자가 "새 날아라!" 하고 외치면 새는 원래 둥지를 빠져나와 다른 빈 둥지로 옮겨간다. 이 때 진행자가 자연스럽게 빈 둥지를 찾아 들어간다. 둥지를 찾지 못한 새가 새로운 진행자(술래)가 된다.

−술래가 "둥지 날아라!"하고 외치면 둥지는 양 손을 꽉 잡고 다른 새를 찾아 자기 둥지 안에 넣고, 둥지를 찾지 못한 새가 새로운 술래가 된다.

−술래가 "모두 날아라!"하고 외치면 둥지와 새 모두 흩어져 새로운 둥지와 새를 만들고 남은 한 명이 새로운 술래가 된다.

10) 혼자 왔습니다

참여자들이 모두 손을 잡고 호흡을 맞춰 "혼자 왔습니다" "둘이 왔습니다"를 외치며 순서대로 일어나는 공감 스팟

11) 발바닥 게임

−두 손이 발이 되어 앞으로 걷는 것처럼 하나 둘 셋 넷 하고 리듬을 맞춰 위아래로 움직인다. 이 때 하나 둘은 손바닥이 아래로, 셋 넷 할 때는 손바닥 부분이 위로 향하도록 한다.

−위 동작을 반복하며 오른쪽으로 돌아가며 동물발바닥을 외쳐 자신의 발바닥을 소개한다.

예) 내발바닥 곰발바닥 내발바닥 곰발바닥, 내발바닥 개발바닥 내발바닥 개발바닥

−동물 발바닥으로 자신을 소개하며 한 바퀴를 돌아 다시 1번에게 순서

가 돌아오면 게임이 본격적으로 시작된다.

예) 내발바닥 곰발바닥 네발바닥 용발바닥-내발바닥 용발바닥 네발바닥 소발바닥-

-동물발바닥을 말하면서 혀가 꼬이거나, 공격할 타이밍을 놓치지 않도록 한다.

12) 풍선 살리기

-팀 구성원들이 모두 손을 잡고 큰 원 모양으로 동그랗게 선다.

-풍선 하나를 원 안에 넣고 손을 잡은 상태에서 팀원 모두가 힘을 합쳐 풍선을 공중에 띄워야 한다.

-최대한 오랜 시간 동안 풍선을 땅에 떨어뜨리지 않도록 협동한다.

▶세 가지 질문

1. 스피치 학습을 시작한 이유와 계기는?

2. 그 동안의 학습을 통해 개선이나 도움이 되었다고 생각하는 점은?

3. 앞으로 해결해야 할 개인적인 문제점은?

에 필 로 그

내 안의 황금을 찾아서

태국의 방콕에는 '황금부처의 사원'이 있다.

넓이가 사방 10m도 채 되지 않는 아주 작은 사원이지만 그 안에는 높이 3m, 무게 5.5t의 황금 불상이 있다. 장엄하기 이를 데 없는 이 불상에는 다음과 같은 이야기가 전해진다.

1955년 승려들이 사원에 모셔진 점토불상을 새로운 장소로 옮기려 했다. 방콕항 공사 때문에 이 사원으로 고속도로가 나게 된 것이었다. 크레인을 동원해서 이 거대한 불상을 들어 올린 순간 엄청난 무게를 견디지 못한 크레인이 부러지면서 불상이 그만 땅바닥에 떨어져 금이 가고 말았다. 주지승은 신성한 불상을 다치게 할 수 없다며 당장 공사를 중단시켰다.

그 날 밤 많은 비가 내렸다. 불상의 길타신 틈으로 빗물이 스며들었고 점토가 녹아 내렸다. 그런데 다음날 승려들은 뜻밖의 광경에 놀라고 말았다. 점토 불상이 찬란한 황금 불상으로 바뀌어 있었던 것이다.

역사학자들은 옛 왕조 시절 미얀마 군대가 태국을 침략한 적이 있었는데, 당시 사원의 승려들이 황금 불상의 약탈을 막기 위해 진흙을 덧입힌 것이라고 추정했다. 미얀마 군대는 승려들을 남김없이 학살했으며 그 결과 황금 불상의 비밀은 1955년 우연히 발견될 때까지 3백여 년 동안 점토 속에 숨겨져 있었던 것이다.

우리는 점토 불상과 같다. 두려움, 부끄러움, 자만심 등으로 생겨난 온갖 딱딱한 껍질로 우리 자신을 감추고 있다. 그러나 우리 안에 황금 불상과 같은 순수한 '나'가 숨어 있다. 점토 불상에 금이 가고 빗물이 스며들어 황금 불상으로 바뀐 것처럼 우리도 본래의 모습을 끄집어내자.

성공은 매일 부단히 반복된 작은 노력의 합이다. 이 한 권의 책이 부디 점토를 씻어낸 빗물처럼 야금야금 녹아들어 내 안의 황금을 찾아내는 도구가 되었기를 바란다.

김태옥

■ 문제해결을 도와 드립니다

발표불안/무대공포/목소리 불만/발음교정/말 막힘/말더듬/대화법/인간관계 고민/조리 있게 말하기/대중연설 기법/토론스킬/회의진행법/질문력 기르기/사회진행/협상력/감정 스트레스관리/갈등관리/레크리에이션 진행/성격 개조/PT스킬/인사말/각종 원고대필/자소서 수정/비즈니스 자신감/면접 준비/인터뷰 자신감/스피치지도사 자격증 취득/강의 컨설팅/강사활동 지원

Mission : 개인을 리더로! 조직을 위대한 조직으로!

T. 010-4320-5868(김태옥)

■ 참고문헌

삶의 정도/윤석철 지음/위즈덤하우스/2011
나는 무엇을 잘할 수 있는가/구본형 변화경영연구소 지음/고즈윈/2008
어느 독서광의 생산적 책읽기 50/안상헌 지음/북포스/2005
성공의 법칙/맥스웰 몰츠 지음, 공병호 옮김/비즈니스북스/2010년
머리를 써라/유철종 지음/집문당/1978
명언과 명시/최염순 지음/카네기 연구소/2001
인성이 실력이다/조 벽 지음/해냄출판사/2016
사랑하라 한 번도 상처받지 않은 것처럼/류시화 지음/오래된 미래/2008
30대에 하지 않으면 안 될 50가지/니카타니 아키히로 지음, 이선희 옮김/홍익출판사/1997
반짝 아이디어 창의력/우리기획 지음, 홍성지 그림/계림북스/2011
1% 리더만 아는 스피치 트라이앵글 법칙/김태옥 지음/미래지식/2014
이창호의 부득탐승/이창호 지음, 손종수 정리/라이프맵/2011
리더들의 화술/김태옥 지음/디에미디어/2008
스팟 백과사전/이영민 지음/베이스 캠프/2007
1일 15분 활용의 기술/와다 히데키 지음, 황미숙 옮김/이스트북스/2008
이너게임/티머시 골웨이 지음, 최명돈 옮김/오즈컨설팅/2006
쉽게 가르치는 기술/야스코치 테츠야 지음, 최대현 옮김/두리미디어/2008
생각 터지는 생각법/위르겐 볼프 지음, 정윤미 옮김/북돋움 라이프/2014

지그 지글러, 희망을 쏘다/이요셉 편역/씨앗을뿌리는사람/2004

비즈니스 매너가이드/유진그룹인력개발팀 지음/h2/2007

의식 혁명/매릴린 퍼거슨 지음, 정성호 옮김/민지사/2011

인생의 차이를 만드는 독서법 본깨적/박상배 지음/예담/2013

포기 대신 죽기 살기로/송진구 지음/책이있는마을/2012

죽기 전에 꼭 해야 할 88가지/댄 펜웰 지음, 손원재 옮김/큰나무/2014

적극적 사고방식/   노만 V. 필 지음, 이정빈 옮김/지성문화사/2015

세상을 움직이는 100가지 법칙/이영직 지음/스마트비즈니스/2009

인생특강/지그지글러 지음, 김만행 옮김/서림문화사/1993

프레임/최인철 지음/21세기북스/2007

한 줄의 기적, 감사일기/양경윤 지음/쌤앤파커스/2014

1등의 기억법/야마구치 사키코 지음, 이해수 옮김/좋은날들2017

적극적 사고방식/노만 V. 필 지음, 이정빈 옮김/지성문화사/2015

행복건강관리 365/김태호 지음/남벽수출판사/2012

멈추면 비로소 보이는 것들/혜민 스님 지음/쌤앤파커스/2012

내가 확실히 아는 것들/오프라 윈프리 지음, 송연수 옮김/북하우스/2014

강의를 풍요롭게 하는 방법/김성학 지음/새로운지다인/2009

성공 뇌/시오타 히사시 지음, 연주미 옮김/시스컴북스/2004

자존감 수업/윤홍균 지음/심플라이프/2016

여행하면 성공한다/김영욱, 장준수 지음/라이프콤파스/2011

아들아, 머뭇거리기에는 인생이 너무 짧다/강헌구 지음/한언/2000

천하무적 잡학사전/엔사이클로넷 지음. 이규원 옮김/좋은생각/2006

세계 최고의 명강사를 꿈꿔라/류석우 지음/씨앗을 뿌리는 사람/2004

아나운서 되기/이계진 지음/우석출판사/1995

스타들의 스피치/배정희 지음/가나북스/2016

강의를 풍요롭게 하는 방법/김성학 지음/새로운디자인/2009

언어의 온도/이기주 지음/말글터/2016

새는 날아가면서 뒤돌아보지 않는다/류시화 지음/도서출판 더숲/2017

불행 피하기 기술/롤프 도벨리 지음, 엘 보초 그림, 유영미 옮김/인플루엔셜/2018

SPEECH